本课题系北京市社会科学基金规划项目《北京革命文物保护与红色文化叙事传播研究》（课题编号：21XCB008）的结项成果。

红色中国

北京革命文物保护与红色文化叙事传播

王　蕾◎著

光明日报出版社

图书在版编目（CIP）数据

北京革命文物保护与红色文化叙事传播 ／ 王蕾著．

北京：光明日报出版社，2024.9. -- ISBN 978 - 7 - 5194 -
8304 - 3

Ⅰ．K871.6；D642

中国国家版本馆 CIP 数据核字第 20248WX747 号

北京革命文物保护与红色文化叙事传播

BEIJING GEMING WENWU BAOHU YU HONGSE WENHUA XUSHI CHUANBO

著　　者：王　蕾

责任编辑：史　宁　　　　　　　　责任校对：许　怡　李学敏

封面设计：中联华文　　　　　　　责任印制：曹　诤

出版发行：光明日报出版社

地　　址：北京市西城区永安路 106 号，100050

电　　话：010-63169890（咨询），010-63131930（邮购）

传　　真：010-63131930

网　　址：http：// book. gmw. cn

E - mail：gmrbcbs@ gmw. cn

法律顾问：北京市兰台律师事务所龚柳方律师

印　　刷：三河市华东印刷有限公司

装　　订：三河市华东印刷有限公司

本书如有破损、缺页、装订错误，请与本社联系调换，电话：010-63131930

开　　本：170mm×240mm

字　　数：264 千字　　　　　　印　　张：15

版　　次：2025 年 3 月第 1 版　　印　　次：2025 年 3 月第 1 次印刷

书　　号：ISBN 978 - 7 - 5194 - 8304 - 3

定　　价：95.00 元

课题组成员

姬德强	卜希霆	杨 红	李建红
周 舟	范松楠	申金霞	李 安
任 达	卿 清	曹 娟	许淑淇
张梓萌	苏颖悦	黄思哲	林钰骏
史皓天	朱 俊	陈静远	欧细凡
谢宇朋	黄丽琼	罗力华	徐娅晴

目　录
CONTENTS

绪　言

第一节　研究背景与缘起

革命文物，是指见证近代以来中国人民抵御外来侵略、维护国家主权、捍卫民族独立和争取人民自由的英勇斗争，见证中国共产党领导中国人民进行新民主主义革命和社会主义革命的光荣历史，并经认定登记的实物遗存。党的十八大以来，党实现了中国特色社会主义建设规律认识深化和理论创新，创立了习近平新时代中国特色社会主义思想。以习近平同志为核心的党中央高度珍视革命历史，统筹推进革命文物保护利用工作，习近平总书记数次深入博物馆、纪念馆、文物保护单位考察，带动"考古热""博物馆热"不断升温。文化兴国运兴，文化强民族强。习近平总书记说："中国有坚定的道路自信、理论自信、制度自信，其本质是建立在5000多年文明传承基础上的文化自信。"① 习近平总书记对革命文物工作做出重要指示："革命文物承载党和人民英勇奋斗的光荣历史，记载中国革命的伟大历程和感人事迹，是党和国家的宝贵财富，是弘扬革命传统和革命文化、加强社会主义精神文明建设、激发爱国热情、振奋民族精神的生动教材。"②

北京作为中国历史上的古都，承载着丰富的历史文化底蕴。很大程度上代表了中华民族源远流长的文化风貌。北京是我国第一批历史文化名城，是新中国的首都，是新文化运动的中心、五四运动的策源地、马克思主义在中国早期传播的主阵地，中国共产党的主要孕育地之一、全民族抗战的爆发地，革命文物资源丰富厚重，红色基因底蕴深厚。2017年2月，习近平总书记指出，北京

---

① 蒋金锵. 文化自信：中国自信的本质 [EB/OL]. 人民网，2016-10-26.
② 革命文物，绽放时代光彩 [EB/OL]. 人民网，2021-04-07.

历史文化是中华文明源远流长的伟大见证，在城市建设工作中要更加精心保护好，凸显北京历史文化的整体价值，强化"首都风范、古都风韵、时代风貌"的城市特色。① 北京红色文化，主要是指 1921 年中国共产党成立至 1949 年中华人民共和国成立之间，中国共产党在北京地区领导人民群众为争取民族独立、人民解放而斗争所培育、形成和展现的革命文化。② 北京是一座拥有丰富博物馆资源的城市，蕴含着强大的红色力量，红色文化教育氛围浓厚。饱含着深刻红色文化底蕴的革命文物是首都城市文化遗产的重要组成部分，也是中华传统文化在风云滚动、涤荡磨砺年代的延续和体现。

革命文物是看得见、摸得着的历史，无论是淮海战役中的小推车、渡江战役中的大木船，还是上甘岭阵地取回的一捧焦土，均黏附积淀着厚重的精神意蕴。据统计，全国登记的不可移动革命文物达 3.6 万处、国有馆藏可移动革命文物过 100 万件（套），全国革命博物馆、纪念馆有 1600 余家，全国重点文物保护单位开放率达 94%。③ 2021 年，以建党 100 周年为契机，北京市文物局公布了《北京市第一批革命文物名录》（以下简称《名录》），包括不可移动革命文物 158 处、可移动革命文物 2111 件/套，北京大学红楼、天安门、双清别墅、《尽忠报国全粤义民申谕英夷告示》（刻本）、毛泽东授予朱德元帅军衔命令（第一号）等被列入名录。北京市第一批革命文物名录范围涵盖旧民主主义革命、新民主主义革命、社会主义革命和社会主义建设时期，主要包括与中国共产党领导中国人民进行革命、建设相关的史迹、实物和纪念设施。其中包含不可移动革命文物共 158 处，含全国重点文物保护单位 18 处，北京市文物保护单位 29 处，区级文物保护单位 52 处，尚未核定公布为文物保护单位的 59 处；可移动革命文物 2111 件/套，其中一级文物 1974 件/套，二级文物 65 件/套，三级文物 26 件/套，一般文物 46 件/套。④

2022 年 12 月，为深入贯彻落实中共中央办公厅、国务院办公厅《关于实施革命文物保护利用工程（2018—2022 年）的意见》和北京市推进全国文化中心建设领导小组印发的《北京市关于推进革命文物保护利用工程（2018—2022 年）的实施方案》，按照《中央宣传部 国家文物局关于持续开展革命文物名录公布工作的通知》（文物革发〔2022〕13 号）要求，北京市文物局公布北京市

---

① 习近平. 在北京城市规划建设和北京冬奥会筹办工作座谈会上的讲话 [N]. 人民日报，2017-02-25（1）.

② 陈洪玲，刘锋. 北京红色文化概述 [M]. 北京：北京出版社，2021：2.

③ 让收藏在博物馆里的文物活起来 [EB/OL]. 人民网，2023-05-18.

④ 北京公布第一批革命文物名录 [EB/OL]. 国家文物局，2021-03-30.

第二批革命文物名录包括不可移动革命文物 30 处、可移动革命文物 535 件/套。① 其中不可移动革命文物包括全国重点文物保护单位 4 处，北京市文物保护单位 6 处，区级文物保护单位 4 处，尚未核定公布为文物保护单位的不可移动文物 16 处；可移动革命文物包括一级文物 21 件/套，二级文物 36 件/套，三级文物 160 件/套，一般文物 23 件/套，未定级文物 295 件/套。北京市第二批革命文物名录涵盖旧民主主义革命、新民主主义革命、社会主义革命和建设、改革和新时代各个历史时期。

北京市坚持以首善标准做好革命文物整体保护利用，推动形成点、线、带、片贯通的革命文物集中连片整体利用格局，以北京大学红楼、卢沟桥宛平城、双清别墅和天安门为核心的中国共产党早期北京革命活动、抗日战争、"进京赶考"建立新中国三大红色文化主题片区格局初步形成。相比第一批革命文物，北京市第二批革命文物名录涵盖了改革开放、社会主义建设和新时代时期的重要文物，如反映新中国交通、国防、工业发展成就的北京火车站车站大楼、中国人民革命军事博物馆、北京炼焦化学厂等建筑遗存，以及见证中国共产党成立 100 周年大会的重要物品核定公布为革命文物。另外，第二批革命文物名录突出反映了中国共产党领导中国人民开展革命、建设、改革历史的主线，如颐和园、社稷坛、首钢工业遗存、798 厂等文物遗址区域。名录类型是全方位的，不可移动革命文物名录包含重要机构驻地、烈士墓、纪念碑、故居、旧居、纪念堂等，可移动文物包含出版物、纪念章、武器、个人用品、手稿、信件等，全面反映了北京革命文物资源源远流长、丰富厚重、点多面广等特点。市文物局革命文物处处长李粮企说，本市"以保促用"分类打造提升革命旧址，不断推动革命文物对社会开放，"我们还将继续加大对重点革命文物保护力度，充分挖掘首都特色红色资源，形成革命文物保护利用合力，真正把红色基因传承好"②。

当今世界正处于大发展大调整时期，人类社会面临百年未有之大变局，社会思想观念和价值取向日趋活跃，围绕革命文物保护和利用，探索契合北京红色文化融媒体传播的理念和策略，是在新时代将中国共产党精神发扬光大的有效路径，也是传承红色基因、赓续红色血脉的良好体现。本书的研究问题主要集中在两个维度：一是结合融媒体环境，从多元叙事传播视角切入，探索革命

---

① 北京市文物局关于公布北京市第二批革命文物名录的通知 [EB/OL]. 北京市文物局，2022-12-28.

② 让革命文物活起来！北京打造三大红色文化主题片区 [EB/OL]. 京报网，2023-11-04.

文物活化和利用的有效路径。如：如何让革命文物活起来，让红色文化走进百姓生活？怎样吸引公众参与红色文化遗产保护？二是在实证研究基础上，探索针对不同群体（特别是当代青年）提高红色文化传播效能的有效方式，文化创意与科学检验、学理思考与客观实践相结合。

第二节 主要研究文献综述

党的二十大以来，党和国家高度重视革命文物工作。革命文物的研究性质和研究目的，涵盖于我国文博事业总体内容框架之中，但又与近现代历史文物有些许不同，有着旗帜鲜明的宣传教育职能。① 革命文物的研究涉及党史、革命史、政治思想史、思想政治教育、新闻传播学、社会学、文物和文化遗产、博物馆学等多个不同学科。围绕"革命文物""红色文化"研究主题，适当拓宽视野宽度至"文物保护""文化遗产传承""文博数字化""文化叙事""叙事传播"等息息相关的领域，在中国知网、EBSCO/Web of Science 等权威中英文文献数据库以及 Google Scholar 等开源学术平台进行文献数据查询和整理，重点关注近三年相关学术文献及媒体平台较为权威的新闻报道，对所获得的文献资料进行较为全面的整理分析，以期较为客观地全方位掌握关于革命文物保护及红色文化叙事传播的前期研究基础图景。

一、文物保护理念脉络
（一）文物保护理念演进

文物保护的理念源于早期欧洲的三个思想流派，分别是 19—20 世纪的修复运动（restoration movement）、反修复运动（anti-restoration movement or conservation movement）和现代保护运动（critical conservation movement）。② 在历史的各个时期，保护文化遗产的不同方法一直在发展。从意大利文艺复兴时期的早期方法开始，然后通过 18 世纪晚期的法国大革命，并进一步受到第二次世界大战后国际政策指示的影响，这些不同的运动形成了欧洲历史遗迹和遗址保护修复

---

① 牛贯杰. 学界观察：创造性建立新时代革命文物体系正当其时 [EB/OL]. 北京日报客户端，2024-01-25.

② ROUHI J. Development of the theories of cultural heritage conservation in Europe：A survey of 19th and 20th century theories [J]. In Proceedings of the 4th International Congress on Civil Engineering，Architecture & Urban Development，Tehran，Iran，2016（2729）.

的理论基础。围绕文化遗产的讨论深受这些不同方法的影响，重点是保存和保护历史建筑和艺术品，同时考虑到修复支持者和保护倡导者之间不同的方法和目标。值得注意的是，这些运动和有影响力的理论家在塑造当前全球范围内的遗产保护和修复方法方面发挥了重要作用，特别是强调了真实性、最小干预和在文化遗产处理中使用历史证据的重要性。这些理论和实践对遗产保护领域产生了持久的影响，并继续指导世界范围内的保护工作。

修复运动观点强调原始建筑形式的实际方面，通常通过风格修复实现，强调了建筑风格的统一性，如：斯科特（George Gilbert Scott）和杜克（Violet-le-Duc）旨在将建筑物恢复到过去理想状态，通常涉及去除后来添加。他们强调保留建筑物的原始设计和风格的重要性。反修复运动或保护运动观点，强调文物和古迹的材料真实性和文献价值，主张最小干预并拒绝历史重要性的篡改，认为文物建筑应当保留自身的历史信息与文化脉络，如：拉斯金（John Ruskin）和莫里斯（William Morris）特别关注于历史的时间和真实性相关的问题，并强调无法在另一个历史文化背景中复制具有相同意义的对象，主张拒绝任何重建，推荐以当代形式进行补充。现代保护运动流派主要是指二战后的现代保护理论，主张对艺术作品进行历史上的批判性修复，在美学、历史和使用价值上进行修复，如：阿里格尔（Alois Riegl）主张尊重古迹的历史价值，并建议尽量减少干预，限制修复仅限于对对象保存所需的程度。1964 年，国际博物馆协会（The International Council of Museums）发布的《威尼斯宪章》（*The Venice Charter of 1964*）为国际文物建筑保护制定了一个共同纲领，成为文物保护科学诞生的重要标志。此后，国际组织不断制定有关遗产保护与利用的宪章、公约、宣言等，进一步推动了文物保护与开发的工作。

我国文物保护事业在经历了漫长的发展过程后，逐渐从博物馆学、考古学等领域脱离出来，成为专业化的学科门类。早在北宋时期，"金石学"虽尚未形成系统化的文物保护体系，但从对文物及其典章制度的整理中可以看到文物保护的雏形。随着政府职能的完善、民众意识的提升，许多学者开始提及文物保护相关内容，如陈端志的《博物馆学通论》、傅斯年等编著的《城子崖》等。新中国成立后，文物学与文物保护学方面的专业人员及著作逐渐出现，如李晓东的《文物保护管理概要》《中国文物学概论》等，标志着文物保护逐渐系统化、专业化。革命文物作为我国文物中极具特色的一类，对其保护可追溯至1931 年中华苏维埃共和国制定的《中国工农红军优待条例》，其中提出"死亡战士之遗物应由红军机关或历史博物馆中陈列"①。

文物和文化遗产保护传承在很大程度上具备政治属性。党的十八大以来,党中央对于文物活化和文化遗产保护给予了高度的重视,已经上升至治国理政的重要组成部分。在理论层面,以习近平同志为核心的党中央所坚持的中国特色社会主义思想、新时代文治之道所秉持的将马克思主义基本原理与中华优秀传统文化相结合的"第二个结合"理论体系(其中包括"两创""六个必须""四观"等辩证思想)构成了符合时代和国情的中国特色文化遗产观念体系。具体理论思辨层面,有学者论述了坚持习近平文化遗产观及马克思主义唯物辩证法的重要性②、习近平总书记关于文化遗产保护的论述③,指出对红色文化资源的保护与开发利用关键在于加强党的领导④,着重论述"让更多文物和文化遗产活起来"工作内容⑤、"讲好中国故事"语境下非物质文化遗产的创新性表达⑥。

(二)文化遗产与叙事传播

文化遗产与叙事的双向结合。从叙事的"文化转向"来看,越来越多的学者开始注重叙事作品中更深层的文化解读,在叙事语境中考察文化的表征。从文化的"叙事转向"来看,叙事逐渐成为阐释文化经验的重要工具,成为一种文化的解读方式,也因此叙事学被应用于其他更多文化领域,日渐具备跨学科、跨媒介特征。如《作为媒体的遗产:对研究的启示》一书提出文化遗产展示的叙事性研究,包括研究展览为观众设定参观动线的能力,以及确定一个特定的展示逻辑⑦。交互式数字叙事(Interactive digital narrative, IDN)是一个总称,用于涵盖各种数字叙事格式,如超文本小说、跨媒体故事和电子游戏,数字媒

① 卢世主,朱昱.革命文物保护利用研究的现状与进展[J].江西师范大学学报(哲学社会科学版),2020(6):145-153.

② 马奔腾.论习近平关于文化遗产的思想与实践[J].中南民族大学学报(人文社会科学版),2024,44(01)。

③ 张灿强.习近平关于文化遗产保护重要论述的核心要义与实践价值[J].理论视野,2022(05)。

④ 胡继东.中国共产党对红色文化资源的保护与开发利用:百年历程、经验总结和趋势展望[J].理论月刊,2021(07):5-12.

⑤ 翟佳琪."让更多文物和文化遗产活起来"——学习习近平关于文物和文化遗产工作的重要论述[J].党的文献,2023(03):35-42.

⑥ 袁建涛."讲好中国故事"语境下非物质文化遗产的创新性表达[J].湖湘论坛,2021,34(05):119-128.

⑦ SILVERSTONE R. The Medium is the Museum: On Objects and Logics in Times and Spaces 1 [M]//Towards the Museum of the Future. London: Routledge, 2012: 161-176.

体作用新的传播模型，即创作者—产品用户交易模型，并将现有的叙事分析"工具"改编为用于研究非虚构 IDN 的"叙事工具包"，进而对文化遗产网站的叙述产生作用。①

数字媒体与文化遗产可持续性之间的作用关系。可持续性（sustainability）是指发展本身的可维护性；或某些做法或政策可能有助于改善和稳定生活质量的方式；或一个项目或机构的生存能力，特别是其财务稳健性。创造力（creativity）是可持续发展的核心。创造力植根于可持续的社会、经济、环境和文化实践。② 数字媒体和工具软件对于文化遗产的开源应用和可持续保护有着非常重要的作用。③ 社交媒体被视为城市化快速发展过程中助推公共参与城市遗产保护最为重要的平台之一，网络能为可持续和全面的遗产保护提供一个以社区为基础的重要平台。④ 文化遗产和持续性，受到政策、社会、文化变迁的影响，不同文化中的非遗实践者也有着不同的观点，非遗的真实性不仅仅取决于造物技艺或氛围场景，它从整体上受到实践者文化身份、表演行为、信仰观念等方面的影响。⑤

文化遗产与公众参与。参与式遗产（participatory heritage），可以被认为是一个空间，在这个空间中，个人在正式机构之外从事文化活动，目的是与他人分享知识和共同创造。⑥ 参与式遗产将人们聚集在一起，围绕内容以及内容的专业知识，这些人有强烈的愿望与遗产内容接触，以获得、分享和创造新的知识。社交媒体、用户生成内容（UGC）和众包生产（crowd-sourcing）对参与式遗产有促进作用。遗产机构和新媒体为人们在与遗产的接触中发挥积极作用提供了更多的机会，尽管博物馆和档案馆积累的知识和资源对于以可持续的方式保存

① BASARABA N. A communication model for non-fiction interactive digital narratives: A study of cultural heritage websites [J]. Frontiers of Narrative Studies, 2018, 4 (s1): s48-s75.

② D'ORVILLE H. The relationship between sustainability and creativity [J]. Cadmus, 2019, 4 (1): 65-73.

③ ENRICO B, NUCCIO M, ALESSANDRA D. Proximity tourism and cultural amenities: Evidence from a regional museum card [J]. Tourism Economics, 2021, 27 (1): 187-204.

④ LIANG X, LU Y, MARTIN J. A review of the role of social media for the cultural heritage sustainability [J]. Sustainability, 2021, 13 (3): 1055.

⑤ KIM S, WHITFORD M, ARCODIA C. Development of intangible cultural heritage as a sustainable tourism resource: The intangible cultural heritage practitioners' perspectives [M] // Authenticity and Authentication of Heritage. London: Routledge, 2021: 34-47.

⑥ ROUED-CUNLIFFE H, COPELAND A eds. Participatory heritage [M]. California: Facet Publishing, 2017.

过去仍然很重要①。遗产的数字化参与往往与实际空间的活动相辅相成②。

　　另外，跨学科成为研究红色文化理念内涵与价值的重要特征，涵盖博物馆学、社会学、心理学、艺术美学、传播学、管理学、教育学等多种学科。有学者以文化经济学为基础，研究了红色文化的生产、流通、分配及消费③，还有部分学者在德育视角下探究红色文化，认为红色文化蕴含着巨大的思想政治教育价值④，能够为教育工作提供优质的文化根基以及正确的价值观念引导⑤，可以融入"大思政课"的建设机理⑥。也有学者从新闻传播学视角探索革命文物跨文化传播途径⑦、革命文物新媒体传播的融合⑧。

二、文物保护应用实践

　　文物保护与传播逐渐融入叙事的理念，越来越多的文物保护相关单位尝试利用不同的媒介手段来组织叙事。文化遗产是实物文物的遗产，认识到保存叙述、故事和传统的重要性是至关重要的⑨。保护是一门多学科课程，汇集了艺术、科学、媒体，在讲述文物故事和促进保护人才培养方面发挥着关键作用。文物保护是保护历史和维护人权的一个重要方面，决策者应关注城市的当代城

————————————

① GIACCARDI E. Introduction：Reframing heritage in a participatory culture ［M］//Heritage and social media. London：Routledge，2012：1-10.

② VAN DER HOEVEN. Historic urban landscapes on social media：The contributions of online narrative practices to urban heritage conservation ［J］. City，Culture and Society，2019 （17）：61-68.

③ 魏本权，荆婧. 论文化经济学视域下的中国红色文化产业 ［J］. 收藏，2018 （4）.

④ 郭少华. 红色文化融入大学生思想政治教育的价值与途径 ［J］. 井冈山大学学报（社会科学版），2011，32 （4）：18-22.

⑤ 汪立夏. 红色文化资源在大学生思想政治教育中的价值及实现 ［J］. 思想教育研究，2010 （7）.

⑥ 良警宇，罗秋宇. 革命文物融入"大思政课"的建设机理与实践路径 ［J］. 中国青年社会科学，2024，43 （01）：44-54.

⑦ 冯荣. 革命文物跨文化传播途径初探——以 2019—2022 年"全国博物馆（展览）海外影响力评估"结果为例 ［J］. 文物鉴定与鉴赏，2024 （02）：157-160.

⑧ 李艳，宋舒扬. 重塑"物—人"联结交往体系：革命文物新媒体传播的转译困境与融合路径 ［J］. 传媒观察，2022 （09）：97-104.

⑨ MEKONNEN H，BIRES Z，BERHANU K. Practices and challenges of cultural heritage conservation in historical and religious heritage sites：evidence from North Shoa Zone，Amhara Region，Ethiopia ［J］. Heritage Science，2022，10 （1）：172.

市议程，以鼓励多样化的地方遗产叙事①。此前，国际公约以及宪章针对文化遗产与公众的沟通问题，就以"阐释""展示""传播"等术语进行描述②，其中《威尼斯宪章》指出需要以恰当的方式对遗迹进行展示，使公众对古迹形成正确了解。有学者在2014—2016年期间对城市居民和非营利组织内部的居民进行访谈，以了解这些群体之间决策冲突的原因。也有学者论述在社交媒体环境中，媒体和记者在受众参与和文化遗产叙事的可持续推广方面发挥着至关重要的作用，有时甚至是相互矛盾的作用③。讲故事涉及使用社交媒体来叙述嵌入历史城市景观中的"生活体验的层次"④。社交媒体可以用来分享叙述，以平衡对特定城市地区的普遍看法⑤。有学者阐述了AR技术在文化遗产中的具体应用⑥，以及利用沉浸式技术进行文化遗产的游戏式传播⑦，这些技术手段为受众提供了虚实结合的场景体验，使人们能够通过体验获得良好的教育。遗产实践被合理化为大众怀旧消费，这种消费将快乐与教育学相结合，通过这种消费，参与者被邀请通过具体化的体验来感受和重温过去⑧。

部分研究围绕文物保护与开发的理念，认为革命文物保护和活化利用着眼于"融合发展"，它注重革命文物价值功能的整体发挥、利用方式的综合运用、精神内涵的深入阐发和融合领域的不断扩展，是对革命文物保护与活化利用的

① ZHU K, HEIN C M. Temporalities and the conservation of cultural relic protection units: legislative, economic and citizen times of the Bugaoli community in globalising Shanghai [J]. Built Heritage, 2020, 4 (1): 11.

② SILBERMAN N A. Process not product: The ICOMOS Ename Charter (2008) and the practice of heritage stewardship [M]. CRM: The Journal of Heritage Stewardship, 2009: 7.

③ CARMICHAEL C E, MCDONOUGH M H. Community stories: Explaining resistance to street tree-planting programs in Detroit, Michigan, USA [J]. Society & Natural Resources, 2019, 32 (5): 588-605.

④ CAUCHI-SANTORO R. Mapping community identity: Safeguarding the memories of a city's downtown core [J]. City, Culture and Society, 2016, 7 (1): 43-54.

⑤ VAN DER HOEVEN A. Historic urban landscapes on social media [J]. City, Culture and Society, 2019.

⑥ NOH Z, SUNAR M S, PAN Z. A review on augmented reality for virtual heritage system [M] //Learning by Playing. Game-based Education System Design and Development: 4th International Conference on E-Learning and Games, Edutainment 2009, Banff, Canada, August 9-11, 2009. Proceedings 4. Berlin: Springer, 2009: 50-61.

⑦ MORTARA M, CATALANO C E, BELLOTTIF, et al. Learning cultural heritage by serious games [J]. Journal of Cultural Heritage, 2014, 15 (3): 318-325.

⑧ LAM H K. Embodying Japanese heritage: Consumer experience and social contact at a historical themed park [J]. Journal of Intercultural Studies, 2020, 41 (3): 262-279.

系统考量。① 对应革命文物的利用工作囿于起步较晚和认识不足，在保护理念、认定标准、保护方法等方面尚未形成成熟的理论，布局合理且针对聚焦的实践体系也尚待磨砺，革命文物的保护利用应以"事件性"属性为切入点，将事件的场所、人物和内涵与建筑本体进行整体思考，并以"事件途径"方法对相关遗产进行发挥、评估、甄选②。部分研究针对文物保护的技术应用，指出目前一些省份革命文物展陈和红色文化资源已经开始与数字媒体结合③，具体措施包括建设数字博物馆、多媒体数字化展示，革命文物纪念馆通过丰富展陈形式、增强互动性、增设冥想空间等路径，提升革命文物的精神优势，激发革命文物保护事业的活力④。利用大数据云平台进行文物资源的有效存储和高效管理⑤。还有部分研究针对文物保护与旅游的融合发展，认为利用革命文物发展红色旅游能够实现文化传承与经济效益的结合，从发展活力、发展效益、创新、协调、绿色、开放、共享发展 7 个方面构建红色旅游高质量发展评价指标体系⑥。

三、主要观点陈述总结

（一）前期国内外相关研究的主要理念趋向

首先，国内外对于文物保护利用的研究具有多元跨学科视角，为革命文物的保护和红色文化的发展提供了内在动力；其次，革命文物从单向传播转向动态阐释，突出与受众的双向互动，体现在利用数字技术打造交互体验、结合多种媒介进行场景叙事等方面；第三，革命文物保护与红色阅读、红色旅游、脱贫攻坚、乡村振兴等领域深度融合，形成"在保护中发展，在发展中保护"的动态过程。

---

① 陈军. 融合视域下革命文物保护与活化利用路径考察 [J]. 中国文物科学研究，2021（01）：29-33.

② 沈旸，陈凯，相睿，等. 革命文物的"事件性"属性及其保护利用的"事件途径"[J]. 中国文化遗产，2021（06）：17-26.

③ 郑先平，钟杰，李凤红，等. 新时代江西红色文化资源数字化赋能与利用思考 [J]. 传媒论坛，2023，6（20）：67-69，80.

④ 张洛阳. 新媒体视域下革命文物保护现状及发展研究 [J]. 新媒体研究，2019，5（15）：44-45.

⑤ 卢世主，朱昱. 革命文物保护利用研究的现状与进展 [J]. 江西师范大学学报（哲学社会科学版），2020，53（06）：145-153.

⑥ 阎友兵，欧阳旻. 基于新发展理念的红色旅游高质量发展评价指标体系构建及应用 [J]. 旅游论坛，2021，14（06）：29-40.

（二）红色文化叙事传播的理念

叙事传播通过模仿现实来吸取养分，其中包涵对于信息的选择、处理、加工，同时也融入了对于传播情境和受众需求的考量。故事的讲述离不开信息传播过程所具备的五要素——传者、内容、渠道、受众和效果。红色文化叙事传播，即以红色文化为叙事元文本，借助多样化的媒介，从不同维度传播红色文化的精神内核。这种叙事传播以微观、具体的视角出发，注重个体的接受动机、心理需求和参与体验，在可持续发展视域中不断提高信息传播的效能。

（三）本书研究的维度

本书主要有三个方面的研究维度：

1. 概念阐述和理论框架搭建：在对习近平同志为核心的党中央文化遗产理论观念体系深度学习的基础上，适当吸纳借鉴国际经典前沿文物和文化遗产活化保护和传承理念，结合北京市革命文物和红色文化保护事业发展政策和信息技术环境，建构符合国情和人民需求的革命文物保护和红色文化传播理论框架。

2. 开展主题式的社会科学实证调研：综合实地考察、深度访谈、问卷调查、内容分析、叙事学、个案研究等研究方法，对北京市革命文物《名录》中所列的全国重点文物保护单位进行实地调研，了解有关政策、现状和规划，结合理论从文物影像、文物感知、文物接触、文物保护、文物数字化、文物实践等方面脚踏实地地展开调研，以期为革命文物的活化保护传承以及红色文化传播效能的提升提供更多的参考建议，获得更多更好的红色文化传播方案。

3. 经典个案研究分析：针对不同代际群体和特殊群体的考察调研，点面兼顾，质化和量化研究结合；有效运用内容分析、数据挖掘、社会网络分析、语义网分析等社会调研方法，掌握微博、短视频等社交媒体平台在"红色文化叙事""革命文物保护"等方面的舆情动态；联系社会生态学以及联合国倡导的文化遗产可持续发展视角，围绕革命文物/文博主要议题进行适当延展，观照与之相关的红色书店、红色旅游等受社会关注的红色文化主题，基于关系或过程本体论的哲学思潮，期望部分红色文化主题个案研究能为革命文物的活化保护和叙事传播烘托更多的红色氛围，对革命文物保护传承赋予更多的动能。

第三节 研究目标与意义

一、研究目标

革命文物及其蕴含的红色文化是我国人民的精神向导，集中彰显了中国共产党在长期奋斗过程中所形成的精神智慧，它见证了中华民族的苦难历史与光辉时刻，是中国共产党、中国人民以及中华民族弥足珍贵的精神财富。在新的历史时期，保护好革命文物，传承好红色精神，具有重要的理论和实践意义。本书通过吸纳借鉴国内外已有研究成果，结合当前社会发展态势和媒介信息技术的革新，致力于研究革命文物活化保护和红色文化精神赓续的理念和叙事传播实践，研究目标主要包括以下三个方面：

（一）构建红色文物保护和传承的传播理念框架

以把马克思主义基本原理"同中华优秀传统文化相结合"的"第二个结合"理论体系为革命文物观的思想核心，有机结合国际文化传播学术界日益推崇的媒介物质性思想前沿，从"物"的阐释角度增添一些文化发展和传播的学理养料成分，在坚守马克思辩证唯物史观和历史唯物史观的基础上正确看待人与本体、自主与外鉴、守正与创新、问题与理论、系统与局部、中国与世界之"六大关系"，提升文物和文化遗产发展的可持续性，应用辩证性的思维方式合理看待虚拟和现实、数字和实体、人与非人之间的关系，力求助推关于文物和文化遗产保护发展和传播的理论、思想和论述达到有机统一。另外，在充分学习汲取中华文化遗产观的基础上，立足于全球视野有效借鉴国际前沿遗产传播理念，积极拥抱联合国教科文组织文化遗产可持续发展观念体系，认可以人为本的国际遗产传播理念趋势，吸纳参与式遗产、社交媒体赋能文化遗产传播等研究的精粹。

（二）做好关于线上和线下的实证调研

实地考察和参与观察方面，自 2022 年 12 月至 2024 年 4 月，课题组成员陆续前往中国共产党北京革命活动、抗日战争、新中国成立三大红色文化主题片区参观调研，重点参观考察了香山革命纪念馆、北大红楼、《新青年》编辑部、长辛店留法勤工俭学预备班旧址、中国人民抗日战争纪念馆、蒙藏学校旧址、李大钊故居、京报馆旧址等红色地标遗址。线下实证调研方面，以当下最为活跃的文化行动者——Z 世代青年（1995—2009）为研究对象，借助"刺激—机体—反应"（S-O-R）理论和媒介丰富性（Media richness）理论，采用量化问卷调研，对 Z 世代的红色文化资源接触情况进行全方位考察。线上实证调研方面，以 18 家一级博物馆的官方短视频内容为研究对象，综合运用内容分析、文本分析、社会网络分析等方法；采取客观呈现与主观感知的双重视角，围绕"文化空间"的三个要素——空间、文化、人；建构起三条"文化空间"的激活路径——物态感知空间、文化构想空间、生活实践空间，希冀为文博行业数字化传播提供创新思路与学理思考。另外，还对红色文化专题纪录片（如《长征之歌》）、红色文化综艺（如《寻声记》）等影像类题材进行了内容分析和文本叙事研究。

（三）围绕红色文化传播的主题案例延展

适当延展至其他相关红色主题的个案研究分析，营造起社会主义红色精神文明氛围。2024 年政府工作报告首次提出了"加强文物系统性保护和合理利用"，体现了继承与发展的辩证统一。关于文物系统性保护的内涵，除了统筹做好各级各类文物资源保护、强化文物和非物质文化遗产协同保护之外，还需对文物本体和周边环境进行整体保护。[①] 整体性保护在很大程度上意味着对于文物和文化遗产存在地的历史风貌和文化生态进行观照保护。红色书店、红色旅游是红色文化生态中非常重要的组成部分，也与革命文物遗存和红色精神相互辉映、相互扶持。在万物皆媒的时代，革命文物的意义已经远远超越了其本身的意蕴内涵，需要在整体红色文化空间系统内实现价值的最大化，红色书店、红色旅游在系统中也处于重要发展的位置。因此，除了立足于围绕红色文物的学理思考和实证研究之外，本书还对与红色文物文化生态有着重要作用力的两个领域——红色书店、红色旅游进行了对照性的分析，以期整体性、系统化地托举起革命文物赖以生存的红色文化空间氛围环境，为更好地理解掌握北京红色革命文物的意义和价值做出更多的贡献。

二、研究意义和价值

（一）研究意义

保护革命文物是传承与发展红色文化的客观要求，是培育社会主义核心价值观的内在要求，是实现中华民族伟大复兴中国梦的重要助力。党的十八大以

---

① 最新！国家文物局局长谈文物系统性保护：至少 3 层内涵！[EB/OL]. 文博圈，2024-03-10.

来，以习近平同志为核心的党中央数次走访调研博物馆、纪念堂、革命旧址、历史遗迹等地，在多次会议和报告中强调"文化自信""文物活起来""做好革命文物的保护和传承""挖掘文物和文化遗产的多重价值"，相关政策和方针频出，可见党和国家对于文物保护传承工作的重视程度。2018 年，中共中央办公厅、国务院办公厅印发《关于实施革命文物保护利用工程（2018—2022 年）的意见》指出："切实加强新时代革命文物工作，充分发挥革命文物在开展爱国主义教育、培育社会主义核心价值观、实现中华民族伟大复兴中国梦中的重要作用。"为了讲好中国红色文物遗产故事，充分发挥革命文物与红色文化凝聚共识、汇聚发展力量的重要作用，研究革命文物如何通过多元叙事来进行传播与创新，在理论和实践层面都有其前瞻价值和意义。在数实融合时代，社会环境和技术发展程度相较以往发生了很大程度的改变。从融合视角研究红色文化的叙事传播，在一定程度上完善了文物保护以及红色文化相关研究的理论与方法。同时，该主题也契合我国建设社会主义文化强国的要求，并且也为与世界文化的时空对话提供了现实路径。

（二）研究价值

1. 学术价值：本课题紧密结合国内外信息传播形势和数字技术背景，从叙事传播理论视角切入，结合社会学、心理学、叙事学、人类学等多个学科，做好线上和线下、引导和参与层面的综合考察调研，理论结合实践，思维辨析结合应用评测，量化、质化研究相配合。

2. 应用价值：文物保护与应用是相辅相成、相互作用的。在文物保护基础上的叙事传播策略，既包含自上而下文化信息传播，也有不同个体或群体的文化参与，多元叙事特征在融媒体时代体现更为显著。在后疫情、后数字时代，本课题研究是与红色旅游、城市文化、软实力提高等层面深度融合的，对于红色旅游精品线路打造、红色文化微视频叙事、情景式和体验式经典课程开发、动画和表情包等创意呈现、激发青少年和青年的参与热情等方面都有相应的助推作用。

第四节　研究架构与方法

一、研究架构

本书紧密追随党的十八大以来以习近平同志为核心的党中央所提出的"文

物活起来""加大文物和文化遗产保护力度""切实加强革命文物工作"的会议讲话精神和相关政策,围绕革命文物保护及红色文化叙事传播这一主题,具体从理念阐述、环境感知、实践调研三个层面开展研究,在理论与实践相结合的基础上对北京市革命文物保护和传承的效能提升方面助力些许策略展望和参考建议。习近平总书记指出,革命文物承载党和人民英勇奋斗的光荣历史,记载中国革命的伟大历程和感人事迹,是党和国家的宝贵财富,是弘扬革命传统和革命文化、加强社会主义精神文明建设、激发爱国热情、振奋民族精神的生动教材。国家文物局和财政部联合印发的《关于加强新时代革命文物工作的通知》要求,"全面加强新时代革命文物工作,切实把革命文物保护好、管理好、运用好"。新时代的工作要求对学术界和文博界提出了一个新的研究课题,即如何建立革命文物学科体系和重建革命文物体系①。本书主要从"理论框架建构—时代环境感知—实践考察调研"三个方面展开研究工作:

(一)理论框架建构

理论建构结合全球视域前沿理念、本土国情与文化技术政策,对相关西方理论进行本土情景分析论述,从宏观和微观层面搭建理论框架。相比其他类别文物,革命文物是中国革命伟大历程的物质实证,是讲好中国共产党与人民奋斗历程故事的物质实证和精神财富,有其深厚的红色历史文化价值底蕴。本书具体以习近平新时代中国特色社会主义思想文化遗产观为基础理论根基,深入挖掘习近平同志为核心的党中央所提出的"两个结合"理论——把马克思主义基本原理与中国具体实际相结合、同中华优秀传统文化相结合。革命文物理论体系的建构,需以习近平新时代中国特色社会主义思想中关于文化遗产的思想理论为重要根基,革命文物所承载的红色文化孕育于"两个结合"理论的发展过程之中,不断推进马克思主义中国化时代化现代化伟大工程。中华民族现代文明,既离不开红色文化,也离不开中华优秀传统文化,二者相互融汇联通、彼此交互助力。对于革命文物的保护和利用是一项可持续发展的伟大工程,需要深刻揣摩"第二个结合"理论的价值观念体系,在坚守马克思辩证唯物史观和历史唯物史观的基础上正确看待"六大关系"。有机融合国际文化传播学术界日益推崇的媒介物质性思想前沿,将技术哲学、媒介生态学、媒介与传播地理学等研究方向的精粹融入其中,从"物"的阐释角度增添一些文化发展和传播的学理养料成分,有机结合叙事传播、参与传播、情景多元叙事、文化体验等

---

① 牛贯杰.学界观察:创造性建立新时代革命文物体系正当其时[EB/OL].北京日报客户端,2024-01-25.

方面经典理论，顾及相关国家政策、区域文化、群体活动、个体心理等诸多因素。从宏观和微观、国家政策和学术前沿、跨学科互融等维度把握理论框架的建构，以期助推关于文物和文化遗产保护发展和传播的理论、思想和论述达到有机统一。

（二）时代环境感知

主要由历史记忆拾取、现实环境观察、空间图景探索三个主题部分构成。历史记忆层面，紧紧围绕北京红色文物发生发展的历史脉络展开，从宏观结构上勾勒了四个主要阶段——孕育萌芽期、成长发展期、厚植建设期、成熟积淀期，其中包括一些红色文化发展的历史事件，从晚清鸦片战争起中国遭受西方列强入侵，洋务运动、戊戌变法、太平天国、辛亥革命等探索的相继失败，五四和新文化运动时期国人的觉醒，十月革命后马克思主义的早期传播，中国共产党的成立和发展，抗日战争和解放战争时期党和人民的奋勇拼搏，直至中华人民共和国的成立。长达一个世纪的红色历史是我们党孕育、成长、壮大的重要革命征程，是点点滴滴锤炼、不可磨灭的红色历史丰碑，这段历史是红色文化发展成熟的过程见证，需要被反复诵念、铭记和传播，是中华文化传播内容的重要组成部分，也是革命文物历史回溯的记忆复现和情感膜拜。

现实环境层面，主要从政策引领、文化场域、技术赋能、受众感知四个维度呈现革命文物可持续保护和传承的现实土壤。党的十八大以来，国家层面数次出台关于文物和文化遗产保护和利用的政策性文件，文物活化保护和传承已经上升至国家治国理政的高度，举国上下勠力同心、砥砺前行，逐渐形成以习近平同志为核心的党中央所秉持的中华文化遗产传播观。中华文化遗产观以习近平新时代中国特色社会主义思想为核心价值观，以"两个结合"（特别是"第二个结合"理论体系）为理念滋养，通过马克思主义辩证唯物观和唯物史观为文物和文化遗产保护利用的认知观念导航掌舵。理论与实践、认知与检验、文化与技术、学理与产业、引导与需求相互协调、与时俱进地向前发展。

空间图景层面，探析北京可移动和不可移动革命文物两个主体部分。关于不可移动革命文物的论述，与在北京市构建"点、线、带、片"贯通的革命文物整体保护利用格局的规划基础上形成的三大红色文化主题片区密切相连，分别从中国共产党早期北京革命活动、抗日战争、新中国成立三个部分展开。关于可移动革命文物的论述，主要通过"人—物—场景—事件"的关联视角，挖掘和剖析诸如红色文献、革命兵器、红军衣物、红色报刊之类可移动革命文物的深层次意义内涵，更加细腻地勾勒革命年代中国共产党领袖以及无数红军将士热血拼搏、奋勇杀敌的英雄伟岸形象。通过革命文物唤起人们对红色年代光辉岁月的集体记忆，也经由红色故事的讲述，助推读者对革命文物的学习感知更加具体深入。

（三）实践考察调研

首先，针对"物—人—网络空间"研究对象的调研。一是"物"的对象：对于不可移动和可移动革命文物的调研。如对北京大学红楼、双清别墅、人民英雄纪念碑、长辛店二七大罢工旧址等北京 18 处全国重点文物保护单位进行全面实地考察调研，还可适当将一些市级、区级文物保护单位列入考察之中；赴中国国家博物馆、老舍纪念馆、首都博物馆、中国电影博物馆、中国铁道博物馆等单位对可移动革命文物进行考察。二是"人"的对象：针对青少年、高校青年等主要社会群体的调研。量化与质化研究结合，了解掌握不同群体对于红色文化叙事的反馈认知、偏好解读、互动讨论和体验感受等方面现状。三是网络空间内容对象：宏观了解微博、短视频等社交媒体平台对于革命文物、红色文化的公共讨论，以此勾勒文化知识信息传播的网络空间地图。其次，理论思辨研究与线上/线下实证调研的融合。围绕"文博数字化""文博可持续发展""文化空间传播""空间叙事"等主题进行了理论思辨性质的分析；线上调研对红色专题纪录片（如《长征之歌》）、红色文化综艺（如《寻声记》）等影像类文本进行了分析，还对文博短视频内容进行了内容分析；线下调研主要以 Z 世代青年为研究对象，以量化问卷调查的方法，从"资源环境—感知体验—文化传播"总体综合维度，对当代青年的红色文化资源接触情况进行全方位考察。另外，结合媒介生态学理念，观照城市总体红色文化氛围的营造，研究视域探寻到与革命文物相关的红色书店、红色旅游等延展性议题。

二、研究方法

本书紧密结合习近平新时代中国特色社会主义思想和习近平文化遗产观的理解，聚焦革命文物保护及红色文化叙事传播议题，有效结合跨学科研究视角的学理深度，融合媒介文化、文化传播、文物活化、文化遗产保护、城市传播、政治传播、文化叙事等学科方向领域。在坚持贯彻以习近平同志为核心的党中央所贯彻发展的新"文"治之道理论体系，坚持马克思主义基本原理同中国具体实际相结合、同中华优秀传统文化相结合，有的放矢地吸纳国际文博可持续发展的前瞻性观念和理论。从传播学视角出发，有机融合社会学、政治学、博物馆学、叙事学、心理学、管理学等学科理念和方法，基于符合时代环境变革的"关系/媒介/过程"本体论哲学思考维度，注重考察"物—技术—人—场景"之间的关联，方法上综合思辨和实证、量化和质化、通则和案例研究。本研究本着国内外视野相结合、继承他人成果与本土实践创新相结合的理念与原则进行主题性的研究。

（一）实地考察

北京是中国第一批历史文化名城，革命文物资源丰富厚重，红色基因底蕴深厚。北京市坚持以首善标准做好革命文物整体保护利用，推动形成点、线、带、片贯通的革命文物集中连片整体保护利用格局，中国共产党早期北京革命活动、抗日战争、"进京赶考"新中国三大红色文化主题片区格局初步形成。课题组自 2022 年 12 月至 2024 年 4 月期间，定期组队前往三大红色文化主题片区中具有地标性质的红色遗产地，如香山革命纪念馆、北京大学红楼、双清别墅、卢沟桥宛平城、长辛店二七纪念馆、中国人民抗日纪念馆、中国国家博物馆、中国国家版本馆、中国人民革命军事博物馆、毛主席纪念堂等单位。除了定期实地参观学习之外，笔者和课题组成员也积极参与不同渠道举办的相关研究项目、会议论坛、座谈会、红色文化学习讲座以及文化科技业界动态学习讨论，有效利用社交媒体等平台，尽可能获取相关信息，实时学习党和国家发布的文博政策和举措。

（二）问卷调查

革命文物蕴含着深厚的教育价值和意义。"用好红色资源，传承好红色基因"是党和国家的殷切期望。推动红色文化传播，需对话当下最为活跃的文化行动者——Z 世代青年。基于"刺激—机体—反应"理论和媒介丰富性理论建立起综合总体理论框架，观照到行为个体接触事物时在"资源环境—感知体验—文化传播"总体综合维度的全方位考察。

问卷由三个部分组成。第一部分从线上、线下两个维度调查 Z 世代的红色资源接触情况；第二部分为主体部分，对外部刺激（线下和线上红色文化资源特征），机体状态（访客态度、目的地感知意象、访问体验）以及行为反馈（在线口碑传播、重复造访意愿）进行变量测量；第三部分主要包括被调查者社会人口统计学的基本信息，包括性别、年龄、学历、媒体使用情况等信息。

研究对象为 Z 世代青年（年纪处于 14 岁至 28 岁之间）。在正式调查之前，本研究在 Z 世代学生群体当中开展了小范围的预调查，通过了解答题者对问卷的看法，对问卷题项做出了微调。2023 年 6 月 18 日至 7 月 1 日期间，借助线下、线上两种途径收集问卷，总共获得 1500 份问卷，剔除无效问卷后得到 1200 余份。然后，将数据导入 SPSS 和 SEM－PLS 统计软件进行分析处理。

（三）内容分析

以博物馆、纪念馆为代表的文博机构积极探索数字创新、促进跨界融合，借助抖音这一大众化短视频传播平台，推动文物藏品数字化空间实践。研究聚焦于国家一级博物馆官方抖音短视频内容。从 146 家国家一级博物馆抖音官方账号中进行摘选，选出其中更新情况稳定（每月均有更新）且有一定播放量（单个视频点赞数大于 10）的 18 家综合类或历史类博物馆。它们分布于华北、华东、华中、西南、西北五个区域，以此 18 家文博机构的抖音短视频平台内容作为研究对象。

借助网页爬虫软件，在抖音网页端爬取上述 18 家国家一级博物馆发布于 2023 年 1 月 1 日至 2023 年 3 月 15 日的短视频信息，其中包含发布者、视频内容、视频文案、点赞量、评论量、视频分辨率等。人工剔除长于三分钟的长视频内容及广告、图片等无效内容后，对总体样本进行随机抽样，每个博物馆抽样 5 条后，共获得 90 条视频样本。利用视频截图软件 HYPER SNAP 获取镜头图像，以 5 秒为间隔，截取出 1562 张有效视频画面。由编码员对画面及音频进行内容分析，使用 EXCEL 进行数据处理与分析；借助 GEPHI 软件制作社会网络分析图表；统计单个短视频的文化空间呈现值，与短视频的点赞量进行相关系数计算。内容分析量表借鉴了国外学者针对网页内容的文化遗产研究，该研究对最常见的遗产要素进行了全面且系统的分类。本文在其框架基础上细化了二级类目；调整了具体元素的名称，将我国代表性的书法作品、诗卷等加入其中；在量表最后补充了"人员资源"的类目。采取客观呈现与主观感知的双重视角，围绕"文化空间"的三个要素——空间、文化、人；建构起三条"文化空间"的激活路径——物态感知空间、文化构想空间、生活实践空间，希冀为文博行业数字化传播提供创新思路与学理思考。

三、总体框架

本书整体框架综合前期文献整理分析成果和实地调研素材，既从广度、高度和全局层面考察了解北京革命文物保护和红色文化传播的现状布局和情境场域，在对红色文化孕育生长的历史回溯基础上从宏观政策、文化环境、技术手段和受众需求等维度勾勒北京革命文物活化保护和传承的现实图景，又着力于梳理建构革命文物保护和红色文化传播的理论体系，并围绕红色革命文物主要议题，做到点和面相结合、线上文本和线下实践相映照、学理思考和实证分析相促进的综合性研究，使整体研究呈现立体化、多维度、多层次的认知和实践格局。

本书的各个章节主要内容介绍如下：

第一章是关于革命文物保护及红色文化传播观念理论体系的建构部分。本章综合国家文物和文化遗产政策和国际理论前沿动态，以把马克思主义基本原理"同中华优秀传统文化相结合"的"第二个结合"理论体系作为革命文物观的思想核心，同时有机结合国际文化传播学术界日益推崇的媒介物质性思想前沿，将技术哲学、媒介生态学、媒介与传播地理学等研究方向的学理精粹融入其中。紧紧围绕习近平新时代中国特色社会主义核心思想和中华文化遗产观，理想守正与路径创新相结合搭建革命文物保护传承的思辨观念基础，然后再适当融入国际文化遗产保护前沿理论，从思维革新、观念探索、技艺助益、文化浸润四个维度对革命之"物"进行相应的理论阐释。本章两小节内容相互糅合、相互促进，力求助推关于文物和文化遗产保护发展和传播的理论、思想和论述达到有机统一。

第二章是对革命年代红色文物和红色精神生长发展的历史语境与现实环境的综合概述。本章第一节从北京红色文化孕育萌芽、成长发展、厚植建设、成熟积淀四个发展阶段梳理描绘革命文物演进的历史征程，在川流不息的时间长河中拾取红色文化培植成长的点滴积淀。第二节从政策、文化、技术、受众四个主要维度勾勒北京革命文物馆藏和红色精神传播的空间格局和生态氛围。红色文物和红色精神的保护传承是可持续发展的动态发展过程，红色文化是革命年代留存下来并持续发扬光大的历史宝藏和财富，也是中华优秀传统文化必不可少的重要组成部分。如何更好地对红色文物进行活化利用，需要知晓熟悉由革命文化思想浸润渗透的"红飘带"所串联起来的历史与现实，经历时空洗礼的红色文化遗产"回廊"也会在公共认知参与中灼灼其华、熠熠生辉。

第三章主要从不可移动文物、可移动文物两个维度对北京革命文物的空间布局和话语叙事梗概进行整理。本章第一节以不可移动革命文物为研究重点，以中国共产党早期北京革命活动、抗日战争、建立新中国三大红色片区为划分，对革命旧址进行分区介绍，旨在呈现出重要历史事件发生发展的整体面貌。本节将从"觉醒年代，始于初心""北方红星长辛店""赶考之路，使命传承"三大主题，对革命旧址的重要历史故事、旧址建设历程、遗址特色展览进行系统性介绍。本章第二节以北京市第一批和第二批革命文物名录中的可移动文物为研究重点,通过将可移动文物分为红色文献、红色器物和红色文艺作品三类,选取与革命历史重要人物和团体组织相关的典型文物案例。通过分析这些文物的物质属性、文本特征以及历史背景,述说文物背后曲折动人的革命事迹,探讨它们如何与革命年代的历史信息和革命先辈的精神品质相关联。可移动文物一般收藏于博物馆中,参观者观察文物的细节和了解其背后的故事来增进对文物的认知,并以革命文物为纽带,联系当下与历史,感受红色文化的精神滋养和熏陶;以革命文物为载体,寄托对革命先辈的纪念和崇敬。

第四章在理论阐释和环境感知的基础上开展量化和质化的实证调研。本章节在前面三章对于红色文物理论框架构建、北京革命文物历史和现实环境、红色主题区域和文物类型整理和阐释的基础上,主要从红色文化资源的受众感知体验问卷调研、红色文物影像文本内容分析、文博短视频数字考古三个层面进行实证调查研究。第一节以 Z 世代青年为研究对象,主要采用量化问卷调查的方法,调研 Z 世代在当前时代环境和城市文化氛围中对于革命遗址遗迹、革命纪念设施、红色旅游景点、革命文物、革命故事等红色文化资源的接触感知体验情况。第二节以两档有代表意义的红色影视文本为研究对象——全国首档党建融媒体户外音乐故事节目《寻声记》、聚焦长征国家文化公园建设及其物质和非物质红色文化遗产的大型专题纪录片《长征之歌》,综合采用内容分析、文本分析和叙事学分析的研究方法,有机结合媒体与传播地理学、文化空间理论,对于影像叙事文本的红色文化基因进行提取和分析。第三节以 18 家一级博物馆官方短视频内容为研究对象,在内容分析和文本分析的基础上结合社会网络分析方法,围绕"文化空间"中空间、文化、人三个要素,建构起物态感知空间、文化构想空间、生活实践空间三条"文化空间"激活路径。

第五章从红色书店、红色旅游两个维度对前期的调研进行适当的延展。本章第一节结合媒介与传播地理学,探讨红色书店的可持续发展路径。该节指出,红色书店在空间建设、空间设计方面面临发展挑战。在后续的发展规划中,红色书店应当建构复合型红色空间,在空间传播维度,借助设计布局凸显红色特质;在空间呈现维度,利用多维时空拓宽空间关系;在地方实践维度,塑造沉浸式红色文化体验;在地方表征维度,挖掘地方性红色文化符号。第二节讨论如何以革命文物为基础,借助一定的品牌化手段,实现新旅游需求下红色旅游的创新发展。该节从革命文物、红色旅游和品牌建设三者的关系出发，结合传统红色旅游的创新困境与品牌定位理论、品牌识别系统理论，说明红色旅游的开拓创新需要以革命文物为旅游资源、以品牌建设为创新路径。在红色旅游品牌建设规划中，以北京红色旅游城市优秀建设成果为案例，总结出以革命文物符号功能、媒介功能和活化方式为核心的三条品牌化路径。

第一章

理论基础和相关概念

　　革命文物是文博事业的基础元素，也是红色文化的重要组成部分。文博属于一个国家、民族、社会、群族等多元组织维度下的文化事业范畴，文化（culture）即通过符号在历史上代代相传的意义模式①。在《德意志意识形态》一书中，马克思（K. H. Marx）和恩格斯（F. Engels）从本质上揭示了文化起源于人类物质生产活动且具有精神层面的内涵②。我国革命文物凝结着中国共产党的光荣历史，展现了近代以来中国人民英勇奋斗的壮丽篇章，承载着催人奋进的红色传统和红色基因，是激发爱国热情、振奋民族精神的深厚滋养③。习近平总书记强调："要讲好党的故事、革命的故事、根据地的故事、英雄和烈士的故事，加强革命传统教育、爱国主义教育、青少年思想道德教育，把红色基因传承好，确保红色江山永不变色。"④ 革命文物和红色文化是我国独一无二的文化文明精粹，革命文物及其文化的可持续发展需要以习近平同志为核心的党中央所贯彻发展的新"文"治之道理论体系为基础，同时也需站在全球视野的高度有机撷取文化传播理论发展的前沿讨论，将"理论""思想"和"论述"进行贴近中国实际发展的有效融合。

　　如果说"理论"是通过一定时期的实践活动概括出来的对重大问题的系统性认识和方法，借助凝练的概念和对基本原理的描述揭示客观事物的本质，那么"思想"则是对党和国家工作全局重要领域的规律性认识和判断，而"论述"是指领袖人物对特定命题的叙述和分析⑤。革命文物和红色文化的保护和

---

① 克利福德·格尔兹. 文化的解释 [M]. 纳日碧力戈等译，王铭铭校. 上海：上海人民出版社，1999：11.
② 薛可，余明阳主编. 文化创意学概论 [M]. 上海：复旦大学出版社，2021：17.
③ 保护革命文物传承红色基因 [EB/OL]. 国家文物局，2019-06-05.
④ 讲好党的故事，传承红色基因 [EB/OL]. 人民网，2021-06-10.
⑤ 中国传媒大学党报党刊研究中心课题组，中国传媒大学学报党刊研究中心. 习近平文化思想的生成逻辑、原创性贡献与传媒新使命 [J]. 传媒观察，2024（1）：5-14.

发展，需要结合时代环境与时俱进地阔步向前，这离不开理论与实践之间相辅相成的互嵌融合。本章立足于对革命文物保护和红色文化传播理论框架的搭建，第一节以把马克思主义基本原理"同中华优秀传统文化相结合"的"第二个结合"理论体系作为革命文物观的思想核心，第二节有机结合国际文化传播学术界日益推崇的媒介物质性思想前沿，将技术哲学、媒介生态学、媒介与传播地理学等研究方向的学理精粹融入其中，从"物"的阐释角度增添一些文化发展和传播的学理养料成分，两小节内容相互糅合、相互促进，在坚守马克思辩证唯物史观和历史唯物史观的基础上正确看待人与本体、自主与外鉴、守正与创新、问题与理论、系统与局部、中国与世界之"六大关系"，力求助推关于文物和文化遗产保护发展和传播的理论、思想和论述达到有机统一。

图1 北京大学红楼内部展陈"习近平新时代中国特色社会主义思想的核心内容"①

---

① 图片来源于课题组赴北京大学红楼参观时的自摄图。

第一节　"第二个结合"理论基础上的革命文物观

中共二十大报告指出："只有把马克思主义基本原理同中国具体实际相结合、同中华优秀传统文化相结合，坚持运用辩证唯物主义和历史唯物主义，才能正确回答时代和实践提出的重大问题，才能始终保持马克思主义的蓬勃生机和旺盛活力。"习近平总书记指出："马克思主义是我们立党立国的根本指导思想，是我们党的灵魂和旗帜。"① 马克思主义在中国的广泛传播催生了中国共产党，马克思主义使我们党拥有了科学的世界观和方法论，拥有了认识世界、改造世界的强大思想武器。马克思主义的命运早已同中国共产党的命运、中国人民的命运、中华民族的命运紧紧连在一起。马克思主义基本原理在价值观、实践观层面与中华优秀传统文化有高度的契合性。中国共产党人在救亡图存的关键时刻找到了马克思列宁主义，马克思主义的辩证哲理、实践品格与中华优秀传统文化中经世致用的历史智慧融会贯通，与长久以来我国群众日用而不觉的共同价值观念融通契合。我们党的历史，是一部推进马克思主义中国化、不断丰富和发展马克思主义的历史，也是运用马克思主义理论认识和改造中国的历史。一百年来，我们党坚持把马克思主义基本原理同中国具体实际相结合，创立了毛泽东思想、邓小平理论，形成了"三个代表"重要思想、科学发展观，创立了习近平新时代中国特色社会主义思想。可以说，习近平新时代中国特色社会主义思想是当代中国马克思主义、21世纪马克思主义。

以文物和文化遗产为显著特征的中华优秀传统文化是文化创意取之不竭、用之不尽的创新资源和创新动力，是在中国特色社会主义道路上解锁文化自强自信的基因密码。内涵于革命文物之中的红色文化，是中国共产党在艰苦革命中创造的新型文化，以马克思主义为魂，以中华优秀传统文化为根，它与中华优秀传统文化来源不同但交融汇通，承载革命历史，助力社会进步。中华民族现代文明，既离不开红色文化，也离不开中华优秀传统文化，二者相互融汇联通、彼此交互助力②。红色文化形成于马克思主义指导下的中国革命历史时空和具体进程之中；马克思主义基本原理同中国具体实际相结合、同中华优秀传统

① 陈翔. 赓续精神血脉，让红色基因薪火相传［EB/OL］. 光明网，2023-07-07.
② 渠长根. 异源汇通、交注活力：红色文化与中华优秀传统文化同载同驱中国未来［J］. 思想战线，2023（6）.

文化相结合孕育生成了红色文化。北京红色文化根植于中华优秀传统文化，孕育于中国革命文化，见证了中华民族的英勇不屈与岿然屹立，见证了中国共产党的英明伟大与初心使命。① 在推进"第二个结合"过程中，我们党始终以开放包容的姿态不断推进马克思主义中国化时代化，巩固文化主体性、坚持守正创新、保持开放包容是"结合"的最突出体现②。对于革命文物的保护和利用是一项可持续发展的伟大工程，需要深刻揣摩"第二个结合"理论的价值观念体系，在坚持马克思主义辩证唯物主义哲学指导地位的基础上准确把握中华优秀传统文化定位，涵养我们的历史思维和社会主义核心价值观，使文化传承与时代的发展、广大群众的需要统一起来，让文物遗产所蕴含的优秀文化精粹得以更好地创造性转化、创新性发展，以此促进经由"结合"而形成的"新的文化生命体"绵绵不绝、生生不息。

一、理念守正：辩证思维助力文博事业可持续发展

革命文物是"与中国共产党史、中华人民共和国史、改革开放史、社会主义发展史有关的重要史迹、实物、代表性建筑"③。习近平总书记指出，革命文物承载党和人民英勇奋斗的光荣历史，记载中国革命的伟大历程和感人事迹。革命文物保护和红色文化叙事传播，不能仅偏重于实体文物在物理空间的存在和延续，也不能仅偏向于文本、精神、非物质性的话语呈现和符号建构。文物保护与文化传播是相互融合互嵌的有机体，二者是相辅相成、相互作用的辩证关系，需要在新的关系或过程本体论的思维基础上结合时代环境对其进行重新审视。

（一）内生与外在：全球视野文博事业的在地思索

万事万物是相关联系、相互依存的。只有用普遍联系的、全面系统的、发展变化的观点观察事物，才能把握事物发展规律。在有着时空融合特征的智能传播时代，革命文物红色基因的赓续，应是贯穿文物遗存的管理、调整、存储、传播等一系列环节的全链条体系，具有一定的系统性和完整性，观念与实践之间具有相互勾连、嵌入作用的关系特征，"物—环境—技术—人"之间呈现出持续作用彼此的融合发展关系。

---

① 陈洪玲，刘锋. 北京红色文化概述［M］. 北京：北京出版社，2021：1.
② 王伟光. 深刻理解和把握"第二个结合"的重大意义（深入学习贯彻习近平新时代中国特色社会主义思想）［EB/OL］. 人民日报理论，2023-07-12.
③ 《中华人民共和国文物保护法（修订草案）》（征求意见稿）［EB/OL］. 国家文物局，2020-11-10.

　　首先，从本体论而言，伴随着时代变迁和技术发展，关系本体论已渐取代传统哲学认识中的实体本体论。在实体本体论的视域中，人、物、神都被当作独立自在且具有内在本质属性的实体来看待①。在马克思主义哲学中，关系才是事物的本质，脱离关系谈事物只能陷入机械论②，马克思这一思想在很大程度上基于黑格尔辩证的历史观③。黑格尔曾言："密涅瓦的猫头鹰只在黄昏时才展开翅膀。"这句话可以理解为，对于某一事物的意义只有我们跳脱此物之外的时候，才能真正全面地有所领悟。这种本体论层面的辩证观亦可用于文博文物的体系化建构之上，即突破二元论辩证地看待物质/意识、文化/科技、主体/客体、保护/利用、现实/虚拟、自主/外鉴等概念之间的关系，以此在实践过程中应对同质化展陈、技术投入滥用、消费主义、文博过度娱乐等问题的滋生。在实践中发现问题，总结梳理理论，用理论指导实践，进一步改造现实。文物和文化遗产固态存留非常重要，但其可持续性价值能量的开采和延续，还需结合环境发展适宜地调整基于本体论哲学思潮上的观念肌理，关系或过程本体论是符合时下技术和社会环境的，静态文物遗存处于不断的关系互动连接中才能可持续地彰显其更多的价值。革命文物价值的凝练、史实的挖掘是做好保护展示和活化利用工作的基础。

　　其次，马克思哲学还建立在费尔巴哈对物质秩序第一性的强调之上，即观念的来源在于物质秩序。文物和文化遗产是将国宝文物外在实物、内在精神进行物质或非物质形态创新展现的一种途径，相关研究需打破仅注重器物本身发展的路径。器物自有动能、偏向与行动的章法，不应把物体和质料当成惰性的客体④。物质性的研究不能简单等同为研究物质，它蕴含一套看待物质的新方式，关注焦点应在于物与人的主客体间性，乃至多重物质间的客体间性⑤。文物文化遗产可视为存在于天地间且与历史现实、万事万物产生关联的"媒介物"。《庄子·齐物论》中记载："天地与我并生，而万物与我为一。"《道德经》说："埏埴以为器，当其无，有器之用。凿户牖以为室，当其无，有室之用。"海德

---

①　王蕾．光韵、时空、永生：文博数字影像化理念的多元重构［J］．现代传播（中国传媒大学校报），2022，44（8）：147-154.

②　新华社国家高端智库发布《改变中国的"第二个结合"》［EB/OL］．新华社，2023-07-08.

③　撒穆尔·伊诺克·斯通普夫，詹姆斯·菲泽．西方哲学史［M］．邓晓芒，匡宏，等译．北京：北京联合出版公司，2019：393.

④　胡翼青，张婧妍．"媒介世"：物质性语境下传播理论研究的演进［J］．编辑之友，2022（04）：128-140.

⑤　许煜．论数码物的存在［M］．李婉楠，译．上海：上海人民出版社，2019：189.

格尔（Martin Heidegger）认为，决定某物是器具还是纯粹对象的，并不是物的属性，而是对于物的关系和目的的筹划①；"与物共存，就是人的状态"②。媒介物如同载着人驰骋于天地"中间位置"的"航船"③，而能持久延绵的优秀文物犹如此船一般，可以随着关系的变化而涌动，也可随特定的情境而锚定或起航。

（二）传统与现代：数字时代文博溯源与文化创新

"第二个结合"理论中的"四观"（宇宙观、天下观、社会观、道德观）、"两通"（把马克思主义思想精髓同中华优秀传统文化精华贯通起来、同群众日用不觉的共同价值观念融通起来）、"两创"（在传统文化的创造性转化、创新性发展中找到文化归属感）为新时代文博事业的持续发展指明了方向。"第二个结合"是在中国共产党人长期探索，把马克思主义基本原理同中国具体实际相结合而诞生了毛泽东思想、中国特色社会主义理论体系的基础之上，开辟马克思主义中国化时代化新境界的必然要求。"第二个结合"深化了马克思主义基本原理同中国具体实际相结合的内在联系，将结合的对象深化为更基础、更广泛、更深厚的中华优秀传统文化④。"第二个结合"让马克思主义成为中国的，中华优秀传统文化成为现代的，让经由"结合"形成的新文化成为中国式现代化的文化形态的重要组成部分，并以文化发展的形式表征了我们党诞生之后的中国发展⑤。

首先，文博事业的发展要在秉持文化主体性的基础上，对中华传统文化批判地继承发展，"取其精华、去其糟粕"的同时辅之以"全球视野"和"人文关怀"。辩证思考经济发展和文化传承、文化服务和文化消费之间的关系。在进一步梳理中华文物成果的基础上，不断探索和提炼"海纳百川""天人合一""厚德载物""和合共生""和而不同""美美与共"等有着悠久人类文化哲理价值的文化遗产传播观，使马克思主义深深植根于中华优秀传统文化和红色文化

---

① 撒穆尔·伊诺克·斯通普夫，詹姆斯·菲泽. 西方哲学史 [M]. 邓晓芒，匡宏，等译. 北京：北京联合出版公司，2019：480.

② 海德格尔. 诗·语言·思 [M]. 彭富春译，戴晖校. 北京：文化艺术出版社，1991：136-137.

③ 黄旦. 云卷云舒：乘槎浮海居天下——读《奇云》[J]. 新闻大学，2020，175（11）：111-123.

④ 深刻把握"第二个结合"的三个维度 [EB/OL]. 中国社会科学网，2024-01-03.

⑤ 渠长根. 异源汇通、交注活力：红色文化与中华优秀传统文化同载同驱中国未来 [J]. 思想战线，2023（6）.

之中，从肌理层面塑造中华文物传播的整体逻辑。"守正不守旧，尊古不复古。"① 无论是全盘否定传统文化的文化虚无主义，还是全盘肯定传统文化的文化复古主义，都绝非对于以文物和文化遗产为代表的中华文明的批判继承的应有之义。文化的创造性转化、创新性发展，需要筑牢传统文化予以有机生长的坚实根基。涵养于革命文物的红色文化是中华文物和文化遗产传播观的重要组成部分，它客观上被中国共产党人坚守传承中华优秀传统文化在无产阶级革命时代里，成为适应基本国情和革命需求的新生事物，与作为"魂魄"的马克思主义和作为"根系"的中华优秀传统文化唇齿相依、互融互通、相互结合，这种"结合"是持续的、深沉的。

其次，传统与现代、文化与科技是相互融合、相互促进的发展关系。传统文化不仅是中国特色社会主义现代化得以出发的历史起点和现实基础，而且日复一日对其进行潜移默化的涵养、滋润和完善。中国式现代化是"第二个结合"实现的场域，纳入了天人合一思想和对自然的尊重，纳入了和平、发展、公平、正义、民主、自由全人类共同价值，可以说是"五个文明"为一体相互协调的现代化。为此，文博事业的发展必须适应现代化要求，加强硬实力与软实力的建设。创新的维度可以是多面向的，但需始终坚持社会效益为先，以马克思主义基本原理为基准，把握好中国特色社会主义文化产业与文化事业之"正"，让革命文物的保护传承与经济社会发展同频共振，使其与时俱进发展之"新"得以保持在正确的航道上稳定前行。革命文物本身也许是静寂地摆放在博物馆中的库藏物件，但深植于其中的革命故事和红色元素却鲜活生动，革命年代文物的文化价值仍在现代社会发展过程中闪烁着夺目的光彩，其文化叙事格局和方式不断在爱国情怀与时代共鸣的澎湃涌动中熠熠生辉。

二、路径创新：多维多元驱动文物遗产的前瞻实践

（一）价值驱动：革命文物历史与现实的融合

文化是一个国家、一个民族的灵魂。文化的一个基本属性就是它的价值性，只有准确把握文化的本质属性，才能深刻理解"第二个结合"在中华民族伟大复兴中的重大意义。革命文物作为红色文化的重要载体，集中彰显了中国共产党在长期奋斗中所形成的精神智慧，它见证了中华民族的苦难历史与光辉时刻，是中国共产党、中国人民以及中华民族弥足珍贵的精神财富。诚如习近平总书

---

① 习近平在文化传承发展座谈会上强调：担负起新的文化使命，努力建设中华民族现代文明［EB/OL］. 国家文物局，2023-06-03.

记指出："切实加强新时代革命文物工作，充分发挥革命文物在开展爱国主义教育和革命传统教育、培育社会主义核心价值观、实现中华民族伟大复兴中国梦中的重要作用。"① 进入新时代，保护好革命文物，传承好红色精神，是对新中国伟大复兴奋进历程的铭记和尊重，也是对"不忘初心、砥砺前行"精神的追求和实践。

保护革命文物是培育社会主义核心价值观的内在要求。在价值观上，红色文物延续着中国共产党和中国人民的独立、自强与自信，是中国特色社会主义的文化名片。对革命文物来说，历史的积淀固然能够发挥其应有的价值，但在新时代，我们应该以更加开放的姿态，深入挖掘红色文物的时代价值与意义②。革命文物见证了百年来中国共产党领导中国人民革命、建设与发展的光辉历程，是红色文化的重要载体，是红色文化融合场景和深入人心的社交名片。保护红色文物有利于党员干部时刻警醒自身，牢记全心全意为人民服务的根本宗旨。习近平总书记指出："我们党来自人民、植根人民、服务人民，一旦脱离群众就会失去生命力。"③ 红色文物的保护与传承正是党和人民鱼水之情的见证。以习近平同志为核心的党中央所坚守的"两个结合"理论体系，让马克思主义成为中国的，让中华优秀传统文化成为现代的，让经"结合"而形成的新文化尤其是红色文化成为中国式现代化文化形态的重要组成部分。

（二）内容驱动：版本文物资源的主题化挖掘

版本，狭义上指同一书籍形成的不同文本，是传承中华优秀传统文化的载体和媒介，是中华文明源远流长、欣欣向荣的表征和见证。从古籍、碑帖到书画、青铜器、粮票、货币等，古今中外凡是留有中华文明印制痕迹的载体都可视为"版本资源"④。2023年6月初，习近平总书记在北京燕山脚下掩映于青山茂林之中的中国国家版本馆中央总馆考察，详细听取了《四库全书》版本源流、纸张印刷、保护收藏等介绍，并指出"把自古以来能收集到的典籍资料收集全、保护好，把世界上唯一没有中断的文明继续传承下去"。习近平总书记饱含深情地说："我们的文化在这里啊！是非常文明的、进步的、先进的。将来传下去，还要传五千年，还不止五千年。"以文铸魂，承载着中华文明突出特性的珍贵典籍，映照出建立在5000多年文明传承基础上的文化自信，汇聚起自信自强、勇

① 保护红色文物，传承红色基因［EB/OL］.中国社会科学网，2021-12-08.
② 保护红色文物，传承红色基因［EB/OL］.中国社会科学网，2021-12-08.
③ 中共中央关于党的百年奋斗重大成就和历史经验的决议［EB/OL］.中国政府网，2021-11-16.
④ 张贺.让版本资源活起来传下去［EB/OL］.人民网，2022-08-12.

毅前行的磅礴力量。承载着数千年中华文明精粹的版本文物资源是文化自信的坚实基础。正如习近平总书记指出的:"泱泱中华,历史何其悠久,文明何其博大,这是我们的自信之基、力量之源。""要善于从中华文化宝库中萃取精华、汲取能量,保持对自身文化理想、文化价值的高度信心,保持对自身文化生命力、创造力的高度信心。"①

红色文化是马克思主义基本原理与中国革命具体实践相结合的精神结晶,是对中华优秀传统文化和一切人类文明优秀成果的继承与发展,蕴含着极其丰富的革命精神和无比厚重的文化内涵②。红色文化肇始于五四运动以后马克思主义在中国的传播,成长和发展于中国共产党领导的新民主主义革命时期和社会主义革命时期。中国传统文化在红色文化的形成发展中因实践需求而得以甄别,中国共产党借助马克思主义的世界观方法论,对其精华予以撷取、糟粕予以扬弃。优秀传统文化的形成,源于千百年来多元文化在碰撞、冲突、创新、改造过程中的汇合和凝聚③。汉赋、唐诗、宋词、元曲、明清小说等文化产品以及不同版本的推行,日积月累地滋养着国人的忠孝观念、人伦意识、家族权益等思想意识以及"修身齐家平天下""安居乐业""民贵君轻"等蕴藏在经学、佛教、儒家等派系中绵延传颂的优秀文化精神。宗教文化、自然哲学、医药知识、天文历法等西方文化元素的输入,也影响着国人对于宇宙观、生命科学、人文艺术的理解。中华文化内容宝库悠久深厚,有着内生激荡的驱动力,也有外在流动碰撞之时的自省自觉。红色文化与中华优秀传统文化一脉相承、与时俱进,伴随着社会进步不断创新和发展,它们是不可分割的文化生命共同体。无论是革命战争年代形成的以红船精神、井冈山精神、长征精神、延安精神、西柏坡精神、南京雨花台精神为代表的无产阶级革命文化,还是在和平建设时期形成的以雷锋精神、大庆精神、载人航天精神、抗震救灾精神为代表的社会主义先进文化,根本内核均与中国共产党人在国家危难之际找寻的马克思主义基本原理息息相关,只有坚持马克思主义唯物辩证观看待文物的保护和利用,文物和文化遗产精神才能持续地长久流传。

(三)技术驱动:文博文物数据的图谱式呈现

人类生活在一个"技术圈"(techno-sphere)中。"人类的历史,在本质上

---

① 推进文化自信自强 [EB/OL]. 人民日报评论, 2024-01-30.
② 全根先. 红色文化的概念及其基本特性 [EB/OL]. 红色文化网, 2019-08-01.
③ 柴文华,康宇,王春辉."内生效应"与"外部刺激",中国传统文化"两创"的动力之源 [EB/OL]."光明日报出版社"公众号, 2023-07-27.

和外显上，都是一部技术史。"① 虚拟现实、增强现实、全息影像、数字建模与3D打印、人工智能、元宇宙等智能技术逐渐充盈于人们的生活场景和文化空间，人们在感观意识、信息获取、互动交流等方面有了全新的体验，在打造文物数字形态、形成文物数字空间、推动文物数字互动、促进文博沉浸体验消费等方面颇具成效的"科技+文创"业态也日趋成熟。中共中央办公厅、国务院办公厅印发的《关于实施革命文物保护利用工程（2018—2022年）的意见》等文件指出，要强化战略思维，加强对红色文化资源数字化的组织领导，加大财政投入，扎实推进；强调要切实做好"革命文物资源目录和大数据库""适度运用现代科技手段，增强革命文物陈列展览的互动性体验性"等工作②。将革命文物、革命场馆数字化，可以突破物理时空的限制，让全世界的人都可以随时领略革命精神的感染力。数字革命圣地可以让人在线瞻仰，足不出户感受先烈们的崇高精神。数字化革命文物作为实物的数字孪生，可以同时出现在无数个展览中，传递革命的伟大意义。数字化的革命资源作为一种永久性的数字新基建，可以进行 系列开发利用，为游客带来全方位、立体式、沉浸式的体验。

诚然，我们目前在"数字文博""文化遗产数字化"方面所取得的积极进展是令人瞩目的，但对标世界文博事业和文创的可持续性发展宗旨，还有一定深度揣摩和专研的空间。2023年，国际博物馆日以"博物馆、可持续性与美好生活"（Museums，Sustainability and Well-being）为主题，强调博物馆在增进人类福祉和推进社区团结包容层面的重要作用，可持续性已成为文博事业未来不可忽视的视角。在奥威尔（George Orwell）的小说《1984》中细致地勾勒了人类在未来世界所将面对的由技术网络所监视的软性社会，从各家各户收集的数据统一发送给盘旋于空中的"老大哥"（Big Brother），这种一切由技术宰制的如奥尔德斯·赫胥黎（Aldous Huxley）口中所述的"美丽新世界"也许满足了社会运转需求，却在无形中扼杀了人类"共享的人性"③ 以及对美好事物的遐想和追求。凯文·凯利（Kevin Kelly）在20世纪90年代所著的《失控》（Out of Control）中指出，技术本质上是中立的，是达成目标的手段，所带来的利弊影响取决于人类如何使用它④。对文博和文化遗产而言，繁复新奇的数字技术的

① 约翰·杜海姆·彼得斯. 奇云：媒介即存有［M］. 邓建国，译. 上海：复旦大学出版社，2021：21.
② 革命文物数字化，赓续红色基因［EB/OL］. 搜狐网，2023-03-03.
③ 弗朗西斯·福山. 我们的后人类未来：生物技术革命的后果［M］. 黄立志，译. 桂林：广西师范大学出版社，2017：xi.
④ 凯文·凯利. 失控：全人类的最终命运和结局［M］. 北京：新星出版社，2010：21.

确能带来光怪陆离、变幻莫测的奇观视效，但一味强调多元技术应用而忽视相应的文化内涵、强调视线观感的愉悦猎奇而忽视心脉体验和记忆存储，也会日复一日脱离文创产业打造中华文化符号的宏大初衷。

技术如何长久地为文博文创发展赋能呢？还是需要始终坚持和贯彻"两个结合"，以马克思主义中国化时代化思想武装头脑。对媒介和技术的分析，要坚持马克思主义哲学的基本原理，以工具尺度和价值尺度的双重尺度来考量，既要对媒介和技术实践积极支持，又要在其发展过程中始终保持对人的尊重和关注①。中国的媒介研究始终坚持辩证唯物主义与历史唯物主义的世界观和方法论。技术是推进现代化不断前行的驱动力，但也需持续防范将"现代化"等同于"西方化"的执拗想法、"迪士尼""麦当劳"式的僵硬思路，在冲破"马魂、中体、西用"框架束缚的基础上构建有机统一的"新文化生命体"，以此进一步拓宽对于"文物活起来"深远涵义的整体理解。此外，在万物皆媒的数字社会，我们愈来愈通过去中介化的微观知觉去感知我们的"生活世界"②，这种知觉的顿生很大程度上依托于技术与身体的深度融合，而具身化的知觉体验也倾向于从关系维度赋予"物质"社会建构层面的考量。20 世纪 80 年代以来，由彼得·弗格（Peter Vergo）率先提倡的"新博物馆学"（New Museology）强调以"物"（藏品）为导向转变为以"人"（观众）为导向的动态发展文博理念，关注人类可持续发展，提倡环境教育，宣导文化的多元性和多样性。③ 技术终究还是"以人为中心、为人服务"的，文物和文化遗产价值的彰显和保护利用，需要持续对于技术应用赋予辩证的思维态度，以"否定之否定"的实践观推动文化创意的科技嵌入与有机融合。

（四）人文驱动：文物遗产保护的社会化参与

"人，本质上就是文化的人，而不是'物化'的人；是能动的、全面的人，而不是僵化的、'单向度'的人。"④ 人民对精神文化生活的需求时时刻刻都存在。⑤ 民惟邦本，本固邦宁。"第二个结合"通过把以人民为中心的发展思想与贯穿中华五千年的民本思想有机结合，赋予执政理念以深厚的人民情怀。文物

---

① 吴璟薇，毛万熙主编．媒介与技术研究经典导读［M］．北京：中国传媒大学出版社，2022：2.
② 唐·伊德．技术与生活世界：从伊甸园到尘世［M］．韩连庆，译．北京：北京大学出版社，2012：47-48.
③ 耿超．博物馆学理论与实践［M］．北京：科学出版社，2019：27.
④ 习近平．之江新语［M］．杭州：浙江人民出版社，2007：150.
⑤ 习近平．习近平著作选读（第 1 卷）［M］．北京：人民出版社，2023：289.

的存留和延续，不仅关乎在"物"的层面文化精神的绵延永续，而且还关涉物、人、环境之间旷日持久的磨合与连接。罗德尼·哈里森（Rodney Harrison）在其《文化和自然遗产：批判性思路》一书中强调，遗产价值是在社会物质网络中物与人、环境与人、实践与人（的对话）之间形成的。① 对文物和文化遗产而言，与其相伴的人文场景、话语空间、符号元素、文博美育等维度和静态文物本身具备同属重要地位。诚如"第二个结合"理论所述，"没有中国共产党，所谓的'文化中国'早已'花果飘零'，成为'博物馆中的文明'了"。中华文明的复兴需要广大人民的认同和参与，中国共产党的内核是"人民"，"从群众中来，到群众中去"意味着"以人民为中心"一直是中国特色社会主义各项事务顺利开展和向前推进的基调，"站稳人民立场、把握人民愿望、尊重人民创造、集中人民智慧"是文物甚至红色文物得以获得支撑和向上托举的基石。

　　古希腊哲学家亚里士多德曾说，人是城邦（政治）的动物。人在本体论上是相互关系，没有人在关系之外。学者王绍光指出，"人民"一词是中国共产党人的伟大发明。中国领导人强调的"以人民为中心"，既不同于中国古代与"官本"相对应的"民本"，亦非西方语境中强调个人权利的"人本"，更非宗教观念下的以"神"为本，或者金钱社会中的以"资"为本。② 中共二十大报告强调，要站稳人民立场、把握人民愿望、尊重人民创造、集中人民智慧。红色文物精神源于我国人民在革命战争年代抵御侵略和浴血奋战的光辉历史，一杆枪、一把战刀、一盏煤油灯、一个公文包……那些沉睡在博物馆里的文物，镌刻了人民群众所历经的峥嵘岁月，它们是中华民族危难之时民族英雄共赴国难的形象缩影，它们鉴证了中国军人的铁骨铮铮与英雄豪迈。革命文物及其所蕴含的革命精神，是诠释中国共产党人"为中国人民谋幸福，为中华民族谋复兴"这一初心和使命的历史载体和鲜活教材，承载着中国共产党人在革命实践中体现出来的崇高理想信念、深厚的家国情怀、高远的价值追求、卓越的精神品质、艰苦奋斗的精神，具有独特的育人功能。③

　　习近平总书记在党史学习教育动员大会上指出："在一百年的非凡奋斗历程中，一代又一代中国共产党人顽强拼搏、不懈奋斗，涌现了一大批视死如归的革命烈士、一大批顽强奋斗的英雄人物、一大批忘我奉献的先进模范，形成了井冈山精神、长征精神、遵义会议精神、延安精神、西柏坡精神、红岩精神、

---

① HARRISON R. Heritage：critical approaches［M］. NY：Routledge, 2012：4.

② 新华社国家高端智库发布《改变中国的"第二个结合"》［EB/OL］. 新华网, 2023-07-08.

③ 用革命文物蕴含的精神力量铸魂育人［EB/OL］. 学习强国, 2023-07-14.

抗美援朝精神、'两弹一星'精神、特区精神、抗洪精神、抗震救灾精神、抗疫精神等伟大精神，构筑起了中国共产党人的精神谱系。"革命文物中蕴藏着中国共产党成功的"精神密码"，所承载的红色文化是新时代中国共产党人的精神力量源泉，也是中国式现代化进程中的内生动力因素。① 遍布中华热土的红色革命文物，见证了中国共产党一百多年来在应对各种困难挑战中形成的不畏强敌、不惧风险、敢于斗争、勇于胜利的精神风骨和艰苦奋斗、牺牲奉献、开拓进取的伟大品格。在革命文物身上以及其背后的历史故事，无不蕴含着中国共产党人强大的精神力量，这些宝贵精神财富跨越时空、历久弥新，深深融入我们党、国家、民族、人民的血脉之中，为新时代奋斗的中国人提供了丰厚滋养。

第二节　媒介物质性视域中革命文物观的融合发展

技术的迭代更新、环境的物换星移，人类社会的加速演化推动着人们重新深思人与技术、物质与社会、文化之间的关系。从亚里士多德开始，本体论就一直致力于事物的质料和形式，而非它们在时间和空间中的关系。亚里士多德谈到了两个作为"居间"的元素，也就是空气和水。换句话说，他是第一个将常规的希腊语介词"居间"转换为"媒介"这个哲学名词或概念的人。在缺席与在场、远离与接近、存在与灵魂之间，并非空无一物，而是有一种媒介关系。然而，偏重于文本、精神、信息传播的"非物质性"是主流传播学研究的本体论基础，即认为传播是建立在人类认知、思想、语言和象征等基础上的；传播的"物质性"则指向物理性，并与基础设施、空间、技术、身体等问题联系在一起②。这种二元对立的本体论可以追溯到西方哲学中的实在论与建构论对立。③ 实在论主张，外在的客体世界是独立于人的意识存在的，知识的目标就是要认识外在世界中的客观规律；建构论则认为，"实在"不可能独立于人的思想存在，知识是建构的产物。④ 自20世纪90年代起，"新物质主义"（neo-materialism）理念的涌动，对信息、内容、文本、意义、话语过度执着的"非物质性

① 刘佳璇，文丽.用革命文物讲好中国共产党的故事——专访国家文物局副局长顾玉才[EB/OL].瞭望东方周刊，2023-03-31.
② PACKER J，WILEY S. Communication Matters：Materialist Approaches to Media，Mobility and Networks [M]. New York：Routledge，2013.
③ 丁方舟.论传播的物质性：一种媒介理论演化的视角 [J]. 新闻界，2019（1）.
④ 丁方舟.论传播的物质性：一种媒介理论演化的视角 [J]. 新闻界，2019（1）.

迷思"开始松解，原本在传播语境中的"物质"所蕴含的媒介、文化、社会属性被日益关注，"物"不再总是被直接或间接当作三维物理世界冰冷的存在，物在本体意义上的丰富性、有机性和能动性被重新唤醒。

一、思维革新:"物"的媒介属性

革命文物的保护和传承，需要结合时代环境、技术发展和人文社会，适时地转化和延展"物"的传统思维与构念。随着万物皆媒、智能媒体时代的来临，主体/客体、空间/时间、空间/地方、物质/精神、思维/存在、现实/虚拟之间的二元界限逐渐消弭，整个世界日益演变成一张关系网络所连接的"流动"空间。在此情形下，需要冲破传统哲学以实体本体论为基础的话语论调，在以"融合""互动""发展"为显性特征的关系/过程本体论视域之中给予"物质"更广阔的遐思和想象。文物本身是一个有机生命体，不应仅将其视为有着物理静态属性的存在物，"物"的存在需要与人、技术、时间、空间等多方位元素相互联系，革命文物和红色文化的持久赓续，更需要首先在思维理念层面给予一定的时代精神涵养，以此更好地理解和铭记革新遗存的红色文化精粹，将其浸润进现代社会生活的全方位多维度，成为人民群众日用不觉的文化精神养分。

（一）"物"的思维肌理建构

关于革命文物之"物"的思维肌理构建，学理上可与 20 世纪 90 年代开始在世界范围兴起并推动的"媒介研究的物质性转向"相联系，这种转向并不是要回到"旧的物质主义"，而是建立在 20 世纪 90 年代末开始的"新物质主义"（neo- materialism）基础之上的。传统的唯物主义一直将物质与精神、物与人视作完全不同的范畴[①]，共享一个理念:物质不能被赋予灵魂、生机或其他方式的活力，它只能用大小、形状和运动等固有属性来理解，它在本质上是客观的、被动的、不受人的意志所左右的。从古希腊、古罗马时期的朴素唯物主义，到16—18 世纪英法等国的形而上学唯物主义和机械唯物主义，再到 19 世纪德国费尔巴哈的唯物主义，物质被一系列思想家认为是第一性的，是所有精神活动和交往的基础，马克思主义的历史唯物主义更是将这一传统推向制高点[②]。1996 年，曼纽尔·德兰达（Manuel DeLanda）在他对吉尔·德勒兹（Gilles Deleuze）和菲利克斯·瓜塔里（Felix Guattari）哲学的解释中首次提出"新物质主义"概念。

---

① 袁艳，陈朝辉，王家东. 中国媒介物质性研究的学术图景及其反思 [J]. 华中科技大学学报（社会科学版），2021（4）.
② SCHMIDT A. Geschichte des Materialismus [M]. Leipzig: Salier Verlag, 2017: 15-20.

　　"新物质主义"哲学认知转向质疑人本主义意义上的物和物质性，物不再被视为静止、物理和被动的存在，而是成为社会实践的另一种行动者，人与物之间的界限被彻底颠覆①，物质和非物质不再是对立的关系，而是处于相互建构和转化的过程之中。在新的关系哲思框架中，许多学者逐渐冲破传统思维方式构筑的藩篱，进一步思考人—物质—世界之间的关系。海德格尔在其文稿《物》（The Thing）中，引用《道德经》的比喻"埏埴以为器，当其无，有器之用"，陶器内部"中空"非物质部分与外部陶土结构所起的作用相互呼应，意在说明"有"和"无"、物质和精神是辩证统一的关系。如果说海德格尔的技术观将我们更多地引向物质的"聚集""可供性"特性，那么保罗·M. 莱奥纳尔迪（Paul M. Leonardi）的数字物质性概念则更多地侧重于阐释人与物之间的互动②。他主张物质性以"替代性、关系型"（alternative, relational）为导向的定义方式，即强调人与物相互作用的空间。奥利科夫斯基（Orlikowski）提出的内含相互关系理念（the idea of mutuality）的社会物质性理论（socio-materiality），社会物质性观念认为组织结构的社会和物质并没有固定的内在含义，但应被看作融入实践的现实中不可分离的部分③。

　　社会物质性是"社会"（social）和"物质"（material）两个词的融合，物质性并不等同于物理性（physicality）④，某些东西并不需要是物理对象才能被具体化。观念决定思路，思路决定出路。就文物或文化遗产而言，区别于约翰·拉斯金（John Ruskin）纯粹的保护主义古典理论，新兴的当代保护理论认为，遗产并不仅是有着物理结构或物质属性的"物"或"地点"，而是一种文化发展过程，变化和连续性是遗产的组成部分，事物和价值需要与"当前的需要"相结合⑤。新物质主义者认为的物质性超越了传统的物质文化研究，因为它通常包括一些不是由人类活动产生的存在，包括非人类的动物、植物、地质等等，

① MACLURE M. The "New Materialisms": A Thorn in the Flesh of Critical Qualitative Inquiry? [M] //CANNELLA G S, PEREZ M S, PASQUE P A. Critical Qualitative Inquiry: Foundations and Futures. California: Left Coast Press, 2015: 93-112.

② LEONARDI P M. Digital Materiality? How Artifacts Without Matter, Matter [J]. First Monday, 2010, 15 (6).

③ W J. Sociomaterial Practices: Exploring Technology at Work? [J]. Organization Studies, 2007, 28 (9): 1435-1448.

④ LEONARDI P M. Materiality, Sociomateriality, and Socio-technical Systems: What do These Terms Mean? How are They Different? Do We Need Them? [J]. Materiality and Organizing: Social Interaction in a Technological World, 2012, 25 (10): 1093.

⑤ KHALAF R. W. World Heritage on the Move: Abandoning the Assessment of Authenticity to Meet the Challenges of the Twenty-First Century [J]. Heritage, 2021, 4 (1): 371-386.

"物"同时指代自然物、人造物、肉身（人）①。

（二）"物"的媒介特性彰显

在泛媒介化时代，万事万物日渐具备了媒介属性和特征的可能性。媒介形态与媒介内容（即媒介所承载、传播的文本内容）一样重要，麦克卢汉的名言"媒介即信息"，其潜台词便是媒介即内容本身，他把媒介形式比作"窃贼"，内容喻为"肉"，我们是看门狗，我们看媒介之时，往往只见肉不见贼②。这种拟态比喻并非等同于单方面凸显媒介决定一切的"媒介决定论"，而是呼吁对媒介形态本身意义认知的重视，媒介技术和信息内容并不一定就非得分出伯仲，"媒介本体论"或许与技术和社会环境的变革日益契合，媒介不再是一种仅为实现某种目的、传播内容的手段（即工具论）。新媒介时代，媒介获得了一种主体性地位，从而对人类的心智结构、社会形式等产生了重大影响和变革。随着新媒介技术的迭代更新，人类社会已经步入"你中有我，我中有你"的媒介深度融合阶段。在智能融合媒体时代乃至未来社会，"遗产""媒介"等概念需要注入持续的关注力，并适时适宜地给予其重构的机能和空间。文物和文化遗产也是一种媒介，这是由遗产本身的历史文化内涵底蕴决定的，也与媒介本身在一定社会条件变化过程中的不断扩展和调整有关。

物质性解蔽了过往传播研究中隐藏于文本之下的媒介及其媒介性，也引出了关于媒介如何塑造世界的论说。相较于麦克卢汉聚焦于单个媒介（medium），法国学者雷吉斯·德布雷（Régis Debray）所围绕的媒介学研究更着重于"媒介作为中介"的关系研究。③ 传播学视角出发讨论媒介，重点倾向于中介行为，即通过占据一个居中位置，联结事物的同时创造出新的关系④。媒介因关系的构建、脉络的连接，才得以彰显作为媒介的可供性、可见性、具身性。媒介物的媒介性，本就依靠人来触发⑤。芒福德（Lewis Mumford）、彼得斯（John Durham Peters）、基特勒（Friedrich A. Kittler）、麦奎尔（Scott McGuire）等学者，探讨城市的物理空间与物质设施如何组织、安排、调节城市的日常生活，并赋予其

① JOYCE R A. History and materiality [J]. Emerging trends in the social and behavioral sciences: an interdisciplinary, searchable, and linkable resource, 2015 (1): 1-16.
② 保罗·莱文森. 数字麦克卢汉：信息化新纪元指南 [M]. 北京：社会科学文献出版社，2001：7.
③ 朱振明. 媒介学中的系谱学轨迹——试析德布雷的方法论 [J]. 新闻与传播评论，2019 (3)：87.
④ 黄旦. 听音闻道识媒介——写在"媒介道说"译丛出版之际 [J]. 新闻记者，2019 (9)：46-50，22.
⑤ "媒介世"：物质性语境下传播理论研究的演进 [J]. 编辑之友，2022 (4).

特定的时空规律。① 文物在人们的凝视、赏析和讨论中有了符号的传递、价值的升华、记忆的存留以及文化的象征，也会在数字媒体的加持下成为多元主体共同书写集体记忆的空间媒体场域。在时空交叠、媒介赋能的"空间媒介"中，传统饱含文化记忆的地方空间也在不同个体的互动交流和参与实践中具备了新的意义。这种滋生于数字时代的融合时空观，对于文物价值的充分挖掘、文物故事的创意讲述是有一定启发意义的。

二、观念探索："物"的地理空间

（一）"物"在媒介地理中的空间实践

在"媒介的空间化"和"空间的媒介化"问题的思维角逐中，建筑②、公园③、地铁④等形形色色的社会空间、整个城市都被重新理解为"媒介"，以空间化的方式实现着传播的功能⑤。空间本质上有双重特性，它不仅是社会关系的产物，也是社会关系的生产者。⑥ 文物和文化遗产的诞生与发展在物质上离不开其所处的位置及当地的历史、地理和民族等因素，它不仅是当地民众引以为傲的地方性特色遗产，也是城市形象的代表名片。⑦ 革命文物的代代传承和永续，不仅局限于文物本身的物理属性，还取决于文物在空间场所中的标志性价值。

空间场所的存在是空间文化形成的前提。⑧ 文物和文化遗产所处地理位置的气象、地形、景观、水土、风俗等客观因素影响地方建筑或技艺的形态，造就遗产的差异性。在中国革命和人民军队纪念地的井冈山，当地革命博物馆珍藏着万余份宝贵的红色文献资料、历史图片以及党和国家领导人、著名书画家和

---

① 胡翼青，张婧妍."媒介世"：物质性语境下传播理论研究的演进 [J]. 编辑之友，2022（4）：128-140.

② 孙玮. 移动网络时代的城市新时空传播学视野中的传播与建筑 [J]. 时代建筑，2019（2）：10-13.

③ 黄顺铭，陈彦宁，王周霖欣. 公园作为"实践景观"：对洛带公园（1928—2019）的个案研究 [J]. 国际新闻界，2019（9）：6-34.

④ 李晓玉. 转化与链接：地铁作为媒介化空间的建构研究 [D]. 沈阳：辽宁大学，2020.

⑤ 袁艳，陈朝辉，王家东. 中国媒介物质性研究的学术图景及其反思 [J]. 华中科技大学学报（社会科学版），2021（4）.

⑥ 马克·戈特迪纳. 城市空间的社会生产 [M]. 任晖，译. 南京：江苏凤凰教育出版社，2014：10.

⑦ 吕晓璐. 从物质符号到观念符号：文化遗产的媒介化传承 [J]. 传播与版权，2023（9）.

⑧ 覃琼. 从"非遗类型"到"研究视角"：对"文化空间"理论的梳理与再认识 [J]. 文化遗产，2018（5）：25-33.

各界知名人士的墨宝珍迹。文博展陈方式上运用现代声光电等高科技手法，准确地向广大观众介绍中国共产党领导创建第一块农村革命根据地的奋斗历程，现场还有讲解员声情并茂地配合文物展示和讲解词介绍咏唱当地民众对革命战士满怀深情的歌曲，这些与群山叠绕中静穆安息的革命烈士陵园、黄洋界哨所崎岖绵延的挑粮小道等红色缅怀景点惺惺相惜、相互映照，红色曲调、红色家书、红色纪念地以及烈士家属的现场讲述环环相扣，点点滴滴让观众仿若回到了烈火燃烧的革命年代，共同见证那段激荡人心的峥嵘岁月，革命文物本身也似乎被股股暖流、灼灼"光韵"所包裹，在游客庄严仪式般的缅怀追忆中与周围的一切形成了"活态历史"的文化空间，也增强了具有价值观沉淀和文化仪式膜拜的地方或地理情结。

诚如德布雷所述，媒介域是一个动态的、复杂的生态系统，它围绕一种处于支配地位的传播媒介组织起来，可以包含多生态系统或文化微环境。在文化遗产的传播过程中，物质载体、集体组织分别负责空间的传播、心理时间的连接，它们是象征符号的媒介，是精神迁移和呈现的物质结果①。观众对于空间地理的感知触碰和记忆留存，在很大程度上契合于"以点带面"的媒介域传播模式，每个"媒介域"都会产生一个特殊的时空组合，形成特定的"媒介空间"②。如今丰富、微型化、成本低廉的媒介资源带来了"游玩的精神"和"空洞的时代"③，传播社会的传承危机背后是记忆危机④，记录失去了稳定的载体，致使文化遗产的保存受到威胁⑤。由纪念物形成的"地点"是很重要的记忆媒介，具有固定的属性，为逝去的回忆提供感性的、牢固的倚靠，将缺席事物的痕迹标记出来⑥。

（二）"物"在流动空间中的社会生产

文物和文化遗产价值的凸显，不仅有其在时间长河中的沉淀，而且还需进

---

① 许丽霞，陆羽婕. 数字时代文化遗产的媒介化境遇与展望——基于德布雷的媒介学理论 [J]. 云南民族大学学报（哲学社会科学版），2022（6）.
② 黄华. 技术、组织与"传递"：麦克卢汉与德布雷的媒介思想和时空观念 [J]. 新闻与传播研究，2017（12）：36.
③ 雷吉斯·德布雷. 普通媒介学教程 [M]. 陈卫星，王杨，译. 北京：清华大学出版社，2014：227.
④ 雷吉斯·德布雷. 媒介学引论 [M]. 刘文玲，陈卫星，译. 北京：中国传媒大学出版社，2014：210.
⑤ 雷吉斯·德布雷. 普通媒介学教程 [M]. 陈卫星，王杨，译. 北京：清华大学出版社，2014：250.
⑥ 阿莱达·阿斯曼. 回忆空间：文化记忆的形式和变迁 [M]. 潘璐，译. 北京：北京大学出版社，2016：477.

行与之相关空间的开采和挖掘。空间性不仅意味着物质的位置、距离等静态属性，更意味着人与物的空间移动、资源的空间分布、网络连接的拓扑结构，它们都是新物质主义理论批判的重要前提，是打破僵化的物质观、认识物质的分布性、流动性和展演性的关键①。我们在文物和文化遗产的媒介化传承中应克服"重文本、轻媒介"②的研究取向，强调对"物"，即文化遗产传承过程中所依赖的物理装置的一系列技术实践，其中就包括对于原本看作抽象空间的社会能量赋予。

对于空间和空间性（spatiality）的不同理解，可以溯源至亚里士多德和柏拉图、柏格森（Bergson）和爱因斯坦（Einstein）以及牛顿、笛卡尔、莱布尼茨（Leibniz）和康德等学者的思想③。在现代社会早期，人们慢慢重视抽象的空间，最终形成了占主导地位且有着理性主义和客观科学特征的"绝对空间"（absolute space）概念④。

20世纪80年代以来，大卫·哈维（David Harvey）、亨利·列斐伏尔（Henri Lefebvre）、马克·戈特德纳（Mark Gottdiener）、多琳·梅西（Doreen Massey）等学者倾向于认为，空间和空间性具有社会、文化和准物质属性⑤。马克思主义地理学者哈维指出，绝对空间、相对空间和关系空间是三位一体的关系，时间和空间之间存在复杂的相关关系⑥。

列斐伏尔在其《空间的生产》一书中提出"空间三元辩证法"——日常空间实践、空间的表征或理论以及再现性空间，三种空间模式处于相互复制和转换的持续发展状态⑦。空间实践（spatial practice）包括生产与再生产，以及每一种社会形态的特殊位置与空间特征集合；空间表象（representations of space），与生产关系以及这些关系所强加的"秩序"捆绑在一起，从而也与知识、符号、代码等捆绑在一起；表征性空间（spatial symbolism）表现为形形色色的象征体系。

---

① 袁艳，陈朝辉，王家东. 中国媒介物质性研究的学术图景及其反思［J］. 华中科技大学学报（社会科学版），2021（4）.
② 章戈浩，张磊. 物是人非与睹物思人：媒体与文化分析的物质性转向［J］. 全球传媒学刊，2019（02）：103-115.
③ HANS R. The Philosophy of Space and Time［M］. Massachusetts：Courier Corporation，2012：6.
④ WHALEY L. Geographies of the Self：Space，Place，and Scale Revisited［J］. Human Arenas，2018，1（1）：21-36.
⑤ MERRIMAN P，JONES M，OLSSON G，et al. Space and Spatiality in Theory［J］. Dialogues in Human Geography，2012，2（1）：3-22.
⑥ HARVEY D. Social Justice and the City［M］. Oxford：Blackwell Publishing，2017：6.
⑦ LEFEBVRE H. The Production of Space［M］. Oxford：Blackwell Publishing，1991：39.

梅西认为，空间永远是开放的、竞争的、变动的，她主张将空间理解为具备"叙事的多样性"（multiplicity of narratives）和"共存的异质性"（coexisting heterogeneity）的领域①；时空关系（space-time）需要被放置在差异性模式（modes of differentiation）中来考量，时空通过现象"本质"的组建被概念化为关系②。

在当今的媒介化社会中，媒介实践是以媒介技术作为中介的，而传播的物质性基础就意味着作为身体的"我"借助"媒介技术"与"生活世界"相互作用，并产生一种具身关系。唐·伊德（Don Ihde）认为，借助技术把实践具身化，这是一种与世界的生存关系，即在经由技术中介的媒介化时代，我们可以把媒介实践表述为：作为身体的我+媒介技术——生活世界③。"参与式社会艺术"正在广泛应用于全球策展空间，技术可以成为关怀个体行动的具身媒介，以此编织连接个体、群体、拟人类、非人类身体的亲密之网。

不论是社交媒体的影像传播，还是文化遗产资源的数字化传播，都在身体感知和文化传承中紧密连接人、文化遗产、媒介和文化。具身既是身体向周遭环境的"外化"，也是周遭环境向身体的"内化"，强调人的身体、心智、环境（包括物）三者融为一体④。身体作为被经验的生命媒介，承载着个体经验和集体记忆。

博物馆的空间场域日益从物理空间的展陈场所转向集虚拟和实体空间于一体的"混合空间"。重视文博数字化工程，并不是一味让人们沉溺于加速度和奇观性的拟像世界中，过度重视空间而忽视地方感，而是从"空间的社会生产""空间与地方互融"的关系平衡角度赋予文博空间更多流动、开放和人性化发展的可能，以辩证观的视角合理看待物与非物、空间与地方、虚拟与现实之间的关系，促进人们具身参与体验的同时，也不丧失对于现实物质膜拜、仪式化场域的追求，在文化传承和保护的基础上通过创意理念和实践的运作，以此获得文物"活化"和文化参与的更多可能。

---

① MASSEY D. For Space［M］. U. S. ：SAGE，2005：106-125，118.
② MASSEY D. Talking of Space-time［J］. Transactions of the Institute of British Geographers，2001，26（2）：257-261.
③ 唐·伊德. 技术与生活世界——从伊甸园到尘世［M］. 韩连庆，译. 北京：北京大学出版社，2012：47.
④ 芮必峰，孙爽. 从离身到具身——媒介技术的生存论转向［J］. 国际新闻界，2020（5）.

三、技艺助益:"物"的智能延展

媒介研究中很早就存在以英尼斯、麦克卢汉、波兹曼等人为代表的所谓"媒介环境学派",将媒介技术视为环境的塑造者。新物质主义将这一思想进一步发展为媒介生态学,以"生态"的概念提示"艺术和技术文化中的物质能量"。形塑良好的文物和文化遗产媒介生态,要正确看待数字媒介或智能媒体技术的作用力,需始终保持马克思主义唯物辩证的眼光。深度媒体融合时代,人工智能(AI)、数字人、元宇宙、大数据等高新科技让现实与虚拟的界限日益模糊。苹果公司上市的 Apple Vision Pro、马斯克倡导能实现意识上传的"缸中之脑"、超拟真仿生机器人、数字 3D 打印等一系列智能媒体技术已经进驻人们的日常生活领域。如何在智能社会中持续保护和延伸文物的生命价值已日趋受到重视。现阶段,已经有越来越多的声音倾向于认同,数字化是文物和文化遗产保护传承的重要手段。据《中国文化遗产数字化研究报告——探索文化遗产数字活化新纪元》显示,90%以上的文博机构与超七成消费者已形成"拥抱"文化遗产数字化的社会共识。2022 年,中共中央办公厅、国务院办公厅印发的《关于推进实施国家文化数字化战略的意见》要求,到"十四五"时期末,基本建成文化数字化基础设施和服务平台,到 2035 年,形成物理分布、逻辑关联、快速链接、高效搜索、全面共享、重点集成的国家文化大数据体系,中华文化全景呈现,中华文化数字化成果全民共享。① 智能媒体时代,数字孪生、数字永生的学理讨论已经渐渐转化为现实世界中的实际应用,文博领域的数字化勃兴也正在向纵深发展。

(一) 文化遗存的数字孪生

要提升文化遗产的可持续性,应用辩证性的思维方式合理看待虚拟和现实、数字和实体、人与非人之间的关系。在后数字、后疫情时代,元宇宙应用带来了孪生空间的兴起。自 2002 年学者迈克尔·格里夫斯(Michael Grieves)提出"数字孪生"(digital twin)概念以来,该术语在各行各业得到了广泛的应用。类似于数字孪生,强调空间虚拟性的"赛博空间"一词,源于加拿大小说家威廉·吉布森(William Gibson)在 1984 年创作的科幻小说《神经漫游者》(Neuromancer)。孪生空间不仅是对现实世界的复制,将自然实体(物理)空间的元素、关系、过程和格局映射到虚拟空间,而且也意味着对于空间或场景的继承、重建或重塑,对自然实体空间进行模拟、仿真、重构、调控、优化等智能化操

---

① 孙若风. 文化传承的数字化担当 [EB/OL]. 光明网, 2022-06-14.

控的数字空间①。

基于"数字孪生"理念构建的文博影像，需要打破"复制—模拟二元论"（the copy-analogue binary）的传统思维②，应将数据置放于不同的文化情景中加以诠释。随着媒介技术深度嵌入社会领域，"数字文化遗产"（Digital Cultural Heritage）概念应运而生，主要指称虚拟环境中文化遗产的呈现状态③，如利用遥感技术和虚拟技术对可移动或不可移动文化遗产进行数字化保护和修复④。数字孪生助力于数字文保向纵深发展。在文化遗产价值内涵挖掘领域，机器学习、知识图谱等智能应用正在与数字孪生践行融合。

数字文化遗产和博物馆系统不应仅是现实空间数据的镜像复制和意象表征，它们还是一种与数字经济、数字媒体平台、智能计算和学习程序相伴相生的"生态综合体"（ecological composition）⑤。这种综合体突破了纯粹以人或物为中心模拟化的数字迁移，逐渐成为一种关注过程、关注新事物创造以及将数字文化遗产视为地球生态和超人类遗产的系统工程。可以说，数字技术带来了新的保护、感知、阐释和传播文化遗产的方式，提供了新的沟通视角，让相关决策更具有可持续性⑥。

（二）文博精神的数字永生

文物和文化遗产具有天然的不可再生、不可替代的独特属性，需要在岁月匆匆的自然磨砺损耗中给予持续的关注和保护。在文物和文化遗产数字化进程中，关于后人类和超人类、意识上传或克隆等议题的探讨是有超时代意义的。文物具有不可再生性和稀缺性，一旦损毁或磨损就会遭受重大的历史价值重创和文化记忆断裂。文物的永生不仅作用于物质实体的经年保护，而且还在一定程度上依托数字化的存储和集体记忆的建构。文物实体在无数个体或群体的观摩、品鉴、解读、分析等思想行为的运作中，如同"生命的共同体"一般，黏附渗透着越来越多的意识想象和互动连接。

数字永生（digital immortality）可以说是数字孪生的进阶或高级版本。美剧

---

① 彭兰. 虚实混融：元宇宙中的空间与身体 [J]. 新闻大学，2022（6）.

② HARRISON R. Heritage：Critical Approaches [M]. London：Routledge，2012：9，14-18.

③ IOANNIDES M, MARTINS J, ŽARNIC R, et al. Advances in Digital Cultural Heritage [M]. Cham, Switzerland：Springer International Publishing AG，2018：V.

④ ZHOU M Q, GENG G H. Digital Preservation Technology for Cultural Heritage [M]. Beijing, Berlin Heidelberg：Higher Education Press，Springer-Verlag，2012：1-2.

⑤ HARRISON R. Heritage：Critical Approaches [M]. London：Routledge，2012：9，14-18.

⑥ CALDERÓN P O, PUERTO F P. Science and Digital Technology for Cultural Heritage [M]. London：Taylor & Francis Group，2020：XI.

《上载新生》(*Up-load*)对于未来世界的数字永生给予了丰富炫目的呈现,电影《头号玩家》(*Ready Player One*)赛博空间里的"哈里斯日志"博物馆,用户可以自行对影像素材进行定制化的收视、回看和储藏。据悉,马斯克近两年正在践行"缸中之脑"假设①,脑神经末梢连接在计算机上,像存储于培养皿里的植被,接收着水、空气以及外界各种数据信息,大脑无法分辨虚拟与现实。任何实体事物都无法抵御自然环境中的老化,数字化已经成为文物的一种行之有效的永生方式。数字化保护,就是将文物所有细微的数据信息如实记录存储下来,并对其进行解构、分析、重组等深层次的有效利用。

艺术历史学家和历史建模师安德鲁·塔隆(Andrew Tallon)从 2011 年就开始对巴黎圣母院进行数据采集和测量,长年的精确数字存储和分析,为这座教堂在遭受意外之后的重建带去了希望。在国内热播主题短剧《理想照耀中国》之《下一个一百年》里,文物工作者创造性地将 3D 打印技术投入辽代金属面具的修复之中。3D 打印技术还可以让石窟、古建筑等不可移动的文物,助推"巡回展览"和文化创意的深层次发展,让时空跨越、瞬时移动、互动参与、镜像复制、创意传承成为可能。除此之外,红外热成像、X-射线衍射仪、激光拉曼光谱仪、扫描电子显微镜等高精技术也被投入文物和文化遗产的保护和修复事业发展过程中。物质界限的模糊、时空更迭的加速凸显了后人类生存的融合场域,它用一种动态过程的思维肌理、多维情景的环境关联来赋予人、物、技术等主体新的能量。在这种动态多维环境中的文物、建筑、古迹、观影者和孪生体均日益具备了可持续发展的生物机能和超时空存在的特质。

四、文化浸润:"物"的情感叙事

文化遗产传承的关键是活态传承,通过"系统梳理传统文化资源,让收藏在禁宫里的文物、陈列在广阔大地上的遗产、书写在古籍里的文字都活起来"②。2014 年 2 月 25 日,习近平总书记在北京考察时强调,"历史文化是城市的灵魂,要像爱惜自己的生命一样保护好城市历史文化遗产。北京是世界著名古都,丰富的历史文化遗产是一张金名片,传承保护好这份宝贵的历史文化遗产是首都的职责,要本着对历史负责、对人民负责的精神,传承历史文脉,处

---

① 注:"缸中之脑"是希拉里·普特南(Hilary Putnam)1981 年在他的《理性,真理与历史》(*Reason,Truth and History*)一书中,阐述的假想。

② 习近平:建设社会主义文化强国,着力提高国家文化软实力[EB/OL].人民网,2014-01-01.

理好城市改造开发和历史文化遗产保护利用的关系，切实做到在保护中发展、在发展中保护"①。2016年，习近平总书记做出了"保护文物功在当代、利在千秋"的重要批示，要求各级党委和政府增强对历史文物的敬畏之心，树立保护文物也是政绩的科学理念，统筹好文物保护与经济社会发展，全面贯彻"保护为主、抢救第一、合理利用、加强管理"的工作方针，使文物保护成果更多惠及人民群众。2018年10月24日，习近平总书记在广州市考察时指出，"城市规划和建设要高度重视历史文化保护，不急功近利，不大拆大建。要突出地方特色，注重人居环境改善，更多采用微改造这种'绣花'功夫，注重文明传承、文化延续，让城市留下记忆，让人们记住乡愁"。党的十九大将"加强文物保护利用和文化遗产保护传承"作为坚定文化自信的一个整体写进报告中，使之成为习近平新时代中国特色社会主义思想的组成部分。

一方面，在秉持习近平文化遗产观的前提下有效开展文博数字化工程，以辩证的眼光合理看待"人—技术—物—环境"之间的关系；另一方面，持续观照现实环境的文化浸润，在改善人居环境和保护历史文化底蕴、现代文明开拓和历史文脉遗产保护之间实现有机平衡。尽管人类社会已经步入人工智能生产内容（Artificial Intelligence Generated Content，AIGC）时代，信息科技的推陈出新也应予以辩证的视角，避免困在机械论和技术决定论的桎梏之中，人与机器、文化与技术的二元关系需要适时地进行糅合渗透，坚持以人为本，人类饱含正向力量和情感共鸣的文化参与应得到持续的尊重。

（一）文化技艺中的人文操演和情感渗透

"文化技艺"（cultural technique，德语 Kulturtechnik）是德国媒介理论第二代学者发展出的核心概念，伯恩哈德·西格特（Bernhard Siegert）的文化技艺理论，继承了德国媒介理论家弗里德里希·基特勒所奠定的媒介物质性的分析传统，并将其发展出一条观照意义生成的物质运作条件的后诠释学路径，关注的不是媒介本体，而是对媒介的操作，在英语世界里被解读为一种"媒介能力"，即技术的文化形成。基特勒认为，亚里士多德过于注重事物的形式和质料，虽然古希腊哲学已经涉及光、水乃至以太等自然媒介元素，但完全在本体论层面忽略了物与时间和空间的关系。直到海德格尔打破形式与质料的二元论后，技术媒介才得以取代形而上学的精神物理媒介②，其重要性才得以彰显。但基特勒

①　立足优势 深化改革 勇于开拓 在建设首善之区上不断取得新成绩［EB/OL］. 中国共产党新闻网，2014-02-27.

②　KITTLER F. Towards an ontology of media［J］. Theory, Culture & Society, 2009, 26（2—3）：23-31.

也充分肯定了亚里士多德的贡献,因其在精神物理学的基础上构建了朴素的"媒介"概念,基于其感观知觉理论,在缺席与在场、远离与接近、存在与灵魂之间,将古希腊介词"居间"(metaxú)转换为媒介(tòmetaxú)一词,并取代了原子论者的"虚空"。在媒介学家基特勒和德布雷那里,古希腊时期的"技术物"是文化技艺(cultural technologies),"文化和技术通过知识的所有附加因素形成了一个不可分离的整体,文化技艺强调从没有一个非技术性的人开始"①。

西格特对文化技艺概念做出明确的界定:文化技艺是一种运作性链条,它存在于人与物的关联方式之中,借助它,意义和现实得以存续,换言之,文化技艺是"能指的外部性/物质性",瓦解心物二元的根本区分,把本体论转化成一种"实体上的运作"②。文化技术和操作是相关的,"是产生我们所知的文化差异网络的操作"。"从哲学的角度来说,我们正从稳定的本体论走向可操作的本体论……,谈论文化技艺就是试图以严谨的概念来谈论操作。"③ 用文化技艺能使人更多地关注语言或媒介的操作过程,而非媒介的实体或本体,以此为视野,可以进行媒介考古分析、对话与网络分析等④。文化技艺就是要考察"塑造现实、想象和象征在其中被存储、传送和加工的话语网络",思考"人与非人之间历史性勾连的方式",它所关注的始终是媒介纪元之下文化的多样性⑤。

联系到文物和文化遗产,静态的文物价值的彰显需要观众的人文操演和情感互动。比如,"自拍"就是一种社会活动形式,其重要特征是在社交网络中分享,它作为一种民间"艺术",由"普通人"创造并传播⑥。红色家书、革命军衣、红色信函、革命故居等红色纪念物在不同个体的缅怀和追忆中,从不同角度搭建起网络空间的红色文化地图,也在众人拾柴、众口相传中一遍遍点亮了文物和文化遗产空间的红色"光韵"。此外,在可持续发展视域中,文化技艺蕴含着文化参与的意味,"参与"意指共同分享与创造,遗产价值是在社会物质网

① 王继周. 文化技艺:德国文化与媒介研究前沿——对话媒介哲学家杰弗里·温斯洛普-扬 [J]. 国际新闻界, 2020, 42 (5):51-60.

② SIEGERT B. Cultural techniques: Grids, filters, doors, and other articulations of the real [M]. New York: Fordham Univ Press, 2015.

③ 王继周. 文化技艺:德国文化与媒介研究前沿——对话媒介哲学家杰弗里·温斯洛普-扬 [J]. 国际新闻界, 2020, 42 (5):51-60.

④ 吴璟薇,毛万熙主编. 媒介与技术研究经典导读 [M]. 北京:中国传媒大学出版社, 2022:14.

⑤ 陈鑫盛. 追问意义的肉身:伯恩哈德·西格特的文化技艺理论初探 [J]. 新闻知识, 2022 (1).

⑥ 西蒙·林德格伦. 数字媒体与社会 [M]. 王蕾,译. 北京:中国传媒大学出版社, 2022:115.

络中物与人、环境与人、实践与人的对话之间形成的①。位于天津市和平区赤峰道的张学良故居是市级重点文物保护单位，该遗址型博物馆将沉浸感知、参与体验发挥到极致，最大限度地复原旧居昔日景象和民国时期的文化商贸氛围。药铺、当铺、银行、商店、大戏院、成衣店、餐厅、俱乐部、警察局、照相馆等场景惟妙惟肖。除了分时段表演快板、相声、互动短剧和民国舞蹈之外，还开辟津沽旧事沉浸式剧情体验街区，打造《山雨欲来风满楼》《傅莱医生》《北洋歇洛克》等诸如"剧本杀"之类的文化创意产品，让观众在各种"装备"的包裹下完成角色扮演和瞬间穿越，身临其境地实地感受对应剧本所营造的民国情景空间。由此，观众可以在"人、物、场景"相互融合的全沉浸状态下对旧居遗址和历史故事有更深入人心的认知理解和记忆留存，观众或消费者在参与式的文化互动体验中完成了向"创造实践者"身份的转变，也在情境参与中对历史文化有了更深的感知。

这些对于文物、古建筑、故居等文化遗产的场域复现和文化操演具有一定程度的差异化特征，以此赋予了遗存瑰宝无限延伸和多维阐释的空间，在积极正向条件的引导下搭建框架引导观众实现"时空穿梭"和故事展演，勾勒出红色文化集体记忆唤醒的动人情景，以个体生动的参与、讲述和展示为"红色飘带"注入源源不断的能量。情景实践和空间叙事与文化技艺想表达的理念是有些许异曲同工之处的。文化技艺追问的"不是再现了什么，而是如何再现，为什么会以这种方式再现"，即文化技艺"是对再现的条件的研究"②。

（二）感官投射中的媒介考古和沉浸体验

在万物皆媒时代，人的身体应当是"所有媒介的媒介"，是交流中最重要的媒介，具身经验虽然由技术建构，但技术也并非独立于人而存在，身体与技术在相互构造与实践中强化着人的主体性。因此，"媒介不可能消失，我们也不可能变成天使""身体就是我们的存在……身体是我们正在旅归的故乡。"③ 西方现代技术哲学第一人恩斯特·卡普（Ernst Kapp）早在 19 世纪对人技关系提出了"器官投射说"，标志着从"人技对立"到"技术物是人之器官投射"的思想转变，被追认为麦克卢汉"媒介即人体延伸"论断的先声。基于《技术哲学的元素》（Kapp，1877/2018）一书的梳理，以"器官投射"说为基础，卡普的

---

① HARRISON R. Heritage: Critical Approaches [M]. NY: Routledge, 2012: 4.

② SIEGERT B. The map is the territory [J]. Radical Philosophy, 2011 (5): 13-16.

③ 郭小安，赵海明. 媒介的演替与人的"主体性"递归：基特勒的媒介本体论思想及审思 [J]. 国际新闻界，2021，43 (6)：38-54.

技术理论框架主要分为三个层次：在技术本体层面，将技术看作人体器官的投射；在认识论层面，将技术作为人的认识论工具，技术是人在外化回溯过程中自我认知的重要中介；在技术实践层面，将技术实践视为今日被称作文化技艺的事物，用技术的视角分析人类文化的起源。在器官投射的过程中，人与外在世界交流并实现了自我的认知，而技术则成为人与外在世界之间的中介。卡普的器官投射说呼应着"文化技艺"这一概念的提出和发展①，也消解了人与机器、环境的二元对立②，昭示着"后人类主义"的到来③。卡普在《器官投射论——技术哲学纲要》中将电报、铁路视为人的神经网络的投射，用电报、铁路模拟人的神经网，并且在建造电报、铁路网的过程中增加了人对自己神经网络的理解。

文物和文化遗产的本体活性蕴含了原始创造所需要的文化技艺与个体情感，是一种无法用语言文字或图像精准描述的动态的本质特征④。媒介考古着重分析人和媒介、技术的关系，以及媒介在建构社会关系、人和世界之间的关系中起到了何种作用。文化遗产以一种"在场"的方式联结不同时期、不同地域、不同群体的经济和文化。文物和文化遗产的记忆延续需要身体技术的参与，在整个传承过程中，传承主体利用身体技术和符号技术掌握媒介的操作方式，从而将文化遗产的精神观念传递给传承客体，传承客体依靠听说读写的心智技巧和文化的规训来进行理解，再将其传承给新的群体，如此循环往复。类似于基特勒所说的"递归"（recursion），即某个媒介技术的产生会影响原初媒介的发展和演化，而这亦表现为媒介的自组织和自创生（autopoiesis）⑤。每一件红色文物都带有特定的历史背景与丰富的红色记忆，它不是一件没有生命力的文物，而是革命年代中国人民在中国共产党的领导下建立社会主义国家的信念，是建设时期中国共产党带领中国人民艰苦奋斗创造奇迹的见证，是改革开放时期中国

---

① KIRKWOOD J, WEATHERBY L. The Culture of operations：Ernst Kapp's philosophy of technology［M］// KAPP E. Elements of a philosophy of technology：on the evolutionary history of culture. Minneapolis：University of Minnesota Press，2018：ix- xliii.

② 吴璟薇，毛万熙. 器官投射：卡普的技术思想与智媒时代的人技关系［J］. 现代出版，2023（4）.

③ STEWART W. Human organs：on Ernst Kapp's "elements of a philosophy of technology"［M］//KAPP E. Elements of a philosophy of Technology. Minnesota：Minnesota Press，2019：336.

④ 吕晓璐. 从物质符号到观念符号：文化遗产的媒介化传承［J］. 传播与版权，2023（9）.

⑤ 许煜. 许煜领读《递归与偶然》［M］//吴璟薇，毛万熙. 媒介与技术研究 经典导读［M］. 北京：中国传媒大学出版社，2022：122-124.

共产党同中国人民不断探索社会主义新局面的积淀①。红色革命文物内在的意义和价值，需要我们每一个人重复地进行深入的探索，在感官的凝视中捕捉历久弥新、跨越时空的红色因子，在文化记忆寻唤、内在情感碰撞、技术符号铭刻以及文化参与操演的往复累积中，一遍遍提炼红色文物在时代发展进程中赋予我们生命的光辉属性，也在动态多维的保护传承语境中让革命文物的红色基因代代相传、长盛不衰。

---

① 保护红色文物，传承红色基因 ［EB/OL］. 中国社会科学网，2021-12-08.

第二章

历史记忆和现实环境

第一节　历史记忆：时间长河的红色积淀

北京是历史悠久的文化名城，有着3000多年的建城史和800多年的建都史。作为古都，北京是中国百年来封建统治的政治中心。北京具有政治敏感度高、文化繁荣、人才集聚、思想活跃等特点，为红色文化的孕育、萌芽、发展和成熟的不同阶段提供了肥沃的土壤和得天独厚的条件。北京是新文化运动的中心、五四运动的策源地、马克思主义在中国早期传播的主阵地、中国共产党的主要孕育地之一，革命文物丰富、红色基因深厚。

近年来，北京市革命文物制度设计不断完善。《关于实施革命文物保护利用工程（2018—2022年）的意见》和《北京市推进全国文化中心建设中长期规划（2019—2035年）》等文件，加大政策落地力度，以重大时间节点为坐标，突出北京在不同历史阶段的革命活动轨迹，确立了"推进革命文物集中连片主题保护"的目标。

北京市文物局革命文物处处长李粮企表示，"不同于其他类型的文物，革命文物大多与近现代史的重要历史人物、重大历史活动、重要历史事件等密切相关，形成集中连片的分布格局"。围绕中国人民抗日战争暨世界反法西斯战争胜利70周年、新中国成立70周年、中国共产党成立100周年，北京先后打造了以北大红楼为中心的中国共产党早期北京革命活动主题片区，以卢沟桥、宛平城为中心的抗日战争主题片区，以香山革命纪念馆、双清别墅、天安门为中心的新中国主题片区。

红色文化的成长和壮大历经了艰辛漫长的历史时期。红色文化肇始于五四运动以后马克思主义在中国的传播，成长和发展于中国共产党领导的新民主主义革命时期和社会主义建设时期。在中华传统文化中，红色主要是代表喜庆、吉祥、权威、激情和斗志等。在中国古代，许多宫殿、庙宇的墙壁和大门都是红色，官吏、官邸、服饰多以大红为主，即所谓"朱门""朱衣"。红色还代表权威，皇帝批阅奏折，使用朱砂红笔，称为"朱批"。红色还象征喜庆。而红色与革命联系在一起，形成具有中国特色的"红色文化"，则是中国人民在中国共产党领导下，在长期的革命和建设实践中，在不断选择、融合和整合中外优秀文化思想基础上所形成的一系列先进文化的综合体。

文化的培植和成长与国家社会的生态环境息息相关，北京红色文化的孕育于 1840 年鸦片战争之后 160 多年整个中国社会的剧烈震荡、广大劳苦大众捍卫领土完整和救亡图存的革命豪情之中。由于晚清政府的腐败和昏庸，鸦片走私日趋猖獗，特别是道光年间，内忧外患严重。与此同时，英、法、美各国的资本主义却在迅速发展，18 世纪 60 年代起英国开始了工业革命，19 世纪初，英国成为世界资本主义最强大的国家，建立了"日不落"帝国。19 世纪 40 年代，西方资本主义国家携工业革命的飓风蒸蒸日上，欧美列强为了扩大商品市场和争夺原料产品，加紧了征服殖民地的活动，中国作为幅员辽阔具有巨大扩张价值且在当时相对落后的国家，自然成为殖民主义者侵略扩张的最佳目标。自 1840 年爆发的第一次鸦片战争开始，整个中国几乎在一个多世纪的时间里战乱纷争不断，旧中国全民族接连遭受着帝国主义、封建主义、官僚资本主义三座大山的层层压迫，屈辱、觉醒、奋斗、牺牲、变革、进步贯穿了整个中国近代史。西方列强的入侵，在很大程度上刺激了中国政治制度、文化觉醒和技术革新，红色文化也在重重压迫中破土萌芽并快速蔓延成长。

一、孕育萌芽期

1840 年至 1860 年间，以英国为首的西方帝国主义列强对中国接连发动两次鸦片战争，国家主权受到严重的危害，开始向西方列强割地、赔款、商定关税，陆续签订《南定条约》《天津条约》《北京条约》等一系列丧权辱国的和约。在此背景下，由大多在封建制度压迫下的农民自行组建武装起义——太平天国运动（1851—1864）爆发。当时，太平天国定都天京（即南京）后相继颁布《天朝田亩制度》《资政新篇》等施政纲领，其间领导者洪秀全派 2 万多太平军进军北京，虽然最终以失败告终，但对昏庸的清政府产生了不小的冲击。19 世纪末，以贫苦农民为主体的义和团运动在山东、直隶两省交界处初兴，尔后进占涿州，形成威逼京师的态势，引起了西方列强和清政府的恐慌。

兴起于 19 世纪 60 年代的洋务运动，从一定程度促进中国军事和民用工业发展。当西方的洋枪洋炮轰开国门的时候，国人也在与西方列强的交战中认识到教育和科技的重要性。李鸿章、张之洞等官员积极主张引进西方科学技术，找人翻译西方科技书籍，派官员出国留学。开译馆、办学堂，培养军事、通信、铁路、矿务、西医、海军等专业领域人才。但是，由于清政府内部腐朽腐败和外国势力的挤压，特别是在甲午战争（1894—1895）之时北洋海军全军覆没，清政府被迫与日本签订《马关条约》，标志着历时 30 余年的洋务运动破产。

不久，八国联军侵占北京城，1900 年 8 月 16 日北京沦陷，多国强迫清政府签订《辛丑条约》，执政方的软弱无能使中国彻彻底底沦为半殖民地半封建社会。西方列强的一系列侵华恶行，使广大中国劳苦民众生活在水深火热之中，由此，伟大的革命斗争精神和厚重的北京红色文化开始慢慢生根。

图 2-1-1　1898 年 1 月 16 日法国巴黎的《小日报》①

在内忧外患的冲击过程中，变法救国成为仁人志士的共识。在北京，维新派与守旧派之间围绕变法、兴西学、实行君主立宪制等问题展开了一系列激烈的论战。维新派试图通过光绪皇帝施行新法，在创设京师学堂、提倡西学、废除八股、设立译书局等政策方面进行改革，史称"戊戌变法"（1898）。但是，这些举措遭到以慈禧太后为首的守旧派的反对，慈禧下令软禁光绪，搜捕维新人士。最终，康有为、梁启超被迫逃亡海外，谭嗣同、刘光第、林旭、杨锐、杨深秀、康广仁 6 人被斩杀于菜市口。展陈在北大红楼的一件漫画是 1898 年 1 月 16 日法国巴黎出版的《小日报》，用夸张的讽刺手法表现了积贫积弱的清政府面对列强的瓜分浪潮，气急败坏却无力制止的场景。

1911 年，在孙中山的领导下，辛亥革命结束了清政府统治。然而，辛亥革命的胜利果实很快就被以袁世凯为首的北洋军阀势力窃取，袁世凯所主张的封

---

① 图片来源于课题组赴北大红楼参观时的自摄，摄于 2023 年 12 月 26 日。

建独裁体制遭到广大人民的唾弃。在中国半殖民地半封建社会的历史条件下，建立资产阶级共和国的方案是不可能的，必须另外探索救国救民的道路。

事实证明，近代以后，在西方列强和封建主义的双重压迫之下，中国逐渐成为半殖民地半封建社会，为改变中华民族的屈辱命运，无数先进分子和仁人志士进行了千辛万苦的探索和不屈不挠的斗争。太平天国运动、洋务运动、戊戌变法、义和团运动、辛亥革命相继失败，中国反帝反封建的民主革命的领导责任，历史地落到中国工人阶级及其政党身上。

先进的中国知识分子反思近代以来的屈辱历史。1915年，陈独秀在上海创办《青年杂志》（1916年9月改名《新青年》），吹响了新文化运动的号角。陈独秀发表《敬告青年》一文，大声疾呼："国人而欲脱蒙昧时代，羞为浅化之民也，则急起直追，当以科学与人权并重。"鲜明地提出"人权"和"科学"的理念。

初期新文化运动的基本口号是"德先生"（democracy）和"赛先生"（science），也就是提倡民主和科学。提倡新文化，要求以白话文代替文言文，摒弃陈腐的封建文学，把反封建斗争与反对文言文和八股文、进行文学革命结合起来。

图 2-1-2　北京大学红楼内部展示《新文化运动时期主要思想学说》①

1917年，俄国爆发十月革命，建立苏维埃政权，这给正在黑暗里苦苦探索的中国先进分子带来了新的黎明光景。十月革命的胜利，极大地鼓舞了中国人民和中国的先进分子。正在苦苦探求救国救民真理、对西方文明和资本主义制度感到失望而又茫然无措的中国先进分子，由此认识到马克思主义对中国革命运动的指导作用，并将其作为观察国家革命运动的工具，重新考虑中国的出路问题。

以李大钊为代表的一批先进知识分子，以北大红楼、"亢慕义斋"为主要基地，研究和传播马克思主义，与各种学说、思潮进行比较和论争，深入工人群

---

① 图片来源于课题组赴北大红楼参观时的自摄，摄于2023年12月26日。

众，推动马克思主义与中国工人运动相结合，巩固和扩大了马克思主义思想阵地，为中国共产党成立做了思想上的准备。李大钊先后发表了《法俄革命之比较观》《庶民的胜利》《Bolshevism 的胜利》《我的马克思主义观》，从唯物史观、经济学说、社会主义理论三个方面对马克思主义做了比较全面系统的介绍，助力于马克思主义在中国的传播，并与反马克思主义的思想进行了顽强的斗争。陈独秀、李大钊等人认为，中国的问题不是贫乏、知识的问题，而是制度问题，非行社会主义不可。

1919 年 5 月 4 日，由于巴黎和会①上中国外交的失败，北京大学等 13 所学校学生 3000 余人，在天安门前举行游行示威，提出"废除二十一条""还我青岛""保我主权""拒绝和约签字"等口号。这次发生在北京的一场以青年学生为主，广大群众、市民、工商人士等阶层共同参与的，通过示威游行、请愿、罢工等形式进行的爱国运动，是中国人民彻底反对帝国主义、封建主义的爱国运动，被称为"五四运动"。当时，游行示威队伍在东交民巷使馆区西口受阻后，改道奔赵家楼胡同曹汝霖住宅，引发"火烧赵家楼"事件。

图 2-1-3　北京大学红楼内部展示《五四运动》油画②

1919 年 6 月 5 日，上海 2 万多名工人举行声援学生大规模罢工，随后，在全国 20 多个省区 100 多个城市形成罢工、罢课、罢市的"三罢"高潮。北洋政府做出让步，所有被捕学生获得释放，3 个亲日派曹汝霖、章宗祥、陆宗舆的职务被撤销，中国代表也拒绝了在巴黎和会上的签字，五四运动取得胜利。五四

① 巴黎和会：1919 年 1 月，英、美、法、日、意等一战战胜国在巴黎召开对德和会，决定由日本继承德国在中国山东的特权。中国是参加对德宣战的战胜国之一，但北洋军阀政府却准备接受这个决定，这次和会上中国外交的失败，引发了伟大的"五四运动"。
② 图片来源于课题组赴北大红楼参观时的自摄，摄于 2023 年 12 月 26 日。

运动"实现了中国人民和中华民族自鸦片战争以来第一次全面觉醒"①。

1920 年 3 月,为推动马克思主义传播和筹建党的组织,李大钊指导一批先进分子,秘密成立北京大学马克思学说研究会,深入学习和研究马克思主义,搜集、翻译和出版马克思主义书籍数百种,组织讨论会,举办演讲会,培养一批具有初步共产主义思想的骨干,为北京共产党早期组织的建立做了重要准备。1920 年 6 月,陈独秀等人在上海开会商议,决定成立共产党,征求李大钊意见后,定名为"中国共产党"。10 月,李大钊、张申府、张国焘 3 人在北大红楼李大钊办公室正式成立北京共产党小组。随着马克思主义的传播,在上海、北京、武汉、长沙、广州、济南等地,先后成立了中共早期组织。1921 年 3 月,李大钊呼吁创建工人阶级政党。随后,党的第一次全国代表大会召开宣告了中国共产党正式成立。中国共产党的成立,也标志着红色文化开始萌芽。

图 2-1-4 北京大学红楼内部展示《马克思学说研究会部分发起成员》②

二、成长发展期

辛亥革命是 20 世纪中国所发生的第一次历史性巨变,是一次比较完全意义上的反帝反封建的民族民主革命。辛亥革命推翻了清政府的封建统治,结束了统治中国几千年的君主专制制度,使民主共和的观念深入人心。1912 年元旦,

---

① 习近平. 在纪念五四运动 100 周年大会上的讲话 [N]. 人民日报, 2019-05-01(02).
② 图片来源于课题组赴北大红楼参观时的自摄, 摄于 2023 年 12 月 26 日。

孙中山①就职中华民国临时大总统。但是，由于领导这场革命的中国民族资产阶级的力量软弱和政治上的不成熟，革命果实很快就被以袁世凯为代表的北洋军阀所窃取。1912 年 4 月，袁世凯攫取辛亥革命果实，建立起了代表大地主和买办资产阶级利益的北洋军阀政权。帝制复辟遭到举国反对，袁世凯只当了 83 天皇帝就被迫取消帝制和年号。北洋军阀加剧了对人民的政治压迫和经济掠夺，黑暗统治激起了社会各阶层群众的不满和反抗。

1921 年 8 月，中国共产党在上海成立了领导工人运动的总机关——中国劳动组合书记部，随后又在北京、武汉、长沙、广州、济南设立分部，作为党公开领导工人运动的机关，主要活动是对工人进行宣传教育，领导工人开展罢工斗争。1922 年，在香港、开滦工人罢工取得阶段性胜利后，京汉铁路总工会号召全路工人举行罢工，2 月 4 日，总同盟罢工举行。2 月 7 日，在帝国主义支持下，军阀吴佩孚调动军警血腥镇压罢工工人，发生震惊中外的"二七惨案"。当天，长辛店 3000 多名工人在纠察队的率领下，打着"要求释放被捕工人"的大旗，高呼"还我们的工友""还我们的自由"等口号，要求释放被捕的工人。②在这场惨案中，共有 52 人壮烈牺牲。1923 年 2 月 27 日，中国共产党发表《为吴佩孚残杀京汉路工告工人阶级与国民书》，号召全国人民和工人阶级团结起来，打倒一切压迫工人的军阀。随即全国各地迅速掀起一起声势浩大的声讨军阀、援助工人的运动。在第一次全国劳动大会前后，以 1922 年 1 月香港海员罢工为起点，1923 年 2 月京汉铁路工人罢工为终点，掀起了中国工人运动的第一个高潮，在持续 13 个月的时间里，全国发生大小罢工 100 余次，参加人数在 30 万以上。

---

① 孙中山（1866—1925）：广东香山（今中山市）人，中国民主革命的伟大先行者，率先在中国大地上举起了近代民族民主革命的旗帜。1905 年 8 月，孙中山在日本东京发起成立资产阶级革命政党——中国同盟会，制定了"驱除鞑虏，恢复中华，创立民国，平均地权"的十六字革命纲领。1911 年 10 月 10 日，在同盟会的推动下，湖北新军发动武昌起义并迅速获得成功，各地纷纷响应宣布独立，史称辛亥革命。1912 年 1 月 1 日，孙中山在南京宣誓就职，宣告中华民国临时政府成立。1925 年 3 月 12 日，孙中山先生在北京病逝，19 日，停灵于中央公园社稷坛拜殿，接受社会各界隆重公祭。4 月 2 日，灵柩移至香山碧云寺暂厝，直到 1929 年 5 月南京中山陵落成。1929 年 5 月 26 日，移灵南下，归葬南京紫金山，6 月 1 日，孙中山先生遗体于南京中山陵奉安礼成。（此部分摘自北大红楼展厅介绍）

② 陈洪玲，刘锋．北京红色文化概述［M］．北京：北京出版社，2021：10.

图 2-1-5　长辛店二七纪念馆展陈京汉铁路大罢工中牺牲的烈士名录①

1924 年 1 月，孙中山在共产党帮助下，主持召开有共产党人参加的国民党第一次全国代表大会，确立联俄、联共、扶助农工的三大政策，实现第一次国共合作。随后创办黄埔军校。大革命时期②，1925 年 5 月，上海爆发五卅运动。在中共北京组织的领导下，北京各阶层人民掀起慷慨激昂的反帝爱国运动。首先行动起来的是广大学生和知识分子。来自北京反帝大联盟、马克思学说研究会、国民党北京执行部和国民外交后援会等团体的数十万人，举行全世界被压迫民族国民大会。会上提出"全世界被压迫民族团结起来""打倒帝国主义""打倒军阀"等口号。③ 伟大的五卅运动，掀起了大革命运动的高潮。

1926 年 1 月，在中国共产党和国民党左派的共同努力下，国民党第二次全国代表大会提出打倒帝国主义、打倒军阀、统一全中国的口号，也正式开启了国共合作北伐战争的序幕。为推翻北洋军阀的统治，中国共产党发动并组织广大工农群众积极支援配合，基本消灭直系军阀吴佩孚和孙传芳，重创奉系军阀张作霖。帝国主义为维护在华的利益，加紧对中国革命的干涉，以蒋介石为首的国民党右派与帝国主义勾结。1927 年 4 月起，蒋介石、汪精卫先后在上海、武汉发动"四一二反革命政变"，公开背叛孙中山的国共合作政策和反帝反封建纲领。

---

① 图片来源于课题组赴长辛店二七纪念馆参观时的自摄，摄于 2023 年 12 月 26 日。
② 大革命：一般指 1924 年 1 月至 1927 年 7 月第一次国内革命战争时期，是中国人民在中国共产党和中国国民党合作领导下进行的反对帝国主义、北洋军阀的战争，亦称"国民革命"或"大革命"。1924 年 1 月，中国国民党第一次全国代表大会在广州召开，以国共合作为基础的国民革命兴起。1927 年蒋介石和汪精卫先后"清共"，第一次国共合作破裂。
③ 陈洪玲，刘锋 . 北京红色文化概述 ［M］. 北京：北京出版社，2021：12.

大革命失败后，国民党当局在全国范围实行"白色恐怖"，一批优秀的共产党员、团员和进步青年被捕，他们面对敌人的威逼利诱，誓死与敌人进行坚贞不屈的斗争，用生命谱写了一首首可歌可泣的壮烈诗篇。蒋介石密电张作霖"将所捕党人速行处决，以免后患"。奉系军阀不顾社会各界舆论谴责，仓促地将李大钊等革命英雄处以绞刑。李大钊英勇牺牲的消息传出，全党肃穆哀悼。《向导》① 周报发表悼念文章，称李大钊是"最勇敢的战士"。在草岚子监狱的孔祥桢、殷鉴等党员同志，筹建狱中党支部，组织党员持续学习，视死如归，他们大无畏的英雄主义精神，用鲜血和生命守护信仰，丰富升华了北京红色文化的意蕴。

四一二事变后，国民党组建的南京政府取代北洋控制的北京市政府，行使对全中国的统治权。位于南京的国民政府一方面镇压中国共产党，另一方面继续与奉系军阀作战，以期完成统一全国的目标。国民党在对革命根据地进行军事"围剿"的同时，还用各种无耻手段扼杀革命文化。以左联、社联为核心的左翼文化团体，在中国共产党的领导下，团结广大进步人士，为引领革命文化并推动北京红色文化的成长，发挥着重要的作用。

1927 年 8 月 1 日，以周恩来为代表的一部分共产党人率先在南昌起义，正式确定了"土地革命和武装反抗中国国民党反动派"的总方针。同年，毛泽东率汀赣边界秋收起义的队伍到达井冈山，开展游击战争，创建了中国第一个农村革命根据地。1928 年 4 月，朱德、陈毅等率南昌起义保留下来的部分队伍和湘南起义中组织的农军到达井冈山，与毛泽东领导的部队会合，创建了中国第一支工农红军，并进一步扩大了井冈山革命根据地。

1928 年 6 月 28 日，北京市改名为北平市。

1930 年 1 月 5 日，毛泽东在《星星之火，可以燎原》中，批评了红军内一些人的悲观思想，阐述了中国的红色政权能够存在和发展的必然性。1930 年年底到 1931 年 9 月，红军在毛泽东、朱德的领导下，先后粉碎中国国民党对中央革命根据地的三次"围剿"，1931 年 11 月 7 日，在江西瑞金成立了中华苏维埃共和国临时中央政府。

---

① 《向导》：1922 年 9 月，中共中央在上海创办了政治机关报《向导》周报，10 月迁往北京，1927 年停刊，共出版 201 期，李大钊曾主持《向导》周报在北京的出版、发行，旗帜鲜明地宣传党的反帝反封建的民主革命纲领，在革命斗争中发挥了舆论宣传和政策指导的作用。

三、厚植建设期

30 年代初期，蒋介石与汪精卫、阎锡山、冯玉祥、李宗仁等在河南、山东、安徽等省发生混战，因这次战争主要在中原地区进行，因此又称为"中原大战"。这场大战使国家元气大伤，蒋介石在同时间段还调动兵力多次"围剿"红军革命根据地，1934 年 10 月，中央主力红军为摆脱国民党军队的包围，被迫实行战略性转移，由此开启二万五千里长征。此外，入关后的张学良和东北军关注于华北事务，客观上造成边防空虚，为日军进犯埋下隐患。

不久后，九一八事变爆发①。北平学生抗日救国联合会组建，各校陆续罢课，抗日呼声高亢，多个团体的代表及市民 20 万人，在故宫太和殿前举行北平抗日救国市民大会，呼吁全国人民团结一致、抗日到底，并有众多学生乘火车南下请愿示威。但是，由于南京政府"不抵抗主义"的卖国政策，1932 年 2 月，东北全境沦陷，日本在东北建立了伪满洲傀儡政权，使 3000 多万东北人民饱受长达 14 年之久的奴役痛苦。

1935 年，日本帝国主义扩大了对华北地区的侵略，在严峻情势下，中国共产党提出建立抗日民族统一战线。1935 年 8 月 1 日，中国共产党驻共产国际代表团以中华苏维埃共和国中央政府、中国共产党中央委员会的名义起草《为抗日救国告全体同胞书》（即《八一宣言》），主张停止内战，号召全体同胞一致抗日救国，有力推动了全国抗日救亡运动。12 月 9 日，在萧瑟寒风中，广大爱国学生的抗日怒火瞬间喷发。新华门前汇聚了北平师范大学、中国大学、东北大学等 10 多所学校的请愿队伍。他们高举旗帜，高呼抗日救国口号，提出"反对东北成立防共自治委员会及其类似组织，保障人民言论、集会、出版自由，停止内战，立即释放被捕学生"等 6 项要求。一二·九抗日救国运动，是中国共产党领导的一次大规模学生爱国运动，公开揭露了日本帝国主义侵略中国吞并华北的阴谋，打击了国民党政府的妥协投降政策，配合了红军北上抗日，标志着中国人民抗日民主运动新高潮的到来。1936 年 12 月 12 日，张学良、杨虎城发动西安事变，逼蒋停止内战，联共抗日。

---

① 九一八事变：1931 年 9 月 18 日，日本驻中国东北地区的关东军突然袭击沈阳，以武力侵占东北的事件。九一八事变是日本蓄意制造并发动的战争，是中国抗日战争的起点，揭开第二次世界大战东方战场的序幕。

　　1937 年 7 月 7 日，卢沟桥事变①突发，彻底暴露了日本妄图全面占领中国的野心。卢沟桥、南苑、南口等地抗战彰显了北平人民血战到底的英雄气概与斗争精神②。卢沟桥事变爆发后第二天，毛泽东、朱德、彭德怀等红军将领分别致电蒋介石和宋哲元等，要求实行全国总动员，收复失地，支持 29 军奋勇抵抗，为保卫平津、保卫华北而战，决不让日寇侵占祖国寸土。全国各族各界人民热烈响应，抗日救亡运动空前高涨。1937 年 7 月 8 日，中国共产党为日军进攻卢沟桥通电，"全中国的同胞们！平津危急！华北危急！中华民族危急！只有全民族实行抗战，才是我们的出路！我们要求立刻给进攻的日军以坚决的反攻，并立刻准备应付新的大事变。全国上下应该立刻放弃任何与日寇和平苟安的希望与估计！"

图 2-1-6　中国人民抗日战争纪念馆展陈"中国共产党为日军进攻卢沟桥通电"③

---

① 卢沟桥事变：又称七七事变。1937 年 7 月 7 日夜，卢沟桥外的日本驻军在未通知中国地方当局的情况下，径自在中国驻军阵地附近举行所谓军事演习，并称有一名日本士兵失踪，要求进入北平西南的宛平县城搜查，被中国驻军第二十九军第三十七师二一九团团长吉星文严词拒绝后，日军随即向宛平城和卢沟桥发动进攻。卢沟桥事变的爆发，既是日本全面侵华战争的开始，也是中华民族进行全面抗战的起点。1961 年，宛平城被国务院列为全国重点文物保护单位。

② 陈洪玲，刘锋 . 北京红色文化概述［M］. 北京：北京出版社，2021：21.

③ 图片来源于课题组赴中国人民抗日战争纪念馆参观时的自摄，摄于 2024 年 2 月 25 日。

图 2-1-7　中国人民抗日战争纪念馆展陈 1937 年卢沟桥事变后的紧急讲话①

1937 年 7 月 13 日，毛泽东在延安号召"每一个共产党员与抗日的革命者，应该沉着地完成一切必须准备，随时出动到抗日前线"。1937 年 7 月 15 日，中国共产党即向国民党提交了《中共中央为公布国共合作宣言》。蒋介石于 7 月 17 日在庐山发表谈话，指出"如果战端一开，那就是地无分南北，年无分老幼，无论何人，皆有守土抗战之责任，皆应抱定牺牲一切之决心"，宣布对日作战。随着日本侵华的全面扩大和加深，国民党政府放弃了一些不合理的要求，9 月 23 日，蒋介石发表《对中国共产党宣言的谈话》，以国共合作为基础的中国抗日民族统一战线正式宣告成立。在宣言发表之前，国共已于军队问题达成一致，奔赴抗日前线的红军队伍改编为八路军，共同抵御日寇的进攻。

四、成熟积淀期

1945 年 8 月，苏联对日宣战，美国在日本广岛、长崎先后投下两颗原子弹。中国敌后战场全面大反攻。1945 年 8 月 15 日，日本宣布无条件投降。9 月 2 日，日本在密苏里号战列舰上向盟国签字投降，中国人民抗日战争和世界反法西斯战争取得最后胜利。9 月 9 日，中国战区日军投降签字仪式在南京举行，10 月 25 日，被日军侵占达 50 年之久的台湾、澎湖列岛等地重新回到祖国怀抱。

抗日战争胜利后，中国人民热切期盼实现和平民主，中国共产党为实现人民的期待做出各种努力。但是，国民党却想继续维持一党专政，企图在全国范围内重建大地主、大资产阶级的统治，并且得到了美国政府在政治、军事、经济上的全面支持。抗日战争胜利不到一年，蒋介石就发动了全面内战，为了满足战争所需，拼命搜刮百姓，导致物价飞涨，民不聊生。在水深火热的日子，

① 图片来源于课题组赴中国人民抗日战争纪念馆参观时的自摄，摄于 2024 年 2 月 25 日。

"反饥饿、反内战、反迫害"学生运动在中共北平地下组织的领导下迅速发展。

1946年12月24日，驻华美国士兵强奸了北大学生沈崇，之后在北平爆发了声势浩大的抗议驻华美军暴行的群众运动。1947年5月18日，国民党政府颁布了所谓《维持社会秩序临时办法》，严禁10人以上的请愿和一切罢工、罢课、游行示威，下令各地军警对爱国民主运动实行血腥镇压。消息传出后，北平、南京、天津等地同时爆发了大规模的学生示威游行。5月20日，国民党政府在南京制造了五二〇血案。北平各大专院校的学生也在这一天举行示威游行，高举着"反饥饿、反内战"的巨大横幅走向天安门广场。游行队伍经过天安门时，学生们面对天安门上悬挂着的蒋介石画像，高呼"打倒独裁""要民主"等口号。

1948年9月12日至1949年1月31日，中国人民解放军在辽沈、淮海、平津三大战役中取得了重大胜利，将国民党的主要军事力量基本消灭，为中国革命在全国的最后胜利奠定了坚实的基础。随着三大战役捷报频传，1949年1月31日北平和平解放。1949年3月13日，毛泽东在中共七届二中全会上做了重要报告，强调党的工作中心必须由乡村转移到城市的战略决策。3月23日，毛泽东、朱德、刘少奇、周恩来、任弼时等中央领导率领中共中央机关、人民解放军总部离开西柏坡迁往北平，3月25日进驻香山。新北平的建设为红色文化提供了重要的思想政治基础。同时，北平市人民政府的成立，也为红色文化的延续发展提供了可靠的政治保障。

北平和平解放后，毛泽东等中共中央领导人于1948年3月25日抵平，先后进驻香山和中南海，毛泽东住进香山双清别墅，朱德、刘少奇、周恩来、任弼时住在来青轩。北京红色文化迎来了成熟、传承、创新与发展的大好时机。1948年12月30日，新华社发表毛泽东亲自撰写的新年献词《将革命进行到底》，指出要"用革命的方法，坚决彻底干净全部地消灭一切反动势力，不动摇地坚持打倒帝国主义，打倒封建主义，打倒官僚资本主义，在全国范围内推翻国民党的反动统治，在全国范围内建立无产阶级领导的以工农联盟为主体的人民民主专政的共和国"[①]。1949年9月27日，北平更名为北京，北京作为中华人民共和国的首都，进入崭新的历史发展阶段。

1949年9月30日下午6时，毛泽东率领全体政协代表和首都各界群众代表3000余人，在天安门广场举行人民英雄纪念碑奠基典礼。10月1日下午2时，中华人民共和国中央人民政府委员会在中南海勤政殿大厅举行了第一次全体会

---

① 毛泽东选集：第四卷［M］. 北京：人民出版社，1991：1375.

议，宣布中华人民共和国中央人民政府成立。新中国的诞生，"标志着中国新民主主义革命已经取得伟大胜利，标志着中国人民受奴役受压迫的半殖民地半封建时代已经过去，中国已成为一个新民主主义国家。中国历史从此进入一个人民群众当家作主的新时代，中华民族的发展从此开启了新的历史纪元"①。开国大典，揭开了中华人民共和国的新篇章，开启了首都北京在新时代继续前行的新征程。新中国是红色共和国，红色共和国是无数英勇先烈和广大人民群众誓死捍卫共同家园的革命成果，浸染无数保家卫国革命将士鲜血和英魂的"红飘带"将会永远在 960 万平方千米的中华人民共和国土地上迎风飘扬。正如习近平总书记指出的，"共和国是红色的，不能淡化这个颜色。无数的先烈鲜血染红了我们的旗帜，我们不建设好他们所盼望向往、为之奋斗、为之牺牲的共和国，是绝对不行的"②。

第二节 现实环境：时空回廊的红色飘带

一、政策引领

党的十八大以来，在以习近平同志为核心的党中央坚强领导下，在各地区各部门和社会各界共同推动下，全国革命文物工作取得很大进展③。习近平总书记多次就加强红色资源保护、利用、传承以及弘扬革命文化做出重要指示，亲自走访考察了对我们党具有重大历史意义的革命圣地、革命博物馆、党史馆、红色旧址、烈士陵园、革命历史纪念场所。从党的一大会址、南湖红船，到井冈山、延安、西柏坡，从北大红楼、江西于都中央红军长征集结出发地，到鄂豫皖苏区首府烈士陵园、淮海战役纪念馆……，习近平总书记的红色足迹遍及大江南北。习近平总书记多次指出，"文化自信，是更基础、更广泛、更深厚的自信，是更基本、更深沉、更持久的力量""中国有坚定的道路自信、理论自

① 中共中央党史研究室. 中国共产党历史：第一卷（1921—1949）（下册）［M］. 北京：中共党史出版社，2002：814.
② 习近平总书记看望文艺界社科界委员的微镜头［N］. 人民日报，2019-03-05（01）.
③ 国家文物局有关负责人就《革命文物保护利用"十四五"专项规划》答记者问［N］. 中国文物报，2022-01-04（001）.

信、制度自信，其本质是建立在 5000 多年文明传承基础上的文化自信"①。总书记要求，切实把革命文物保护好、管理好、运用好，红色资源是不可再生、不可替代的珍贵资源，保护是首要的任务。

新时期，做好考古成果的挖掘、整理、阐释工作、搞好历史文化遗产保护工作仍是增强文化自信道路上的重要环节。在实践过程中，要坚持辩证唯物主义和历史唯物主义，深入进行理论探索的同时进一步加强"文物活起来"系统工程，不断增强中华文明的中国特色和中国风格，提高我国优秀传统文化和伟大民族精神在国际舞台上的话语能量和地位。在中华民族的历史文化遗产中，有一个特殊的类别——革命文物。革命文物既包括那些与革命斗争有关的遗址遗迹、革命会议旧址、革命纪念设施，如遵义会议会址、黄花岗七十二烈士墓、人民英雄纪念碑等，也包括淮海战役的小推车、"半条被子"② 之类的红色文化实物③。

近些年，文物保护政策频出，文物和文化遗产保护传承精神在多次国家会议中予以强调。党的十八大以来，以习近平同志为核心的党中央把文化遗产保护传承摆在治国理政突出位置，做出系统谋划部署，习近平总书记对保护革命文物、传承红色基因发表了系列重要论述。历年两会政府工作报告都对文物工作做出重要部署，从 2013—2015 年突出强调"重视文物保护"，到 2016—2023年全面关注文物保护、传承、利用，既一脉相承又与时俱进。

2015 年 2 月 15 日，习近平总书记在陕西西安博物馆考察时强调，"要把凝结着中华民族传统文化的文物保护好、管理好，同时加强研究和利用，让历史说话，让文物说话，在传承祖先的成就和光荣、增强民族自尊和自信的同时，谨记历史的挫折和教训，以少走弯路、更好前进"④。2016 年 4 月，习近平总书

---

① 习近平. 建设中国特色中国风格中国气派的考古学，更好认识源远流长博大精深的中华文明 [EB/OL]. 求是，2020-11-30.

② 半条被子：1934 年 11 月，红军长征来到湖南汝城，驻扎在沙洲村一带。一个傍晚，北风夹着冷雨，寒气逼人。村民徐解秀看到，冰冷的雨水湿透了战士们的衣服，就让其中三个女红军睡到了自己屋里。但徐解秀家里一贫如洗。女红军看到简陋的床铺上只有一条烂棉絮与草蓑衣，连一条完整的被子都没有，就把她们身上唯一一条行军被打开来与徐解秀母子合盖。几天后，红军就要开拔了。三个红军姑娘决定把仅有的一条被子留下来给徐解秀家御寒，但徐解秀却怎么也不肯接受。最后，一个红军姑娘用剪刀把被子剪成两半，拿了一半送给她。徐解秀颤抖着双手接过这半条被子，泪水止不住地流了下来。（收藏于"半条被子的温暖"专题陈列馆）

③ 红色基因代代相传——让文物活起来 [EB/OL]. 中国青年网，2022-06-13.

④ 习近平文化思想——赓续中华文脉，习近平心系文化遗产保护传承 [EB/OL]. 光明网，2024-01-28.

记对文物工作做出重要批示，"文物承载灿烂文明，传承历史文化，维系民族精神，是老祖宗留给我们的宝贵遗产，是加强社会主义精神文明建设的深厚滋养。保护文物功在当代、利在千秋"①。

2017 年，中办、国办出台《关于实施革命文物保护利用工程（2018—2022年）的意见》《关于加强文物保护利用改革的若干意见》。2017 年 4 月 19 日，习近平总书记在广西北海市合浦县汉代文化博物馆考察时指出，"要让文物说话，让历史说话，让文化说话。要加强文物保护和利用，加强历史研究和传承，使中华优秀传统文化不断发扬光大"。从十八届中央政治局第十二次集体学习首次提出，到联合国教科文组织总部、十九届中央政治局第三十九次集体学习等场合多次阐述，从"让收藏在禁宫里的文物、陈列在广阔大地上的遗产、书写在古籍里的文字都活起来"，提升为"让文物真正活起来"，拓展到"让更多文物和文化遗产活起来"。新时代十年，"让文物活起来"已成为关于文物工作最鲜明的原创性思想。②

2019 年，中央编办批复国家文物局成立革命文物司。

2020 年 9 月 28 日，习近平总书记在主持中共十九届中央政治局第二十三次集体学习时提出，"要把历史文化遗产保护放在第一位，同时要合理利用，使其在提供公共文化服务、满足人民精神文化生活需求方面充分发挥作用"。2021 年11 月，中共十九届六中全会发布了《关于党的百年奋斗重大成就和历史经验的决议》指出，十八大以来，党实现了习近平新时代中国特色社会主义思想，在文化建设方面，强调必须推动中华优秀传统文化创造性转化、创新性发展，增强全社会文物保护意识，加大文化遗产保护力度③。

在党的十九大报告中，习近平总书记指出，"文化是一个国家、一个民族的灵魂。文化兴国运兴，文化强民族强。没有高度的文化自信，没有文化的繁荣兴盛，就没有中华民族的伟大复兴。要坚持中国特色社会主义文化发展道路，激发全民族文化创新创造活力，建设社会主义文化强国"④。党的十九大将"加强文物保护利用和文化遗产保护传承"作为坚定文化自信的一个部分写进报告

---

① 张毅，袁新文，张贺，等.保护好中华民族精神生生不息的根脉——习近平总书记关于加强历史文化遗产保护重要论述综述［EB/OL］.国家文物局，2022-03-20.
② 李群.准确把握和认真落实新时代文物工作方针——深入学习贯彻习近平总书记关于文物工作重要论述［EB/OL］.国家文物局，2023-01-05.
③ 新华社.中共中央关于党的百年奋斗重大成就和历史经验的决议（全文）［EB/OL］.中国政府网，2021-11-16.
④ 习近平.习近平谈治国理政（第 3 卷）［M］.北京：外文出版社，2020：32.

中，使之成为习近平新时代中国特色社会主义思想的组成部分。"十四五"时期是我国开启全面建设社会主义现代化国家新征程、向第二个百年奋斗目标进军的第一个五年，也是全面建设文化强国、文物保护利用的关键时期。新时代革命文物工作正处于乘势而上、大有可为的重要战略机遇期，2021年，《"十四五"文物保护和科技创新规划》印发，文物规划首次上升为国家级专项规划，全国革命文物工作会召开，革命文物保护利用持续走向深入。

2021年11月，习近平总书记主持召开中央全面深化改革委员会第二十二次会议，会上审议《关于让文物活起来、扩大中华文化国际影响力的实施意见》，指出要"提高文物研究阐释和展示传播水平，让文物真正活起来，成为加强社会主义精神文明建设的深厚滋养，成为扩大中华文化国际影响力的重要名片"[①]。同年，习近平总书记对革命文物工作做出重要指示，提出革命文物"是弘扬革命传统和革命文化、加强社会主义精神文明建设、激发爱国热情、振奋民族精神的生动教材"。

2022年2月，中共中央宣传部、文化和旅游部、国家文物局联合印发《关于学习贯彻习近平总书记重要讲话精神 全面加强历史文化遗产保护的通知》，要求深入学习习近平总书记在山西平遥古城的重要讲话精神，做好当前和今后一个时期的历史文化遗产保护工作。2022年5月27日，习近平总书记在主持中共中央政治局第三十九次集体学习时提出："文物和文化遗产承载着中华民族的基因和血脉，是不可再生、不可替代的中华优秀文明资源。""要积极推进文物保护利用和文化遗产保护传承，挖掘文物和文化遗产的多重价值，传播更多承载中华文化、中国精神的价值符号和文化产品。"2022年，中共中央办公厅、国务院办公厅印发《关于推进实施国家文化数字化战略的意见》，明确到"十四五"末期，基本建成文化数字化基础设施和服务平台，形成线上线下融合互动、立体覆盖文化服务供给体系。[②]

2023年5月16日，习近平总书记在山西运城博物馆考察时强调，"要认真贯彻落实党中央关于坚持保护第一、加强管理、挖掘价值、有效利用、让文物活起来的工作要求，全面提升文物保护利用和文化遗产保护传承水平"。党的二十大指出，"弘扬以伟大建党精神为源头的中国共产党人精神谱系，用好红色资源，深入开展社会主义核心价值观宣传教育，深化爱国主义、集体主义、社会

---

① 习近平. 携手共命运，一起向未来——在中国同中亚五国建交30周年视频峰会上的讲话 [N]. 人民日报，2022-01-26（02）.
② 文化数字化解读：让中华文化全景呈现，随处可见 [EB/OL]. 每日经济新闻，2022-05-26.

主义教育，有力培养担当民族复兴大任的时代新人"①。

2024 年政府工作报告首次提出了"加强文物系统性保护和合理利用"，体现了继承与发展的辩证统一。② 全国政协常委、文化和旅游部副部长、国家文物局局长李群说："文物系统性保护至少包括三个层次的内涵。一是统筹做好各级各类文物资源保护工作。二是整体保护文物本体和周边环境。三是强化文物和非物质文化遗产、文化和自然遗产协同保护。"谈到"合理利用"，李群表示："保护和利用，是文物工作必须处理好的一对关系。保护是利用的前提，要坚持保护第一。利用是保护成果的转化，要在确保文物安全的前提下，推动中华优秀传统文化创造性转化、创新性发展，激活其生命力"，"在这次全国两会上，全国人大常委会工作报告明确提出，2024 年要修改文物保护法"。李群强调，"国家文物局将全力配合文物保护法修改，积极参与历史文化遗产保护法和相关条例制定修订工作，有序推进长城、大运河、红色文化资源等法规建设，筑牢文物'应保尽保'法治屏障"③。

丰富的革命文物资源，是北京光荣革命传统的见证，反映了北京厚重的红色文化底蕴。北京市第十五届人民代表大会明确了 2022 年的重点工作：加强全国文化中心建设，促进首都文化繁荣发展，保护利用好北大红楼、香山革命纪念馆等红色文化资源，统筹大运河文化带、长城文化带、西山永定河文化带"三条文化带"建设，引导社会力量参与共建"博物馆之城"。《北京博物馆之城建设发展规划（2023—2035）》（征求意见稿）指出，到 2025 年，北京市博物馆总数量超过 260 座，实现每 10 万人拥有 1.2 座博物馆；到 2030 年，北京市博物馆总数量超过 360 座，实现每 10 万人拥有 1.6 座博物馆；到 2035 年，全域活态博物馆基本形成，各类博物馆（包括类博物馆文化空间）总数量超过 460 座，实现每 10 万人拥有 2 座博物馆。④

北京市实施革命文物集中连片保护，形成了首都红色文化弘扬传承的重点品牌。北京市不断完善红色资源保护利用体制机制，相继印发《关于加强革命历史类纪念设施、遗址和爱国主义教育基地工作的实施意见》《北京市关于推进

---

① 张宪义. 用好红色资源，让革命文物焕发时代光彩——让革命文物活起来的实践路径与思考 [EB/OL]. 文物之声，2023-08-04.

② 最新！国家文物局局长谈文物系统性保护：至少 3 层内涵！[EB/OL]. 文博圈，2024-03-10.

③ 最新！国家文物局局长谈文物系统性保护：至少 3 层内涵！[EB/OL]. 文博圈，2024-03-10.

④ 古都风韵彰显，三条文化带"点亮"北京城市文脉 [EB/OL]. 中国新闻网，2023-09-11.

革命文物保护利用工程（2018—2022年）的实施方案》和《北京市推进全国文化中心建设中长期规划（2019年—2035年）》等规范性文件，着力保护好、管理好、运用好红色资源，显著改善了革命文物保护状况。① 目前，已形成了以北大红楼及周边革命旧址为代表的建党文化资源，以卢沟桥和宛平城、中国人民抗日战争纪念馆为代表的抗战文化资源，以香山革命纪念地和香山革命纪念馆为代表的创建新中国文化资源三大红色片区，并推进了对原平西、平北等革命旧址的传承和保护工作，产生了极大的社会影响。

二、文化场域

革命文物，继承了中华优秀传统文化的精髓，是中国共产党在水深火热的抗战年代保家卫国、英雄无畏精神的凝聚呈现和记忆留存。革命文物珍贵的不仅是自身所承载着的悠久历史记忆，其深刻的意蕴内涵还包裹在由成千上万烈士英魂所构筑的红色文化精神之中。革命文物与其他文物不同之处在于，它蕴藏着党和人民深厚的家国情怀和红色信仰，汇聚着近代约半世纪之久革命征程的血肉拼搏和顽强无惧，天然具有重要的思想政治宣传和教育职能，在时时提醒人民对革命年代峥嵘岁月铭记的同时，也在新中国特色社会主义事业熠熠生辉的里程碑上刻下永垂不朽的红色印记。

革命文物有着强烈的红色文化宣教职能，是红色基因赓续传承最好的文化宝藏，是党指引人民不断奋进向上的精神涵养，也是代代相传红色文化精神的文化教育示范，为博物馆爱国主义教育提供了良好的素材。党的十八大以来，习近平总书记高度重视红色基因的传承，多次发表重要讲话、做出重要指示。习近平总书记指出，"红色江山来之不易，守好江山责任重大，要讲好党的故事、革命的故事、英雄的故事，把红色基因传承下去，确保红色江山后继有人、代代相传"②。新中国成立后，党中央通过多种途径、多方渠道的持续征集，越来越多流落在民间的红色文献、抗战用品等革命年代物品被珍藏于博物馆和纪念馆，成为馆藏革命文物。1950年，《中央人民政府政务院关于普遍征集革命文献实物的命令》中明确了"革命文物"的概念。迄今为止，全国登记的不可移动革命文物达3.6万处、国有馆藏可移动革命文物超过100万件（套）、全国革命博物馆纪念馆有1600余家。③ 革命文物资源激发爱国热情的独特价值持续彰

① 林绪武. 让革命文物活起来，让红色基因代代传 [EB/OL]. 光明网，2022-07-27.
② 陈翔. 赓续精神血脉，让红色基因薪火相传 [EB/OL]. 光明网，2023-07-07.
③ 革命文物保护利用"十四五"专项规划 [N]. 中国文物报，2022-01-04（003）.

显。另外，北京市目前拥有的市级及以上爱国主义教育基地已经达到 206 家。其中，全国爱国主义教育示范基地 42 家，红色文化类教育基地 60 余家，成为开展爱国主义教育和革命传统教育的重要阵地。①

2021 年 6 月 25 日下午，习近平总书记带领中央政治局同志来到北大红楼，参观"光辉伟业，红色序章——北大红楼与中国共产党早期北京革命活动主题展"，重温李大钊、陈独秀等开展革命活动、推动马克思主义在中国早期传播、酝酿和筹建中国共产党等革命历史。习近平总书记指出，"北大是新文化运动的中心和五四运动的策源地，最早在我国传播马克思主义思想，也是我们党在北京早期革命活动的历史见证地，在建党过程中具有重要地位。要加强红色资源保护和利用，尊重历史事实，准确评价历史，正确学史用史"②。2024 年 3 月 5 日，习近平总书记在十四届全国人大常委会第二次会议江苏代表团审议时叮嘱，"要把博物馆事业搞好，博物馆建设要更完善、更成体系，同时发挥好博物馆的教育功能"③。

革命文物是革命故事讲述的绝佳文本实物，是帮助当代青年弄懂弄通红色基因科学内涵的文化场域，也是真正把握党的百年奋斗史的主题和主线，是红色基因精神价值和时代价值的具象化呈现。青年既是红色基因传承教育的对象，也是红色基因传承实践的主力军，青年要做党的光荣传统和优良作风的接班人，就需要从数以万计的红色文物资源搭建的红色文化空间场域中汲取源源不断的能量，"红色资源是我们党艰辛而辉煌奋斗历程的见证，是最宝贵的精神财富"④。以革命文物为主体的红色文化资源是激励青年勇往直前的精神财富，是保障党和国家发展事业日益强韧的强心剂。红色是中国共产党、中华人民共和国最鲜亮的底色，在我国 960 多万平方公里的广袤大地上，红色资源星罗棋布，每一个历史事件、每一位革命英雄、每一种革命精神、每一件革命文物，都代表着我们党走过的光辉历程、取得的重大成就，展现了我们党的梦想和追求、情怀和担当、牺牲和奉献，汇聚成我们党的红色血脉。习近平总书记强调："要充分运用红色资源，深化党史学习教育，赓续红色血脉。"⑤ 习近平总书记多次亲赴各地，从党的一大会址到党的各个重要革命根据地，从土地革命、抗日战

① 林绪武. 让革命文物活起来，让红色基因代代传 [EB/OL]. 光明网，2022-07-27.
② 习近平：用好红色资源赓续红色血脉 [EB/OL]. 新华网，2021-06-26.
③ 牢记总书记叮嘱！"要把博物馆事业搞好。博物馆建设要更完善、更成体系，同时发挥好博物馆的教育功能" [EB/OL]. 博物馆圈，2024-03-07.
④ "把红色基因传承好，确保红色江山永不变色" [EB/OL]. 新民晚报，2023-10-02.
⑤ 谢语前，高阳，冯梦瑄. 智能技术赋能革命文物创新传播 [J]. 今传媒，2023（11）.

争、解放战争纪念地到社会主义革命和建设、改革开放重要纪念场所等，重温那一段段峥嵘岁月，回顾党一路走过的艰难历程，为全党全社会讲授用好红色资源的"公开课"。

革命文物活化利用与红色旅游高质量发展正不断融合。坚持以文塑旅、以旅彰文，推进文化和旅游深度融合发展，推进红色旅游教育宣传、文化内涵挖掘、服务水平提升，并将革命历史、革命传统和革命精神通过红旅项目传递给民众，特别是传递给作为祖国接班人的青少年和青年群体。2022年9月，"进京赶考之路"革命文物主题游径推出，香山革命纪念馆调研小组围绕香山革命旧址和天安门地区两个片区中心进行延伸拓展①，整合京津冀沿线的红色文化资源，联合探索跨省市连片保护工作机制，重点开发"清华园车站——颐和园景福阁、益寿堂——香山革命旧址——香山革命纪念馆"红色文化精品游径，盘活区域静止的红色资源②。文物主题游径是以不可移动文物为主干，以特定主题为主线，有机关联、串珠成链，集中展示专题历史文化的文化遗产旅游线路。2023年5月，根据中共中央办公厅、国务院办公厅《关于加强文物保护利用改革的若干意见》《关于让文物活起来扩大中华文化国际影响力的意见》和"十四五"有关规划部署，国家文物局、文化和旅游部、国家发展改革委颁布《关于开展中国文物主题游径建设工作的通知》，具体包括：中国文物主题游径、区域性文物主题游径和县域文物主题游径。开发文物主题游径与开展游径系统建设，是适应新时代盘活文物资源的要求，既有助于保护发展文化遗产，又满足社会公众对文物旅游的新期待、新需求。此外，2023年第四个季度，国家文物局印发《关于进一步规范革命旧址和纪念场馆讲解服务、缅怀纪念活动的通知》，旨在进一步规范革命文物保护利用，也相应地对于红色旅游持续升温过程中浮现的一些娱乐化、布展粗糙、解说变戏说等问题给予了高度的重视和规正。

此外，红色影视在媒体介质中所呈现的红色文化景观也时时扣动着人们的心灵的房门。21世纪以来，电影《建国大业》《建军大业》《建党伟业》《可爱的中国》《辛亥革命》《百团大战》《血战湘江》《红星照耀中国》《古田军号》等作品，在用宏大辽阔的历史笔触描摹革命事件的同时，也以细腻的艺术刻画再现领袖人物的卓越风采，通过民族历史记忆与个体情感记忆相结合的方式进行影像表述，建构新的红色文化记忆和电影精神。

---

① 北京为红色资源摸家底，推出"进京赶考之路"革命文物主题游径 [EB/OL]. 北京日报客户端，2022-09-23.
② 庆"七一"：走近革命文物，传承红色基因 [EB/OL]. 上观，2023-07-02.

　　《觉醒年代》《亮剑》《跨过鸭绿江》《大浪淘沙》《隐秘而伟大》《战长沙》等一系列主旋律电视剧，引领荧幕前的观众回到那个战火喧嚣的革命年代，从一个革命故事的点滴细节之处了解体会中国共产党带领人民走向解放和光明的峥嵘历程和艰辛岁月。《觉醒年代》以 1915 年《青年杂志》问世到 1921 年《新青年》成为中国共产党机关刊物为贯穿线索，展现了从新文化运动到中国共产党建立的这段波澜壮阔的历史画卷，全剧以李大钊、陈独秀、胡适的相识相知到走上不同人生道路的传奇故事为主体叙事线，以毛泽东、陈延年、陈乔年、邓中夏、赵世炎等革命青年追求真理的坎坷经历为辅助线条，艺术性再现了一批名冠中华的文化大师和一群理想飞扬的热血青年的光荣英雄形象，澎湃而又细腻地演绎出一段充满激情、燃烧理想的光辉岁月。2021 年，电视剧《觉醒年代》播出后，北大红楼、李大钊故居、《新青年》编辑部旧址、北京鲁迅博物馆等迅速"出圈"①，这成为北京革命文物及纪念地因优秀文艺作品而"走红"的经典案例。

图 2-2-1　北京大学红楼内部展陈革命历史题材电视剧《觉醒年代》②

　　另外，近几年播出的红色动漫（如《长征先锋》《精忠报国》《领风者》《可爱的中国》等）、红色题材游戏（如《冲锋吧！红军》《亮剑之我的独立团》《前进之路》等）让红色文化更富魅力，红色文化寓教于乐，也更加符合青年的学习观赏需求，营造观众日用而不觉的学习熏陶氛围。

---

①　林绪武. 让革命文物活起来，让红色基因代代传［EB/OL］. 光明网，2022-07-27.
②　图片来源于课题组赴北大红楼参观时的自摄，摄于 2023 年 12 月 26 日。

三、技术赋能

随着数字媒体技术和智能科技的快速迭代，人类社会已然进入智能融媒体社会，VR/AR/MR、全息投影、大数据、3D 打印、算法、人工智能（AI）等林林总总的数智技术已经无缝嵌入人们的日常生活。2023 年，马斯克的"缸中之脑"对意识上传、新生重启给予了新一轮的技术支持，社交聊天机器人 ChatGPT 的问世让信息检索分析更加迅猛便捷，2024 年初相继推出面市的 Vision Pro、OpenAI Sora 使视像 3D 空间场景、混合现实生成所带来的沉浸互动体验更加具有原真性和未来感，各种智能产品正乘载着滚滚翻腾的 AI 巨浪向我们迅速袭来。进入新发展阶段，数字化技术的发展也让革命文物重新焕发出适应新时代的新活力。在《让文物活起来》《"十四五"文物保护和科技创新规划》等政策的支持下，人机互动、红外线体感交互、多屏互动、VR 直播等多媒体技术正日益向红色文化场域连接渗透，红色文化传播也迎来创造性转化、创新性发展的新契机。

2023 年 3 月，国家文物局印发《革命文物主题陈列展览导则（试行）》，明确要求革命文物主题陈列展览必须提升代入感、沉浸感、真实感，增强表现力、传播力、影响力。2024 年，"深入推进国家文化数字化战略"首次被列入政府工作报告，推进文化数字化建设是数字中国建设中至关重要的一环。数字化推动了新空间、新场景、新业态的不断涌现，在文化传承与保护、文化产业发展、文化资源共享、数字文化创新等方面发挥着巨大作用。要加大对革命文物保护利用的宣传推广，充分利用互联网和数字化手段，全景式、立体式、延伸式、全方位传播红色文化，弘扬革命精神，通过微展览、微党课、微访谈、微视频和微信二维码语音导览系统平台，增强学习氛围，努力把革命文物点建设成为文化殿堂、生态景区和精神家园①。大数据通过算法，也可根据用户检索关键词以及历次浏览记录，分析用户心理、年龄和行为习惯，从"人物访谈""情景再现""跨时空对话"等类别中选取适合的内容进行相应的推送。北京大学红楼微信公众号门票购买链接处形成"预约矩阵"，除了红楼门票预约之外，还可以清晰便捷地预约东城区、西城区、朝阳区、海淀区的红色地标景点，如：北大二院旧址、《新青年》编辑部、中山公园来今雨轩、中法大学旧址、蒙藏学校旧址、北京李大钊故居、京报馆旧址、陶然亭公园慈悲庵、马骏烈士墓、北京市万安公墓等等。

---

① 保护革命文物，传承红色基因［EB/OL］. 国家文物局，2019-06-05.

近年来，随着消费需求不断升级，线下文博展览形式也在多媒体技术支撑下迎来一波创新发展浪潮。持续推进革命文物数字化展示传播，建设革命纪念馆红色基因传承云平台，研发服务党史学习教育、"四史"宣传教育、思想政治教育和青少年教育的革命文物数字资源包，推出革命文物云展览、云直播，制播革命文物主题纪录片、微视频。① 特别在 2020 年前后新冠疫情期间，云展、直播等新业态的兴起激活了线上收视观映的新机遇，各大博物馆、纪念馆纷纷结合 VR、直播等数字化技术积极推动实体展览登陆线上。人工智能技术在文化传播中起到了积极的促进作用②，特别在构建非物质文化遗产视频网络、中国故事智能化叙事模式上有着越来越多的作用力。北京大学红楼其中一个展厅搭建了红楼整体的全息影像，将建筑结构和风格进行立体化的呈现，同样也运用了全息影像技术生动地再现了五四运动之时北京大学等 13 所大中专学校的 3000 余名学生不畏强暴、示威游行的澎湃爱国场景。

图 2-2-2　北京大学红楼内部展示的五四运动全息影像③

另外，北大红楼还通过数字触屏的方式全面展示《新青年》往期卷刊中的经典文章，如李大钊的《青春》《庶民的胜利》《我的马克思主义观》、鲁迅的《狂人日记》《药》《故乡》《孔乙己》、陈独秀的《吾人最后之觉悟》《敬告青年》《文学革命论》、胡适的《文学改良刍议》《建设的文学革命论》、毛泽东的《体育之研究》等等。

---

① 革命文物保护利用"十四五"专项规划［N］.中国文物报，2022-01-04（003）.

② 庄文杰，童名文.智能视域下非物质文化遗产视频资源的传播策略［J］.华中师范大学学报（人文社会科学版），2021，60（4）：93-106.

③ 图片来源于课题组赴北大红楼参观时的自摄，摄于 2023 年 12 月 26 日。

图 2-2-3　北京大学红楼内部展陈的《新青年》数字互动触屏①

除此之外，线下场域的数字红色文化实景演绎也在如火如荼地展开。红色舞台剧《重庆 1949》采用了 360 度旋转的观众席，时而穿过狭窄的街巷，时而面对汹涌的嘉陵江……舞台空间的旋转交错、舞美布景的恢弘蓬勃，多媒体动态全景音画营造庄严震撼的视效景观。浙江省鄞州区整合区内红色资源，制作了三维全景地图、数字 VR 场馆，用户可以通过佩戴 VR 眼镜 360 度沉浸式参观政治生活馆 6S 厅，足不出户即可沉浸式感知红色文化的浸润。武汉革命博物馆依托武昌农讲所、毛泽东旧居、中共"五大"会址、起义门四处全国重点文物保护单位，开发了情景党课《历史的回望》，通过实景表演的形式，让观众深度参与到历史场景中，博物馆还开发了《请回答 1927》实景互动手游，将红色故事封装在手机中，让观众根据系统提示在展馆内解锁剧情，探秘破案，寓教于乐②。科技创新浪潮不断带动的滚滚波涛中，红色文化传播形式不断革新，红色革命精神薪火相传，百年初心历久弥坚，在新时代仍然焕发出全新的蓬勃朝气。

四、受众感知

革命文物承载的革命精神，需要与现在时空中的具体生活形成形式或情感上的联系，才能够保持其生命力③。革命文物的传播，要将历史往昔与受众现今的心理状态连接到一起，让文物在个体意识与历史互动中发挥激励心灵的作用。

①　图片来源于课题组赴北大红楼参观时的自摄，摄于 2023 年 12 月 26 日。
②　王蕾. 融"博"之道：博物馆情景化的理念、实践与未来［M］. 北京：光明日报出版社，2021：95.
③　扬·阿斯曼. 文化记忆：早期高级文化中的文字、回忆和政治身份［M］. 金寿福，黄晓晨，译. 北京：北京大学出版社，2015：6-37.

　　红色博物馆对革命文物进行良好的价值阐释和故事讲述，以此有效地引领观众的感知体验和文化消费。北京作为红色文化资源的重要聚集地和传承地，留下了很多弥足珍贵的革命史料和红色印记。红色博物馆不仅是简单地印证历史，透过一座座红馆和其中的一件件真实的红色文物，让观众能看到红色历史事件发生时的场景，有着强烈的历史现场感，能使民众更加深刻地领悟到这段历史所蕴含的精神力量。① 年轻人进入红色博物馆，学习了解党史国史军史上的重要会议、重大事件、重大战役、重要人物，不仅是一种"亲历"，更是一种触摸、一种对话、一种交融，必定会增强教育的感染力和实效性。今天，红色博物馆正在成为一些城市的红色名片。很多人愿意为了一座红色博物馆赴一座城。

　　2021 年 12 月 9 日是"一二·九"运动 86 周年纪念日，由市委宣传部、市委党史研究室、市文化和旅游局、市测绘设计研究院联合出品的北京红色旅游地图首次正式发布。地图梳理出了北京 268 个红色文旅目的地，设计了 9 条主题游览线路，为人们在京探访学习提供了权威、全面的参考，地图背面印制了 9 条北京红色旅游精品线路。它们按照不同主题、地理空间分布、历史事件等进行组合，包括 2021 年大热的"觉醒年代"主题线路②。一些红色博物馆针对不同群体、不同受众开展分众化、特色化教育，增强革命文物主题展览的思想性、知识性和趣味性，做到见人见物见精神，不断提高陈列展览的教育质效。

　　其次，大多自小就受到爱国主义"大思政"文化教育洗礼的现代青年，在面对网络化社会纷繁复杂信息拥簇之时，会自觉自愿地产生"回溯过去，不忘初心"的红色文化情怀，以此提升情操、净化心灵。2022 年 11 月，北京市文化和旅游局正式公布了 2022 年北京市红色旅游景区（点）名单，共有 102 家景区（点）通过评定和复核，分布在北京 16 个区③，其中东城区 13 家，西城区 10 家，朝阳区 12 家，海淀区 12 家，丰台区 6 家，石景山区 4 家，门头沟区 9 家，房山区 17 家，通州区 3 家，顺义区 2 家，大兴区 8 家，昌平区 4 家，平谷区 5 家，怀柔区 7 家，密云区 5 家，延庆区 3 家④。近年来，北京市文化和旅游局持续推广红色资源和旅游线路，红色旅游景区已成为游客和市民出游的热门选择。2021 年"五一"期间，全市红色旅游景区游览人数达到 198.7 万人次，预计暑

---

① 展陈"上新"！来听博物馆里的红色故事［EB/OL］. 人民政协网，2023-05-18.

② 北京红色旅游地图推荐 9 条精品线路［EB/OL］. 北京市人民政府网，2021-12-10.

③ 收藏！北京最新红色旅游景区景点名单！寒假正好带孩子逛［EB/OL］. 光明网，2023-01-29.

④ 重温红色印记，共庆建党百年：北京经典红色旅游景区推荐［EB/OL］. 北京市人民政府网，2021-06-22.

期和"十一"将会迎来新的热潮①。2023 年 7 月 1 日一早，就有游客等候在北大红楼门外，等待进场参观刚开幕的"信仰的力量——雨花英烈事迹与精神"巡展，不仅在北京，各地民众均在"七一"节当天纷纷自发走进博物馆、纪念馆，重温红色历史，迎接中国共产党成立 102 周年②。媒体平台的优质红色影像对观众红色精神的刺激和唤醒也有很大程度的助推作用。《香山叶正红》的热播更是吸引了大批观众来到香山脚下的香山革命纪念馆，通过进京"赶考"的吉普车、渡江战役中的小木船、开国大典上威武的礼炮看见历史、净化心灵。中国传媒大学举办红色文物"青年说"系列活动，以微纪录片、短视频的时新方式，由高校青年讲解一件件珍贵的红色文物，向观众展露和剖析文物背后的感人故事，以青年自身的红色文化叙事参与来彰显革命文物红色基因的赓续传承。

①　重温红色印记，共庆建党百年：北京经典红色旅游景区推荐 [EB/OL]. 北京市人民政府网，2021-06-22.
②　庆"七一"：走近革命文物，传承红色基因 [EB/OL]. 上观，2023-07-02.

第三章

革命文物的空间图景和多元映像

第一节　不可移动文物篇

不可移动文物包括古文化遗址、古墓葬、古建筑、石窟寺、石刻、壁画、近代现代重要史迹和代表性建筑等。① 据统计，全国现有不可移动革命文物 3.6 万多处②，北京现有不可移动革命文物 158 处③。其中，主要包括重要机构、重要会议旧址；重要人物故居、旧居、活动地或墓地；重要事件和重大战斗遗址、遗迹；具有重要影响的烈士事迹发生地或烈士墓地；近代以来兴建的涉及旧民主主义革命、新民主主义革命和社会主义革命的纪念碑（塔、堂）等纪念建（构）筑物。④

北京市通过实施革命文物集中连片保护，形成了中国共产党早期北京革命活动、抗日战争、建立新中国三大红色文化主题片区。不同于其他类型的文物，革命文物大多与近现代史的重要历史人物、重大历史活动等密切相关，只有形成集中连片的分布格局才能呈现出重要历史事件发生发展的整体面貌⑤。因此，北京市不断完善红色资源保护利用体制机制，相继印发《北京市关于推进革命文物保护利用工程（2018—2022 年）的实施方案》《北京市推进全国文化中心建设中长期规划（2019 年—2035 年）》等规范性文件，确立了"推进革命文物集中连片主题保护"的目标。具体而言，三大片区包括以北大红楼为中心的中

---

① 中华人民共和国文物保护法 [EB/OL]. 中国政府网，2005-07-12.
② 新时代新作为：革命文物工作取得重要进展 [EB/OL]. 国家文物局，2023-03-31.
③ 林绪武. 让革命文物活起来 让红色基因代代传 [EB/OL]. 光明网，2022-07-27.
④ 国家文物局关于印发《革命旧址保护利用导则（试行）》的通知 [EB/OL]. 国家文物局，2019-01-15.
⑤ 古都北京的红色地标 [EB/OL]. 人民网，2021-07-17.

国共产党早期北京革命活动主题片区，以卢沟桥、宛平城为中心的抗日战争主题片区，以双清别墅、天安门为中心的建立新中国主题片区。

一、觉醒年代，始于初心：中国共产党早期北京革命活动主题片区

（一）新文化运动的摇篮：北大红楼

北京大学红楼又名北京新文化运动纪念馆，依托北京大学原红楼建立，位于北京市东城区五四大街29号，是全国唯一一家全面展示五四新文化运动历史的综合性纪念馆。之所以称之为"北大红楼"，既因其外观颜色，又因其所承载的文化内涵：一是从建筑外观看，因其大体由红砖砌筑，又因其曾是北京大学所在地，故被称为"北大红楼"。20世纪早期的北京少有高大的西式建筑，红楼的建成使其"傲视一方"，成为当时最具现代气息的建筑。二是因其承载的红色文化底蕴。当初设计者或许没想到，北大红楼的主色调——红色将成为中国革命的象征。这里是新文化运动的主阵地、五四运动策源地，这里是马克思主义早期在中国的主要传播地、中国共产党的重要孕育地、北京第一个中共党组织诞生地。李大钊、陈独秀、毛泽东等人都曾在这里留下了探寻救国救民真理的不朽足迹。

图 3-1-1 北京大学红楼①

2002年4月，北大红楼成为北京新文化运动纪念馆，并正式对外开放。同年12月，红楼被命名为北京市爱国主义教育基地。现阶段，北京新文化运动纪念馆陈列分为"辛亥革命后的中国社会""新文化运动的兴起""五四运动与新文化运动的深入"三大主题区域，展出90多幅图片和60多件文物。此外，还

---

① 图片源于课题组自摄，摄于2023年10月15日。

用沙盘模型复原了 1918 年以后的北京大学、《新青年》编辑部，原址复原了李大钊办公室、毛泽东工作过的阅览室以及学生教室等地方，完整展现了红楼的历史原貌①。

（二）新思想的传播者：《新青年》编辑部旧址

北京东城区北池子箭杆胡同 9 号院（现为 19 号）既是陈独秀旧居，也是《新青年》编辑部旧址。1917 年，陈独秀被聘为北京大学文科学长后，为继续主持《新青年》编辑部工作，把编辑部从上海迁到北京这所普通的民宅院落。正是在这个略显陈旧的四合院里，发出了中国现代思想启蒙之声。李大钊、鲁迅、钱玄同、刘半农、胡适、沈尹默、高一涵等都是编辑部成员和主要撰稿人。这里不仅是新文化运动的重要阵地之一，还是马克思主义在中国早期传播的关键场所。对于中国共产党的创建和大革命的兴起，它起到了举足轻重的作用，功绩卓著，影响深远②。

《新青年》编辑部旧址为一进院四合院北房三间，2001 年被公布为北京市第六批市级文物保护单位，2015 年 9 月完成腾退修缮。目前，旧居北房和南房分别推出"历史上的《新青年》"和"陈独秀在北京"两个专题展，集中展示《新青年》的历史地位和重要作用，以及陈独秀的基本生平和在京期间的主要活动与历史作用。展览小而全、专而精，再现了"马克思主义在中国的早期传播"这一伟大的历史进程。③

图 3-1-2 　《新青年》编辑部旧址④

① 孙希磊，张守连，肖建杰. 北京红色地标［M］. 1 版. 北京：北京出版社，2020：3-21.
② 孙希磊，张守连，肖建杰. 北京红色地标［M］. 1 版. 北京：北京出版社，2020：9-11.
③《新青年》编辑部旧址（陈独秀旧居）［EB/OL］. 北京市人民政府网，2024-02-13.
④ 图片源于课题组自摄，摄于 2024 年 3 月 9 日。

（三）"庶民的胜利"：中山公园来今雨轩

"来今雨轩"茶社革命旧址建于 1915 年，"来今雨"一名取自唐代著名诗人杜甫《秋述》小序，意喻新旧朋友来此欢聚，对盏者都是不计地位名势的真友。这里是少年中国学会、文学研究会的重要活动场所，以李大钊、毛泽东、邓中夏为代表的一大批先进知识分子常聚于此。1918 年 11 月，为了广泛宣传马克思主义思想，李大钊在来今雨轩发表了著名的演说《庶民的胜利》，穿越 100 多年的风雨沧桑，那句"民主主义的战胜就是庶民的胜利"至今仍振聋发聩。受到五四运动思潮的影响，一些进步青年渴望通过文艺来表达自己的政治和人生理想，文学研究会应运而生。1921 年 1 月 4 日，郑振铎等二十一人在来今雨轩集会，宣布成立文学研究会。朱自清、老舍、李健吾等一大批活跃在中国现代文坛的巨匠先后加入，他们通过翻译外国文学，整理旧文学，创造新文学，对五四新文学的发展起了巨大促进作用。

2021 年 6 月 1 日，来今雨轩作为中国共产党早期北京革命活动的重要场所之一正式对外开放，现设有"少年中国学会"和"文学研究会"两个专题展览。为提高游客的观展体验，茶社内分别设置了京味文化、红色文化特色体验区。让游客在阅读休憩品尝茶点的同时，可以沉浸式体验中国早期进步人士宣传马克思主义思想的活动场景。①

图 3-1-3　"来今雨轩"茶社革命旧址②

---

① 【三大红色文化主题片区中的珍贵记忆】最难风雨故人来之来今雨轩红色印记［EB/OL］．澎湃政务，2022-04-03.
② 图片源于课题组自摄，摄于 2024 年 3 月 12 日。

（四）第一个少数民族党支部：蒙藏学校旧址

蒙藏学校旧址位于北京西城区小石虎胡同 33 号，共产主义在少数民族中的传播，就是从这里开始的。在 20 世纪初北洋政府时期，蒙藏学校有着中国共产党建立的第一个少数民族党支部。1923 年秋，李大钊陆续派邓中夏、赵世炎、黄日葵、朱务善、刘伯庄等人到蒙藏学校开展革命工作，部分学生加入社会主义青年团。1924 年部分团员加入中国共产党，这是历史上第一批蒙古族党员。之后，组建中共蒙藏学校支部，成为中国共产党第一个少数民族党支部。党支部成立后，很快就成了当时内蒙古革命的指挥中心。1925 年年初，乌兰夫、多松年、奎璧 3 个刚入党不久的蒙古族青年，在条件极为困难的情况下，办起内蒙古的第一个革命刊物《蒙古农民》。在《蒙古农民》的鼓舞和引导下，归绥各族人民开展了声援五卅惨案的反帝运动，相继成立内蒙古人民革命党和内蒙古农工兵大同盟，还发动了震惊全国的规模空前的"孤魂滩事件"①。

2001 年，此处被公布为北京市文物保护单位。2006 年，被公布为全国重点文物保护单位。2023 年修缮开放后，推出一个主题展、一个专题展和中华民族优秀文化体验区，共展出 420 余张照片，280 余件实物、档案。"中华一脉 同心筑梦——中国共产党民族工作光辉历程和伟大成就主题展"，讲述的是中国共产党百年民族工作的光辉历程和取得的伟大成就；"蒙藏学校旧址专题展"，主要是介绍蒙藏学校旧址的历史沿革以及进步青年在蒙藏学校开展革命活动的情况；中华民族优秀文化体验区，展现了音乐、文化、舞蹈等相关体验的 8 个片区③。

图 3-1-4　李大钊故居②

（五）新革命的先驱者：李大钊故居

李大钊故居位于北京市西城区新文化街文华胡同 24 号（原石驸马大街后宅胡同 35 号）。李大钊在北京工作、生活了 10 年，这里是他从 1920 年春至 1924 年 1 月的居住地，因李大钊一家在此居住的时间最长，北京市政府便将此处

---

① 中共北京市委宣传部. 北京红色遗存 [M]. 1 版. 北京：北京出版社，2020：45-48.
② 图片源于课题组自摄，摄于 2024 年 3 月 14 日.
③ 北京市文化和旅游局. 市文旅局推出 16 条"漫步北京·五一假期七彩缤纷游"线路 [EB/OL]. 北京市人民政府网，2023-04-27.

82

定为李大钊故居，并列为爱国主义教育基地。在这里，李大钊传播马克思主义、创建中国共产党、领导北方工人运动、促成第一次国共合作；在这里，李大钊主持过建党的会议，明确提出党的名称应该是中国共产党，并接待过文化名人、各界志士、青年学生；在这里，李大钊撰写的文章涉及历史学、法学、政治学、教育学、伦理学以及图书馆建设等内容，文字总量达 33 万多字①，为中国现代思想文化做出了开创性贡献。2007 年 5 月 8 日，北京李大钊故居正式对外开放，为社会提供了一个接受爱国主义教育和开展党、团活动的场所。

（六）"铁肩辣手"：京报馆旧址（邵飘萍故居）

京报馆旧址位于北京市西城区魏染胡同 30 号，是近代新闻工作者邵飘萍②1920 年后在北京的住所。《京报》是北洋政府时期在北京出版的进步报纸，由邵飘萍于 1918 年创办，1920 年 9 月迁至现址。北京的共产党早期组织成立后，一直关注着这位热诚传播马列主义和介绍俄国十月革命经验的报人，同他保持着密切联系。邵飘萍借助记者的特殊身份，从北洋政府、东交民巷外交团、路透社、电讯社等方面，为中共获取大量重要信息。《京报》也成为中国共产党的宣传舆论阵地。1926 年三一八惨案③发生，他闻讯拍案而起，他白天外出采访，夜间挥笔疾书，双眼布满血丝却毫无倦态，接连 4 天撰文 4 篇，向反动当局进行血的控诉。《京报》在 12 天内刊登各种消息、评论、通电等 120 余篇④。这些怒不可遏的声讨、催人泪下的控诉，在社会上引起强烈反响。然而，反动当局更加疯狂地迫害革命者，将邵飘萍列入通缉名单进行抓捕，并未按法律程序公开审理，便以"勾结赤俄，宣传赤化"罪名秘密判其死刑。邵飘萍临刑前，他

---

① 孙希磊，张守连，肖建杰. 北京红色地标［M］. 1 版. 北京：北京出版社，2020：42-54.
② 邵飘萍（1886 年 10 月 11 日—1926 年 4 月 26 日），男，浙江省金华市东阳人，革命志士，民国时期著名报人、《京报》创办者、新闻摄影家。邵飘萍是中国传播马列主义、介绍俄国十月革命的先驱者之一，杰出的无产阶级新闻战士，中国新闻理论的开拓者、奠基人，被后人誉为"新闻全才""乱世飘萍""一代报人""铁肩辣手，快笔如刀"等。
③ 三一八惨案指 1926 年 3 月 18 日段祺瑞执政府屠杀人民群众造成的惨案。1926 年 3 月，在冯玉祥的国民军和张作霖的奉军交战期间，12 日，日本派遣军舰掩护奉军舰队进逼天津大沽口，炮击国民军阵地，被国民军击退。16 日，日本联合英、美等八国援引《辛丑条约》，向段祺瑞执政府发出要求撤除大沽口防务的最后通牒。"大沽口事件"发生后，在中共北方区委和国民党北京执委会领导下，北京学生 5 000 余人在李大钊等率领下于 18 日在天安门集会，通过拒绝八国最后通牒、驱逐帝国主义公使、立即撤退驻天津的外国军舰、组织北京市民反帝大同盟等决议。会后，群众举行游行请愿，在执政府门前遭段祺瑞卫队的屠杀，死 47 人，伤 199 人。次日，执政府下令查封国民党市党部和中俄大学，通缉李大钊、徐谦等 50 人。
④ 中共北京市委宣传部. 北京红色遗存［M］. 1 版. 北京：北京出版社，2020：57-59.

向监刑官拱手说："诸位免送!"然后面向天空,哈哈大笑,从容就义,年仅40岁。

　　1984年5月,京报馆旧址被公布为北京市文物保护单位。2019年中国共产党百年华诞之际,作为北京报业博物馆和邵飘萍故居面向公众开放。走进京报馆旧址大门,"铁肩辣手"四个醒目的大字随即映入眼帘,向参观者讲述着邵飘萍一生的信念和实践。馆内设有"京报与京报馆""百年红色报刊""邵飘萍生平事迹"等专题展,都是党史的重要见证。

图 3-1-5　京报馆旧址①

图 3-1-6　京报馆旧址②

二、北方红星长辛店:抗日战争主题片区③

（一）留法勤工俭学的摇篮:长辛店留法勤工俭学预备班旧址

　　长辛店留法勤工俭学预备班旧址建于1918年,是北京早期工人运动的重要史迹。五四运动前后,一批中国青年为学习西方科学知识,赴法国等国家进行半工半读。1912—1916年,蔡元培等人相继发起留法勤工俭学运动、组织成立华法教育会,分别在北京、上海、保定等地设立了留法勤工俭学预备学校或预备班,面向全国招生,长辛店留法勤工俭学预备班便是其中之一。留法勤工俭

---

①　图片源于课题组自摄,摄于2024年3月14日。

②　图片源于课题组自摄,摄于2024年3月14日。

③　北京日报.重走"觉醒年代"革命之旅!北京红色旅游地图推荐9条精品线路［EB/OL］.京报网,2021-12-10.

学预备班共设有铸造、机械、钳工3个班，当年暑假后有100多人入学。① 预备班实行半工半读，学员着重学习法文，同时也经受劳动锻炼，了解工人们的生活状况。在学员学习期间，毛泽东曾两次来长辛店了解学员们的生活、学习情况。1919年冬，这批学员毕业后赴法留学，他们中有许多人先后走上了革命道路。

1984年，长辛店留法勤工俭学预备班旧址被列为第三批北京市文物保护单位。目前，这座小楼的二层已被改造为展览室，陈列有关当年留法勤工俭学预备班的部分文物、图片，以及一些老同志撰写的回忆文章。展览分为三个部分：第一部分是留法勤工俭学历史，介绍留法勤工俭学的背景及长辛店留法勤工俭学预备班；第二部分是缅怀先辈，介绍1918—1919年留法人员的情况，重点介绍老一辈革命家何长工的事迹；第三部分是古镇掠影，介绍了长辛店作为一座历史悠久的古镇所拥有的历史文脉和红色文化遗址、遗迹。

图3-1-7 长辛店留法勤工俭学预备班旧址②

（二）二七大罢工的纪念地：长辛店二七纪念馆

长辛店二七纪念馆总占地面积约6600平方米③，建于1983年，1987年2月7日对外开放。1923年2月4日，京汉铁路工人在中国共产党的领导下，"发动为争自由而战，为争人权而战的全线大罢工"，称为京汉铁路工人大罢工，在中

---

① 孙希磊，张守连，肖建杰. 北京红色地标 ［M］. 1版. 北京：北京出版社，2020：22-41.
② 图片源于课题组自摄，摄于2024年3月9日。
③ 孙希磊，张守连，肖建杰. 北京红色地标 ［M］. 1版. 北京：北京出版社，2020：22-41.

国革命和工人运动历史上书写了可歌可泣的壮丽篇章。纪念馆正是为纪念长辛店铁路工人这一壮举而兴建的，它与郑州二七纪念馆、武汉二七纪念馆相互映衬而形成体系。

长辛店二七纪念馆设有 8 个展室，共分六大主题（"苦难的岁月""五四时期的长辛店""在党的领导下组织起来""八月罢工""二七大罢工""继承和发扬二七革命精神"），以史料、文物、图片和油画陈列、展示为主。展品共计440 余件，主要有清光绪三十一年（1905）黄河铁路桥竣工纪念碑，京汉铁路通车后长辛店火车站的大钟、路权表、巡视记录器，1921 年收会费的布口袋，罢工时拉响的汽笛，京汉铁路总工会和长辛店工人俱乐部证章，罢工斗争时纠察队队员用的斧子和大锤把，被捕工人在保定监狱戴的手铐、脚镣以及 1947 年"饿工"斗争时敲的大钟等。

图 3-1-8　长辛店二七纪念馆①

（三）全民族抗战的起点：卢沟桥、宛平城

卢沟桥位于北京市丰台区永定河上，始建于金大定二十九年（1189），是华北地区现存最古老最长的一座十一孔联拱石桥。位于北京卢沟桥畔的宛平城是中国保存完好的 4 个"袖珍古城"之一，始建于明崇祯十三年（1640），名为"拱极城"，历经 300 余年的风雨沧桑②。1931 年九一八事变后，随着日本侵华步伐的加快，华北及平津的形势日益严峻，北平城陷入日本军队三面包围之中，

---

① 图片源于课题组自摄，摄于 2024 年 3 月 9 日。

② 孙希磊、张守连、肖建杰. 北京红色地标［M］. 1 版. 北京：北京出版社，2020：57-76.

只有北平城南面仍在中国军队的控制下。因此，地处北平城南咽喉要道的卢沟桥与宛平城的战略地位尤为重要，成为保卫北平的桥头堡。

1961 年，卢沟桥与宛平城一并被列为首批全国重点文物保护单位，之后分别于 2006 年和 2005 年被评为国家红色旅游经典景区。卢沟桥有雕刻精美的大小石狮共 501 个①。石狮的神态举止不尽相同，雕刻精细，毛发生动，体形魁梧。据悉，最早的石狮子源于金朝时期，身形较为瘦长，元朝时期，狮子的整体比例较为结实宽大；明清时期的石狮数量更多，更加注重狮子动作生动的体现，还能看到小狮子匍匐在大狮子脚下仰头咬铃铛的鲜活姿态。

桥东西均有汉白玉石碑，东面有清乾隆御笔的"卢沟晓月"碑，上面铭刻着石碑的由来，并细致地对石碑的整体比例和细节样式进行说明，"此碑为乾隆御笔'卢沟晓月'碑，背面乾隆阴刻作《卢沟晓月诗》。碑（加莲花座）高四点五二米，宽一点二七米，厚零点八四米。下方须弥座雕满纹饰，碑心两侧及四边均浮雕龙纹图案。由此，卢沟晓月盛景闻名海内外"。

宛平城是我国华北地区唯一一座保存完整的两开门卫城，城墙上至今还保留着七七事变时日军炮击宛平城的弹痕。宛平城在卢沟桥东，与桥相距百余米。全城只有东西两门，整个城墙比较厚实坚固，是抗击外侵和保卫京师的军事要塞。现如今，宛平城内除了坐落着中国人民抗日战争纪念馆之外，通往东西城门狭长的街道两侧充满了老北京的人文风貌和烟火气息。春节期间，城内街道两侧树木均系上了镶着金边的大红灯笼，晓月阁、中国盲文出版社、和平书店、宛丘老陈醋、宛平文创礼品、旮旯咖啡等店铺错落有致地在街道旁的砖房合院里营业，接待着来自天南地北想亲身感受北京红色历史文化气息的游客。

图 3-1-9　卢沟桥②　　　　　　　　　图 3-1-10　卢沟桥③

---

① 孙希磊，张守连，肖建杰. 北京红色地标［M］. 1 版. 北京：北京出版社，2020：57-76.

② 图片源于课题组自摄，摄于 2024 年 3 月 9 日。

③ 图片源于课题组自摄，摄于 2024 年 3 月 9 日。

（四）抗日战争的缩影：中国人民抗日战争纪念馆

中国人民抗日战争纪念馆建成于1987年，是全国唯一一座全面反映中国人民伟大抗日战争历史的大型综合性专题纪念馆。抗战馆的筹建倾注了老一辈无产阶级革命家胡乔木的大量心血。虽然自1961年宛平城就被列为全国重点文物保护单位，但直到20世纪80年代，这里仅有一个卢沟桥桥史陈列馆。有一次，胡乔木来卢沟桥桥史陈列馆参观，提出希望建一座较大规模的抗战纪念馆的想法①。在与党中央、文化和旅游部、北京市政府及各位专家多次协商研讨后，1985年抗战馆建设开始动工，历时两年，抗战馆在纪念全面抗战爆发50周年前夕竣工。

中国人民抗日战争纪念馆现为国家一级博物馆、全国爱国主义教育示范基地、全国首批国家级抗战纪念设施、遗址。现设基本陈列"伟大胜利、历史贡献"大型主题展览，展览以历史图片和实物为主，辅以景观、油画、雕塑、纪录片等展示手段，全景式展现全国各民族、各阶级、各党派、各社会团体、各界爱国人士、港澳台同胞和海外侨胞英勇抵抗日本军国主义侵略的光辉历史，突出展示了中国共产党领导中国人民，在抗战中发挥的中流砥柱作用。

图 3-1-11 中国人民抗日战争纪念馆②

---

① 孙希磊，张守连，肖建杰. 北京红色地标［M］. 1版. 北京：北京出版社，2020：57-76.

② 图片源于课题组自摄，摄于2024年3月9日。

三、赶考之路，使命传承：建立新中国主题片区①

（一）"进京赶考"的第一站：清华园火车站

清华园火车站是中共中央"进京赶考之路"上的重要一站。1949 年 3 月 23 日，毛泽东、朱德、刘少奇、周恩来、任弼时率中共中央和人民解放军总部离开西柏坡踏上"进京赶考之路"，于 1949 年 3 月 25 日晨抵达清华园火车站，这里也成为中共中央进京"赶考"的第一站。② 在清华园车站正门上方，有一块白色的"清华园车站"中央站匾，由京张铁路总工程师詹天佑题写。在清华园车站内，设有"走向新中国的步伐——中共中央'进京赶考之路'清华园车站专题展览"，展厅里还设置"进京赶考之路"报纸书籍体验区和多媒体影音体验区。

图 3-1-12　清华园火车站③

（二）具有历史意义的晚宴：颐和园益寿堂

1949 年 3 月 23 日，毛主席率领中共中央机关离开西柏坡踏上"进京赶考之路"，颐和园是他们抵达北平后的一个重要落脚点。3 月 25 日，毛主席在结束了西苑阅兵后，在这座幽静的小院宴请了众多民主人士共进晚餐。而这次具有历史意义的晚宴，让民主人士面对面真切感受到了共产党人通过政治协商，建立

---

① 北京市文化和旅游局. 市文旅局推出 16 条"漫步北京·五一假期七彩缤纷游"线路 [EB/OL]. 北京市人民政府网，2023-04-27.

② 中共北京市委宣传部. 北京红色遗存 [M]. 1 版. 北京：北京出版社，2020：96.

③ 图片源于课题组自摄，摄于 2024 年 3 月 13 日。

新中国的诚意，从而为政治协商会议的胜利召开奠定了基础。在这个历史转折的重要时刻，颐和园见证了从战争到和平的转换。

益寿堂内现设"古都春晓——中共中央'进京赶考之路'颐和园专题展览"，展览以 1949 年 3 月 25 日"益寿堂晚宴"为核心内容，通过丰富的文献史料和现代化的展陈手段回顾了颐和园这段红色历史，全景式展现了中共中央"进京赶考"前后，这座古典名园在共产党人的保护下迎来新生，以及中国共产党领导的多党合作和政治协商制度的形成。①

图 3-1-13　颐和园益寿堂②

（三）中共中央的指挥中心：中共中央香山驻地旧址

香山革命纪念地是指一个红色遗址建筑群，这些建筑和"红色文化"息息相关，被赋予了革命历史的丰富内涵。这里曾经是中共中央的所在地，是毛泽东、刘少奇、周恩来、朱德等老一辈革命家曾经工作、生活的地方。作为中共中央机关所在地和革命领袖的住所，党中央在这里开展了重要活动和会议，做出了重大的决策部署，革命领袖在这里撰写了重要的文章，并会见了宾客等，赋予了这些红色建筑弥足珍贵的特殊意义和历史价值，值得后人永远纪念。

新中国成立后，人民政府将香山开辟成香山公园，使这里真正成为人民群众休闲娱乐的风景名胜区。香山革命纪念地旧址则位于香山公园内，由双清别墅（毛泽东同志办公居住地）、来青轩（朱德、刘少奇、周恩来、任弼时同志办公居住地）、双清别墅东侧平房（中央警卫处）、思亲舍（中共中央宣传部）、

---

①　快来打卡"新中国成立主题片区"线路［EB/OL］．香山革命纪念馆，2023-10-07．
②　图片源于课题组自摄，摄于 2024 年 3 月 3 日。

90

多云亭（中共中央宣传部）、小白楼（中共中央图书馆）、丽瞩楼（香山专用电话局）、镇芳楼及镇南房（中共中央办公厅机要处）8 处革命旧址组成，按 1949 年中共中央在香山时期的原貌进行修缮。8 处旧址修缮建筑达 3600 平方米，修缮院落达 18000 余平方米，展出实物展品 9495 件及 1 处主题图片展，生动再现了中共中央香山时期为新中国奠基的波澜壮阔的历史①。

图 3-1-14　中共中央主要机关在香山分布沙盘②

（四）辉煌历史的留影：香山革命纪念馆

香山革命纪念馆位于北京市海淀区香山脚下，纪念馆总体布局沿南北向主轴线展开，分为两层。2019 年 9 月 13 日，纪念馆正式对外开放。纪念馆设有《为新中国奠基——中共中央在香山》基本陈列，是目前国内唯一全面展示中共中央进驻香山时期辉煌历史的大型展览。③ 该展览由 "进京'赶考'" "进驻香山" "继续指挥解放全中国" "新中国筹建" "不忘初心 牢记使命 永远奋斗" 5 个部分组成，按照历史脉络，通过 800 多张图片、地图、表格和 1200 多件文物、文献和档案④，全景式生动再现中共中央在香山期间领导全国各族人民，完成民族独立和人民解放的历史使命、开启中国历史发展新纪元的光辉历程⑤。

① 孙希磊，张守连，肖建杰. 北京红色地标 [M]. 1 版. 北京：北京出版社，2020：97-112.

② 图片源于课题组自摄，摄于 2024 年 3 月 13 日香山革命纪念馆内。

③ 快来打卡 "新中国成立主题片区" 线路 [EB/OL]. 香山革命纪念馆，2023-10-07.

④ 从胜利走向胜利——香山革命纪念地开放首日见闻 [EB/OL]. 新华社，2019-09-14.

⑤ 孙希磊，张守连，肖建杰. 北京红色地标 [M]. 1 版. 北京：北京出版社，2020：97-112.

图 3-1-15 香山革命纪念馆①   图 3-1-16 香山革命纪念馆②

第二节 可移动文物篇

可移动文物同样作为重要的革命物质遗产，承载着党和人民英勇奋斗的光荣历史，对革命历程和人物事迹进行记载，是革命年代重要的历史实证材料。③

结合红色文物的文化资源特性和物质属性，可移动革命文物可以分为红色文献、红色器物和红色文学艺术三类。④ 北京市文物局于 2021 年、2022 年分别公布了两批革命文物名录，其中共有 2650 件可移动文物，涵盖旧民主主义革命、新民主主义革命、社会主义革命和建设、改革和新时代各个历史时期，该名录对于革命历史具有较强的代表性⑤。

为了更好地理解可移动文物的历史内涵，本节主要从第一批、第二批北京市革命文物《名录》中的红色可移动文物为重点文物案例，将其分为红色文献、红色器物和红色文学艺术三个文物类型，分别结合重要历史人物和历史故事，展开对可移动革命文物历史价值和载体作用的细致描述。

---

① 图片源于课题组自摄，摄于 2024 年 3 月 13 日。
② 图片源于课题组自摄，摄于 2024 年 3 月 13 日。
③ 沈传亮，张成乐. 伟大建党精神：特质、内涵与传承 [J]. 教学与研究，2021 (10)：5-11.
④ 张泰城. 论红色文化资源的分类 [J]. 中国井冈山干部学院学报，2017，10 (04)：137-144.
⑤ 北京日报. 让革命文物活起来 让红色基因代代传 北京打造三大红色文化主题片区 [EB/OL]. 北京市人民政府网，2021-03-31.

一、红色文献：文字里的时代缩影

红色文献主要指以信息形态存在的记录革命历史进程和人物活动的书面文字材料以及影像资料等。[①] 红色文献具有丰富的史料价值，翔实地记录了我党我军的革命历程和革命斗争，具有不可或缺的重要性[②]。

红色文献还承载着宝贵的精神价值，字里行间所沉淀积累的精神财富构成了社会主义先进文化的重要源泉，是红色教育的生动教材和载体[③]。

同时，许多红色文献由革命先辈亲笔书写，其中的涂改、补充等书写痕迹映衬着革命先辈在艰苦的历史条件下对重要议题字斟句酌的革命坚强意志和无产阶级为共产主义奋斗的崇高信仰。

（一）感悟思想伟力：红色文献承载先烈故事

红色书信和红色专著是与革命人物相关的代表性文献类文物，在北京市革命文物《名录》中数量较大，其构成的文献体系能帮助人们更好地了解革命人物。

红色书信是革命先辈写的信件，从写信目的主要可以分为私人信件和工作信件。[④] 在私人信件中，除了交流日常琐事、嘘寒问暖，革命先辈也会联系当时的革命历史文化现实，字里行间流露出对革命事业的牵挂。[⑤] 这类由革命先辈亲笔书写的真迹文物，带有真实的个人语言风格，让信件类文献具有更强的可读性。

毛泽东同志致陈伯钧[⑥]亲笔信这一文物体现了他对将领的关照，以及为革命事业留住人才的努力。尽管在国民党军中任职的哥哥们也曾试图以"母病危"的电报将他骗回，但身为八路军旅长的陈伯钧坚决不离开革命队伍。在 1937 年

---

① 张泰城. 论红色文化资源的分类 [J]. 中国井冈山干部学院学报，2017，10（04）：137-144.

② 孔辉，熊传毅. 解析红色文献的内涵及特点——以高校红色文献资源建设为研究视角 [J]. 通化师范学院学报，2015，36（08）：140-142.

③ 刘倩倩，夏翠娟，朱武信. 红色文化传承视域下的红色文献服务平台建设实践与思考 [J]. 信息资源管理学报，2021，11（04）：17-24，32，16.

④ 何亚云. 红色书信融入高校思政课的探讨 [J]. 公关世界，2021（04）：175-176.

⑤ 白海燕. 中国好家风与社会主义核心价值观的关联机制研究 [J]. 思想政治教育研究，2016，32（05）：36-40.

⑥ 陈伯钧（1910—1974），四川省达县（今达川）。他是跟随毛泽东参加秋收起义、开辟井冈山革命根据地的元勋之一。1955 年，被授予上将军衔，荣获一级八一勋章、一级独立自由勋章、一级解放勋章。

陈伯钧的家属即将返乡时,毛泽东同志写信给这位忠实将领,告知送给他们300元旅费,这在当时经济困难的延安,已是竭尽所能。同时,还嘱咐"多看一点书……提高自己,改正自己或有的某些缺点"。在该信件中,毛泽东同志悉心嘱托的言语,是他爱才惜才的真实反映。

雷锋写给小学生张玄的信件文物,是这位模范人物思想道德的直接体现。看到雷锋模范事迹的小学生张玄写信给雷锋,表达了要向他学习的强烈愿望。雷锋则很快写了回信,在信中,雷锋谈及自己的成长经历,回忆了小时候的艰苦生活和对革命事业的向往;新中国成立后,实现了"成为人民解放军"这一愿望的经历;也分享了自己班级的学习情况。① 这封朴素真挚的信件文物处处体现着雷锋对祖国未来人才的模范榜样示范职能。

与私人信件不同,为促进革命事业而进行交流的工作书信直接体现了革命先辈为革命事业发展所做的不懈努力,一系列书信更是能够作为线索串联起革命历史的时间线②。北京市革命文物《名录》中周恩来同志写给知识分子代表胡适的信件、写给救国时报社的信件、呼吁华侨援助抗日的信件等书信,均体现了周恩来同志不辞辛苦为统战工作辗转各界的不懈努力。

红色专著蕴含了革命先辈在特定革命历史时期的思想精华,是留给后人的思想宝库。中国国家博物馆收藏的第一个《共产党宣言》全译本如今封面已字迹模糊,但其所承载的意义非凡。1920年,陈望道③翻译《共产党宣言》时,由于过于入神,错把墨汁当成红糖水蘸粽子吃。由此,这件文物背后的故事"真理的味道非常甜"也流传开来。④

"伪装书"是抗争时期留下的一种特殊文物,是抵制国民党文化专制政策的一种有效手段。1940年上海新民书店以《新民主主义论》为题出版的毛泽东同志专著《新民主主义的政治和新民主主义的文化》,却在同年被国民党中央图书杂志审查委员会因"内容荒谬,立论偏激"而查禁。为应对文化封锁,共产党人以《大乘起信论》为封面,以《新民主主义论》为内容发行了"伪装本",

---

① 你没见过的和雷锋有关的国宝级文物! 题词、信件等原来都在国博! [EB/OL]. 中国青年杂志, 2023-03-07.
② 马蕴章. 博物馆文创产品的叙事性设计研究 [D]. 昆明:昆明理工大学, 2018.
③ 陈望道 (1891—1977),原名参一,笔名佛突、雪帆,浙江义乌人。早年留学日本,毕业于日本中央大学法科,获法学学士学位。回国后积极提倡新文化运动,任《新青年》编辑,翻译出版了《共产党宣言》第一个中文全译本。是中国共产党上海发起组成员。
④ 奋斗百年路 启航新征程 | 第一本《共产党宣言》中文全译本是如何诞生的? [EB/OL]. 求是网, 2021-02-04.

使毛泽东同志的革命思想在"国统区"依然得到一定范围的传播。① 这份特殊的文物除了内容上的文本价值，在形式上也反映了国民党文化专制的历史事实，展现了共产党人传播革命思想的聪明才智。

红色书信、红色专著等革命文物映衬出革命先辈强烈的革命情感与先进的革命思想，为我们了解时代背景提供了难得的学习素材。

（二）弘扬崇高信念：红色文献映照红色岁月

自新民主主义革命至新中国成立前后，在中国共产党带领人民革命抗战到建立社会主义崭新国家的不同阶段，北京地区积累了种类繁多的红色文献。党创建前后，有《新青年》《晨报》《京报》《每周评论》《向导》《工人周刊》《先驱》等刊物，对十月革命后马克思主义在我国的传播起到了极其重要的作用。大革命时期，《政治生活》《语丝》等刊物抨击了反动统治，声援了爱国运动。土地革命时期，《北方红旗》《北方青年》《燕大周刊》《清华周刊》等刊物推动了反蒋抗日宣传。全民族抗战期间，《挺进报》《救国报》《黎明报》《海燕》等报刊推动抗日战争，指明了革命前行的道路。解放战争时期，《平津晚报》《国光日报》《解放》等报刊对迎接红色黎明起到很大的文化传播推动作用。新中国成立前后，《人民日报》（北平版）、《北京日报》《光明日报》《工人日报》等相继出刊，为人民政权建设提供了思想保证与舆论支撑。

部分红色报刊承载着特殊的时代意义。中国国家博物馆的丰富馆藏内，收藏着中国学生在日本东北帝国大学留学时，赠给日本同学的中共中央秘密出版的《红旗》报23期、中国劳动周报社出版的《劳动》周报4期、中共江苏省委出版的《上海报》3期等。② 这些报刊不仅承载着革命年代的记忆，也是中国革命历史和国际关系史的重要见证。此外，在中国国家博物馆内，还保存着一封封承载着胜利喜悦的捷报。例如，太行新华日报社印发的《北平宣告解放》捷报，标志着北京这座历史名城的新生；太行新华日报社印发的《蒋贼嫡系精锐七十四师覆灭》捷报，宣告了国民党军队的一次重大失败；中国工农红军西北军区政治部为红军占领绥定府印发的捷报，展现了红军在西北战场的辉煌成就；江西瑞金市苏维埃政府翻印的《第三期战争胜利捷报》，则见证了苏区斗争的艰苦与胜利。这些捷报不仅是胜利的宣告，更是激励后人的宝贵财富，传递着坚

---

① 中国艺术报. "伪装书"：党在特殊年代的斗争智慧［EB/OL］. 中国文艺网，2011-07-01.

② 北京市文物局关于公布北京市第一批革命文物名录的通知［EB/OL］. 北京市文物局网，2021-03-27.

定的信心与力量。

北京地区保存了大量的红色布告与红色标语。比如，中国工农红军在遵义花苗乡写的"推翻地主资产阶级的国民党政府！""立刻建立工农自己的苏维埃政府！"木板标语；中国工农红军第一方面军在贵州仁怀长岗乡写的"红军到，乾人笑，绅粮叫"等内容的木板标语；中国工农红军第三军九师政治部写的"红军胜利万岁、佃户不完地主租、穷人不还富人钱、中国共产党万岁"木板标语；中国工农红军第七军第十九师在大苗山写的"红军不得损坏群众一点东西，红军是工农谋利益的军队"木板标语等。革命道路上留下的布告和标语历经沧桑，有的清晰、有的模糊、有的完整、有的残缺。这些题材丰富、简明易懂、生动活泼的标语和布告，生动记载了那段风云涌动、慷慨激扬的红色岁月。

北京地区保留的红色文件类型丰富、覆盖面广，不仅包括革命历史上的各种方针、政策、纲领、路线、制度和法律法规，还涵盖了土地改革、组织建设、革命路线等诸多方面的内容。具体而言，在土地改革方面，中国国家博物馆收藏有中华苏维埃共和国中央执行委员会颁布的《中华苏维埃共和国土地法》、中共中央关于抗日根据地土地政策的决定、西藏自治区筹备委员会关于颁发土地所有证的指示、中国共产党第六次全国代表大会通过的《土地问题决议案》等；在组织建设方面，中国国家博物馆收藏有中共中央关于对待原四方面军干部态度问题的指示、中共中央关于统一抗日根据地党的领导及调整各组织间关系的决定、晋冀鲁豫边区政府关于组织机构调整决定的通令等；在革命路线方面，中国国家博物馆收藏有中共晋绥分局关于积极开展城市工作的指示、中共晋绥分局关于加强全党练兵与军队大整训的决定、中国共产党华东中央局印发的《中央关于目前群运指示》等。这些红色文件记录着党和人民形成的革命优良传统，传递着中国共产党人在长期实践中总结出来的宝贵经验。

二、红色器物：物件中的抗战记忆

红色器物是红色文化思想承载和传播的物质符号载体，是红色文化的外在物质表现形式，依靠其实体形状、结构形态的样式呈现①，主要表现为与重大历史事件和重要人物活动有关的各种用品用具②。

---

① 杨海霞．红色文化的内化困境及对策探析［J］．思想政治教育研究，2020，36（04）：129-133.
② 张泰城．论红色文化资源的分类［J］．中国井冈山干部学院学报，2017，10（04）：137-144.

红色器物传达着丰富的历史信息，一方面，红色器物的形制、材质等物质属性反映了一定时期、一定地域的生产条件特征，帮助后人定位革命人物、革命团体和革命事件所处的时空坐标；另一方面器物上的某些特殊痕迹向后人提示历史事件的发生状况。

红色器物也承载着革命先辈的精神品质，是革命历史文化的精神外化，能够借助相应的文本介绍或表现形式，叙说革命先辈的英雄事迹和红色精神，作为红色基因传承的重要资源影响后人①。

（一）汲取奋进力量：红色器物镌刻光荣品质

根据对北京市革命文物《名录》的梳理，与特定人物相关的红色器物主要为人物所属的器物、人物制作的器物和人物事迹的历史见证器物三类。人物所属的器物伴随人物经历了历史变迁，器物所承载的革命故事更是让后人睹物思人，通过文物想象革命先辈的生活环境和工作状态。

毛泽东同志接受美国著名作家和新闻记者埃德加·斯诺②采访时戴过的红军八角帽文物，见证了中国革命史上重要人物会面的光辉时刻。在1936年7月至10月，斯诺对陕北革命根据地进行了长达4个月的考察和参观。在保安（今志丹县），斯诺在采访时为毛泽东同志拍摄照片，将自己戴的红军八角帽戴在了毛泽东的头上③。毛泽东同志戴着这顶红军帽的照片在众多国内外刊物上刊登，成为毛泽东同志和中国工农红军的经典形象④。

中国国家博物馆收藏的白求恩使用的X光机，是他支援中国抗战的历史证据。抗日战争爆发后，加拿大共产党党员、知名胸外科医生诺尔曼·白求恩受加拿大共产党和美国共产党的派遣，率领医疗队前往支援中国人民的抗战事业。1938年1月，该医疗队携带大量医疗设备从温哥华启程，途经香港、汉口、西安等地，于同年3月抵达延安，并不久后转移到晋察冀边区。X光机作为一项卓越的医疗技术，在当时战场医疗条件简陋的中国显得格外珍贵。白求恩医生携带这件器物在4个多月内，辗转700多千米，并使用它先后操作300多次大手术。1939年11月，白求恩医生因在抢救伤员时感染中毒，在河北省唐县殉职，

---

① 王秀伟，郭智嫄. 红色革命遗址及革命纪念建筑物的空间分布格局与影响因素——基于315处全国重点文物保护单位的研究［J］. 南方文物，2021（02）：102-110.

② 埃德加·斯诺（Edgar Snow, 1905—1972），生于美国密苏里州。美国记者。代表作为纪实文学作品《红星照耀中国》。1936年6月斯诺访问陕甘宁边区，写了大量通讯报道，成为第一个采访红区的西方记者。1939年到延安，再访毛泽东等中共领导人，并了解到中国共产党对抗日战争的态度。

③ 毛泽东接受斯诺采访时戴过的红军八角帽［EB/OL］. 中国国家博物馆，2021-12-07.

④ 解放军报. 斯诺与毛泽东戴过的红军帽［EB/OL］. 中国共产党新闻网，2016-12-28.

这件器物也作为珍贵的文物留在中国，向后人诉说着这位国际共产党革命人士为中国革命所做的重大贡献①。

革命的道路有无数英雄烈士流血牺牲，一些文物见证了革命烈士英勇就义的壮烈时刻。中国国家博物馆将"0001号文物"定为张作霖杀害李大钊等革命者的绞刑架。1927年4月6日，李大钊在北京被奉系军阀张作霖逮捕，4月28日，张作霖下令将李大钊等20名革命者秘密施以绞刑。临行前李大钊面对绞刑架正气凛然，进行最后一次演讲："不能因为反动派今天绞死了我，就绞死了伟大的共产主义！"②，第一个从容就义，时年38岁。

（二）传承红色基因：红色器物纪念团体成就

北京地区保存的珍贵红色器物，主要包括符号、纪念物、战斗用具、生产生活用品等，它们部分隶属于工农阶级、少数民族等重要历史团体。根据北京革命文物《名录》③④的记录，北京地区保存着中华全国总工会、中华海员工业联合总会、粤汉铁路工人俱乐部联合会、正太铁路总工会、长辛店工人俱乐部、广州工人代表会、上海总工会等工人组织的文物；广东省农民协会、湖南省农民协会、江西农民协会、湖北农民协会等农民团体的文物；藏族、布依族、蒙古族、回族、傣族、瑶族等全国各地区少数民族团体的文物。这些革命器物原来星散在全国各地，如今集于京城，承载党和人民英勇奋斗的光荣历史。

红色徽章、红色纪念物等革命器物见证了中国工农运动波澜壮阔的历史。20世纪20年代初，爆发了中国共产党领导的第一次工人运动高潮。在这次运动中，安源路矿工人大罢工产生了重大影响。当时，安源路矿工人深受帝国主义和封建主义的残酷剥削和压迫，劳动条件差，生活非常困苦。在中国共产党的独立领导下，17000多名安源路矿工人集合起来，成立工人俱乐部。工人们胸前佩戴着写有"部员"的徽章，一路游行。迫于工人罢工和社会舆论的压力，路矿当局于1922年9月18日接受工人们提出的要求，罢工取得完全胜利。⑤安源路矿工人俱乐部成员在"五一"劳动节游行时佩戴的符号、安源路矿工人消费

---

① 文旅中国．百年百物 | 白求恩的X光机［EB/OL］．澎湃媒体，2021-10-26.

② 94年前的今天，李大钊走向绞刑台，最后这段话气壮山河！［EB/OL］人民日报网，2021-04-28.

③ 北京市文物局关于公布北京市第二批革命文物名录的通知［EB/OL］．北京市文物局网，2022-12-28.

④ 北京市文物局关于公布北京市第一批革命文物名录的通知［EB/OL］．北京市文物局网，2021-03-27.

⑤ 萍矿总局、株萍铁路与安源路矿工人俱乐部签订的十三条协议［EB/OL］．中国国家博物馆网，2024-03-09.

合作社发放的股票、安源路矿工人俱乐部罢工胜利周年纪念册等文物见证了这场工人运动的胜利。现如今，这些革命器物均保存于中国国家博物馆内。

革命时期的战斗兵器反映出人民军队艰苦斗争的峥嵘岁月。1927 年 9 月 9 日，毛泽东领导的湘赣边界秋收起义爆发。起义前，安源工人架起几十座火炉，赶制了一批武器。① 当时工人赶制的梭镖、梭镖头、马刀、大刀、步枪、子弹等武器保留至今。1943 年，黎族苗族群众揭竿而起，发动了震撼全琼的白沙起义。在中国共产党的领导下，黎族人民组成人民解放军，高举峒旗，手持粉枪、弓箭、砍刀等武器，反抗国民党反动派的迫害。白沙起义期间的部分战斗用具现存于中国国家博物馆中。此外，由于武器匮乏，人民军队斗争的历程充满了艰难困苦。据北京革命文物《名录》②③ 的记载，湖南、西藏人民斗争时使用的是大刀、长矛；山东、闽西等地农民起义使用的是土枪、土炮；上海工人斗争时使用的是铁棍、斧头、水龙头等。这些普通但不平凡的革命战斗用具是我们缅怀先烈、铭记历史的宝贵财富。

在特殊的历史背景下，普通的红色物什往往蕴含着伟大的精神内涵。1927 年 9 月 29 日，毛泽东率领秋收起义部队到达江西永新县三湾村。为扩大党的组织，毛泽东非常重视在工农出身的战士中发展党员。时年 41 岁的贺页朵，是江西省永新县北田村的一位普通农民，家境贫寒，十几岁就依靠帮人榨油打短工为生。他一心向党，将自家的榨油坊当作红军的联络点。由于表现出色，1931 年 1 月，永新县的党组织批准了他的入党申请④。贺页朵的"入党誓词"是现存类似文物中时间最早的。在这张早已看不出原本颜色的布片上，右手边自上而下竖写着"中国共产党党员贺页朵，地点北田村"等 15 个字，正中从右到左写着"牺牲个人，言（严）首（守）纟必（秘）蜜（密），阶级斗争，努力革命，伏（服）从党其（纪），永不叛党"；正中最上方是"C. C. P."3 个英文字母，即中国共产党的英文缩写；最左边是竖体的一九三一年一月二十五号。据国家博物馆副研究员尹静介绍，当时由于国民党军队的"围剿"，中央苏区的环境非常险恶，在入党誓词上署名，势必会给自己和家人带来危险。但贺页朵还是

---

① 安源工人参加秋收起义用的马刀 [EB/OL]. 中国国家博物馆网，2024-03-14.
② 北京市文物局关于公布北京市第二批革命文物名录的通知 [EB/OL]. 北京市文物局网，2022-12-28.
③ 北京市文物局关于公布北京市第一批革命文物名录的通知 [EB/OL]. 北京市文物局网，2021-03-27.
④ 贺页朵的入党誓词 [EB/OL]. 中国国家博物馆网，2024-03-15.

毅然在誓词上署上了自己的名字，显示出他对党的忠诚和对革命的坚定信念。①

革命历史时期的生产生活用具，是劳动者们自力更生、艰苦奋斗精神的生动体现。在革命战争年代，党领导工农阶级开展了多次热火朝天的生产运动。20世纪40年代，党在陕甘宁边区开展了"大生产运动""新劳动者运动"，旨在调动广大劳动者的积极性，增强根据地的经济自给能力。现如今，北京市依然保存着那段历史时期的珍贵物品，如陕甘宁边区纬华毛织厂生产的羊毛毯，纺织厂生产的毛巾，新华化学工业合作社生产的新华牌肥皂，陕甘宁边区生产的帽子、制服上衣、制服裤等。在那个物资匮乏、条件艰苦的时代，这些生产生活用具成为革命根据地自给自足、坚持抗战的重要物质基础。

红色锦旗、红色奖章等革命器物不断传递着革命的精神力量。北京市西城区民族文化宫博物馆内，珍藏着全国西南、西北、东南、东北、中南地区的回族、傣族、藏族、维吾尔族、蒙古族等55个少数民族人民曾向毛泽东主席敬献的锦旗。这些锦旗作为珍贵文物，象征着各民族之间的团结与和谐，反映了新中国在民族事务管理、促进民族团结和社会稳定方面所取得的成就。此外，据不完全统计，在北京革命文物《名录》中，有30余件牌匾、锦旗等革命文物与劳动英雄、先进劳动者有关②③。劳动模范是我国工农阶级中一个闪光的群体。1950年至2023年，我国先后召开过16次表彰大会，共表彰全国劳动模范和先进工作者3.4万余人次。④ 红色奖章团结人民、鼓舞士气，传递着爱国主义精神、劳动精神、工匠精神等革命理念，不断激发着人民的斗志。

三、红色文艺：笔墨间的革命情怀

红色文艺作品是文艺工作者在革命战争年代所创作的文学艺术作品⑤。从作品本身的文本层面来看，同时兼具了历史记录价值和文艺美学价值⑥；从创作者

① 《红色印记》第15集：不忘初心誓言_ 共产党员网［EB/OL］.共产党员网，2024-03-06.
② 北京市文物局关于公布北京市第二批革命文物名录的通知［EB/OL］.北京市文物局网，2022-12-28.
③ 北京市文物局关于公布北京市第一批革命文物名录的通知［EB/OL］.北京市文物局网，2021-03-27.
④ 劳模精神 代代传承［EB/OL］.人民网，2024-03-05.
⑤ 张泰城.论红色文化资源的分类［J］.中国井冈山干部学院学报，2017，10（04）：137-144.
⑥ 范玉刚."红色文艺经典"的现代性内涵阐释［J］.中国文艺评论，2021（04）：38-45.

层面看，身处于革命年代的许多创作者同样是革命历史的重要参与者和记录者，他们将革命的感悟、自身的理想追求融入文艺作品的创作之中，文本背后是他们作为爱国者的情感和精神。

（一）擎起鲜红旗帜：红色文艺书写英雄篇章

书法艺术兼具了审美价值和文本价值。在北京市革命文物《名录》中，有许多是革命先辈赠予他人的书法作品文物。

北京鲁迅博物馆所收藏的名为《自嘲》的书法作品，是鲁迅赠予友人柳亚子①的墨宝，也是他第一次写《自嘲》诗的记录。"横眉冷对千夫指，俯首甘为孺子牛"体现了鲁迅斗争敌人、爱憎分明，同时又服务人民、躬身入局的革命观。作为文物的《自嘲》不仅是鲁迅对自身处境和思想的真实写照，也见证了与柳亚子志同道合、共勉互励的革命友谊。

巴金《赴朝日记》原稿如今珍藏于中国现代文学馆，是巴金于1952年和1953年两次奔赴朝鲜战争前线的创作。这件文物实际上是巴金随身携带的日记本，其面积约手掌大小，满足了巴金在阵地间穿梭的便捷性；日记的每一页都密密麻麻，正反面都被写满，体现了作者囿于现实书写环境的局限性。巴金在书写该作品时事无巨细，不惜笔墨对阵地生活进行翔实的细节描写。② 以《赴朝日记》为代表的文学作品文物，一方面其文物物质特征反映了革命时期的时局动荡、物资匮乏；另一方面，作为作品，它又在文本价值上体现了作者对革命历史的深刻思考。

与文学作品相似，作为文物的绘画作品同样能够承载革命故事和文化。鲁迅送给毛泽东的《凯绥·珂勒惠支版画选集》文物，内容上体现出对法西斯政权的控诉，是世界反法西斯斗争在艺术层面的表达。处于纳粹暴政统治下的艺术家珂勒惠支将版画经美国记者史沫特莱的帮助寄予鲁迅，鲁迅将其编印出版

---

① 柳亚子（1887—1958），中国诗人，书法家。民国时曾任孙中山总统府秘书、中国国民党中央监察委员、上海通志馆馆长。四一二反革命政变后被通缉，逃往日本。1928年回国，进行反蒋活动。抗日战争时期，曾任中国国民党革命委员会中央常务委员兼监察委员会主席。中华人民共和国成立后，任中央人民政府委员、全国人大常委会委员。

② "坐标——中国现代文学馆馆藏革命文物展"向公众开放，在"战地书房"重温《赴朝日记》[EB/OL].京报网，2023-07-31.

以纪念为革命献身的友人柔石①，也声援处于恐怖统治下的珂勒惠支②。为表示对革命事业的支持，鲁迅将该书赠予毛泽东，为顺利送达，该书经历了上海、陕北等多地辗转③。身处革命年代的艺术出版物成了一件独特的文物，将世界不同地区的反法西斯的抗争关联在一起，也将文艺领域与战争前线关联在一起。

（二）赓续红色文脉：红色文艺折射革命精神

北京是一座历史文化名城，有 800 年的建都史，群英集聚，文化氛围浓郁，辉煌的红色历史孕育着璀璨耀目的红色文化。北京地区的红色艺术品种类繁多，涵盖了木刻、国徽、国旗、油画、浮雕、宣传画、纪念章、摄影作品等多个领域。比如：《开国大典》《祖国万岁》《天安门前》《主席走遍全国》等红色美术作品；《八路军战斗在古长城上》《北平入城式》《开国大典》等红色摄影作品。红色文艺，从根本上是人民的文艺。④ 红色文艺的创作源泉和受众基础均深植于广大的人民群众之中。从知识分子的笔触到学生团体的激情，从工农阶级的奋斗到社会各界的支持，这些多元的革命主体共同绘制了一幅幅充满生命力的红色文艺画卷。它们不仅反映了革命时期人们的生活状态和精神面貌，也传递了革命的理念和对未来的憧憬。

红色美术作品以艺术语言赓续红色文脉。从《井冈山会师》到《转战陕北》，从《北平解放》到《开国大典》，红色美术作品用艺术化的表现手法，描绘了革命史上一系列重要历史事件。国画《北平解放》描绘了解放军进驻北平时的热烈场面。画面中洋溢着鲜艳的红色，漫天祥云飞舞，城楼和街道上满是欢乐的人群，传神地表现出喜庆热烈的气氛和人们发自内心的喜悦。在这幅画中，作者还把北平最富有代表性的建筑融入画中，如前门箭楼、天坛祈年殿、天安门华表、长安街牌楼等，既丰富了画面内容，又强化了地域特点和象征意

---

① 柔石（1902—1931），男，本名赵平复，民国时期著名作家、翻译家、革命家，中国共产党员，左联五烈士之一。柔石一生积极从事新文化运动，唤醒民众忧国忧民的革命意识，1931 年因叛徒出卖，遭国民党军警逮捕后与殷夫、欧阳立安等二十三位同志被秘密杀害。

② 凯绥·珂勒惠支（Kathe Kollwitz，1867—1945），女，德国表现主义版画家和雕塑家，20 世纪前半叶德国左派艺术家代表人物之一，一生旗帜鲜明地支持无产阶级革命事业。她的早期作品以尖锐的形式把在资本主义制度下工人阶级的悲惨命运和勇于斗争的精神传达出来，而且唤醒人们反对侵略战争，要根除战争根源，实现世界大同的理想。

③ 中华读书报.革命文物《凯绥·珂勒惠支版画选集》的故事［EB/OL］.光明网，2021-10-13.

④ 陈洪玲，刘锋.北京红色文化概述［M］.北京：北京出版社，2021：91.

义。①《狼牙山五壮士》，描绘的是抗日战争时期五位八路军战士在寡不敌众的形势下，据险抵抗，直至弹尽援绝，毅然砸枪跳崖的英勇场面。此外，王朝闻的《刘胡兰》、司徒杰的《白求恩全身像》、许章衡的《红军和彝族兄弟》、潘鹤的《翻身农民》等经典作品都曾在中国国家博物馆中展出②。优秀的红色美术作品，至今依然有着直指人心的澎湃力量。

国徽、党徽等红色象征符号向公众传递着具有历史厚重感的价值观念。1949 年中华人民共和国成立前夕，清华大学建筑学专家梁思成、林徽因，中央美术学院画家张仃、周令钊等专家学者参加了国徽设计工作。专家学者们集思广益，博采众长，拟出以天安门和国旗为主要图案，周围环绕绶带连接的齿轮和麦稻穗的国徽方案。用天安门图案作为民族精神的象征；用齿轮和麦稻穗象征工人与农民；用国旗上的五星，代表中国共产党领导的中国人民大团结。最后，清华大学教授高庄完成设计加工并塑造国徽模型。③ 如今，国徽模型母模被珍藏于中国国家博物馆中，它不仅承载着设计者的智慧和心血，也见证了新中国诞生的重要历史时刻。此外，党徽图案也经历了一个漫长的演变和规范过程。在战争年代相当长的一段时间里，党徽图案一直处在变动的、不规范的状态中。中共中央及各级组织有过多次明确党徽图案为"镰刀斧头"的规定和决议。但同时又受苏联国旗的影响，党徽图案既出现过"镰刀斧头"，也出现过"镰刀锤头"。1996 年 9 月 21 日，经中央批准，中共中央办公厅印发《中国共产党党旗党徽制作和使用的若干规定》，指出："中国共产党党徽为镰刀和锤头组成的图案。"规定对党旗党徽的性质、式样、规格、制作和使用等都做出明确而具体的规范。④

红色木刻画是中国革命历史中一种独特的艺术形式，是中国现代美术史上的辉煌篇章。中国国家博物馆内，珍藏着一系列由民间艺术团体创作的木刻宣传画，共计 29 件。它们的创作者多来自延安鲁迅艺术文学院及延安鲁迅艺术学校。延安作为中国革命美术的重要起源地之一，诞生了充满人民性和战斗性的木刻版画艺术。古元、彦涵等一大批艺术家，在极其艰苦的条件下，将版画艺术推向了一座高峰⑤。从主题内容上来看，《军民合作》《老百姓帮助军队送信》《儿童团检查路条》《代耕队帮助抗属春耕》等作品生动地描绘了军民一心、团

---

① 北平解放（国画）[EB/OL]. 中国国家博物馆网，2024-03-15.

② 在国博"亲历"开国大典 [EB/OL]. 中国国家博物馆网，2024-03-15.

③ 中华人民共和国国徽 [EB/OL]. 中国国家博物馆网，2024-03-15.

④ 中国共产党党徽的由来 [EB/OL]. 党建网，2024-03-15.

⑤ 赓续红色精神 镌绘木刻新篇 [EB/OL]. 百家号网，2024-03-15.

结协作的感人画面，展现了各阶层群众在中国共产党的领导下，共同抗击外敌的伟大斗争。抗战期间，在中国共产党的领导下，新兴木刻运动蓬勃发展。著名木刻家金逢孙与野夫等组织浙江战时木刻研究社，举办木刻函授班，培养了一批木刻运动革命战士。这些战士出版了许多木刻刊物，以木刻版画作为载体和武器，积极宣传革命思想，组织抗日救亡运动。北京革命文物《名录》①② 中记录了九幅套色木刻宣传画，它们均以《抗战十大任务》为主题，图文并茂地反映了中国共产党的抗敌方针与策略，其中包括：反对分裂投降、猛力发展抗日民族统一战线、广泛开展宪政运动、团结一切抗日力量、巩固与扩大抗日根据地及进步军队、提高抗日军民文化水平等等。通过观赏木刻图像，观者得以重温 20 世纪在中国共产党领导下的民族解放事业和社会建设的光辉历程。读懂这些珍贵的红色木刻画，对于党史也能多一重理解。

红色歌曲是提振士气、凝聚军心的"革命号角"。在战争时期，革命歌曲不仅仅是简单的娱乐形式，更是传递革命理念、激发爱国情感、增强团结意识的重要媒介。中国人民抗日战争纪念馆内，保存着文艺战士晓河创作的歌曲《反攻进行曲》和《战士之歌》，还有原晋察冀军区抗敌剧社音乐工作队队长张非作曲的《拥政爱民公约歌》乐谱，冼星海作曲、陈铭枢作词的抗日歌曲《民族精神》手稿，邓康作词、张非作曲的《八路军和老百姓》歌曲乐谱等。红色歌曲以其激昂的旋律、朴实的歌词和深刻的内涵，深深感染着每一位聆听者。1939年，美国进步女记者艾格尼丝·史沫特莱（Agnes Smedley）在新四军驻地采访时，听到战士们在传唱由陈毅作词、集体改编的《新四军军歌》，她大为触动，将歌词译成英文。1950年，史沫特莱逝世后，她的朋友遵其遗嘱，将歌词手稿等遗物一起寄给朱德，后由中华全国文学艺术界联合会接收，并于1951年5月交予中国国家博物馆③。红歌的力量穿越时代，深植人心，成为不朽的时代之声。《义勇军进行曲》《没有共产党就没有新中国》《歌唱祖国》等红色歌曲，不仅在当时广为流传，至今仍被广泛演唱，成为中国人民共同的记忆和精神财富。

---

① 北京市文物局关于公布北京市第二批革命文物名录的通知［EB/OL］.北京市文物局网，2022-12-28.
② 北京市文物局关于公布北京市第一批革命文物名录的通知［EB/OL］.北京市文物局网，2021-03-27.
③ 史沫特莱译《新四军军歌》手稿［EB/OL］.中国国家博物馆网，2024-03-15.

第四章

实践篇：文物受众的多维感知和空间实践

随着时代环境和技术条件的演化，关系或过程本体论已日益受到越来越多的重视，"物"不再是三维世界静态冰冷的实体存在，其价值意义在社会交往和互动传播的动态过程中具备了多维多元的阐释。万物皆媒不再仅是对未来世界社会形态的遐想，人工智能 AI、虚拟仿真、位置媒体、数字打印、大数据等智能传播技术已经具备使物质转化为媒介的潜能。数字科技迅猛的迭代更新为文博事业的发展创新添加了强劲的动力，在开拓文物多重叙事空间的同时，也不断提升了各类文化遗产的保护和传承水平。3D 扫描、打印和建模、实时分层渲染、全息投影、VR/MR、触屏等前沿数字科技大幅提升了文博观众的沉浸体验。近两年陆续推出的聊天机器人（ChatGPT）、苹果 Vision Pro 为代表的空间计算、Open AI 文本视频生成模型 Sora 等人口智能技术更是不断刷新了观众的视野宽度。可以说，现实世界中的物体、空间以及人类身体、声音等有形或无形的介质均可以在先进智能技术的加持下转换为虚拟或数实融合的新型媒介。

新的历史发展时期，文物保护和传承工作迎来机遇的同时也面临着挑战。党的二十大以来，党和国家高度重视革命文物工作。习近平总书记指出，革命文物承载党和人民英勇奋斗的光荣历史，记载中国革命的伟大历程和感人事迹，是党和国家的宝贵财富，是弘扬革命传统和革命文化、加强社会主义精神文明建设、激发爱国热情、振奋民族精神的生动教材。国家文物局和财政部联合印发的《关于加强新时代革命文物工作的通知》要求，"全面加强新时代革命文物工作，切实把革命文物保护好、管理好、运用好"①。面对不断迭代更新的新技术环境，我们要坚持以习近平新时代中国特色社会主义思想为指导，坚持党对新时代文物工作的全面领导，坚持"保护第一、加强管理、挖掘价值、有效利用、让文物活起来"的新时代文物工作方针，明确文物安全是文物保护的红线、

---

① 牛贯杰．学界观察：创造性建立新时代革命文物体系正当其时［EB/OL］.北京日报客户端，2024-01-25.

底线和生命线，有的放矢地融合数字技术促进文博数字化、文化遗产的创新创意发展。在公众与博物馆"双向奔赴"的进程中，使自上而下的引领、自上而下的参与之间形成蕴含正向能量且可持续发展的话语诠释空间，使文物"鲜活可触"、文化遗产的生命能量永久续航留存。

蕴含于革命文物的红色文化是我国文博事业不可分割的重要组成部分，北京红色文化与古都文化、京味文化、创新文化一脉相承地构成我国首都独具魅力的文化精粹，红色文化也与中华传统文化交织映照、融通互嵌。革命文物的研究涉及党史、革命史、政治思想史、思想政治教育、新闻传播学、社会学、博物馆学等多个不同学科。探讨分析革命文物及其红色文化精神，需在聚焦于"红色文物"的基础上兼顾国家全体文博事业在新历史时期的动态发展，围绕本研究主题，从传播学研究视角出发，综合跨学科学理养分，运用量化和质化的社会科学研究方法，对作用于红色文化传播的媒介内容、文化环境、受众效能等方面进行全方位的考察，以期为革命文物保护和红色文化发展提供全新多元的视野。

本章在前三章对于红色文物理论框架构建、北京革命文物历史和现实环境、红色主题区域和文物类型整理和阐释的基础上，主要从红色文化资源的受众感知体验问卷调研、红色文物影像文本内容分析、文博短视频数字考古三个层面进行实证调查研究。第一节主要以作为社会发展的中坚力量、技术环境接触最为敏锐以及红色基因赓续最为重要的践行者和传承人——Z世代青年为研究对象，主要以量化问卷调查的研究方法，调研Z世代在当前时代环境和城市文化氛围中对于革命遗址遗迹、革命纪念设施、红色旅游景点、革命文物、革命故事等红色文化资源的接触感知体验情况。第二节以两档有代表意义的红色影视文本为研究对象——全国首档党建融媒体户外音乐故事节目《寻声记》、聚焦长征国家文化公园建设及其物质和非物质红色文化遗产的大型专题纪录片《长征之歌》，综合采用内容分析、文本分析和叙事学分析的研究方法，有机结合媒体与传播地理学、文化空间理论，对于影像叙事文本的红色文化基因进行提取和分析，希冀为切实提高红色文化的传播效能、文化遗产影像化空间实践提供有益参考。第三节以18家一级博物馆官方短视频内容为研究对象，在内容分析和文本分析的基础上结合社会网络分析方法，围绕"文化空间"的空间、文化、人三个要素，建构起物态感知空间、文化构想空间、生活实践空间三条"文化空间"激活路径，以期在数字技术赋能文化遗产大众化传播时代发展过程中，为文博行业数字化传播提供创新思路与学理观念上的思考。

第一节　Z 世代青年对于红色文化资源的感知体验研究

　　"用好红色资源，传承好红色基因"是党和国家的殷切期望。推动红色文化传播，需对话当下最为活跃的文化行动者——Z 世代青年。本研究借助"刺激—机体—反应"理论和媒介丰富性理论，从"资源环境—感知体验—文化传播"的总体综合维度，采用量化问卷调研，对 Z 世代的红色文化资源接触情况进行全方位考察。研究发现：呈现红色资源之核，需要连接历史器物，创造和谐容器，享受湍流瞬间；延伸红色文化感知，需打造支架型的红色环境脉动，促进心流的集聚荟萃；鲜活红色文化实践，需促进习性习得，激活身体之维的生机活力。器物集聚、感知支架和身体实践的三重维度，为 Z 世代青年红色基因的流动赋予了无穷生机。人与物、情与景、历史与现实的互嵌交织，多个维度促进"红飘带"在历史长河之上的潺潺流动。

　　青年是国家和民族的希望。党的十八大以来，党中央亲切关怀青年的成长成才，习近平总书记强调："用好红色资源，传承好红色基因，把红色江山世世代代传下去。"① 革命遗址遗迹、革命纪念设施、红色旅游景点、革命文物、革命故事等红色文化资源是国家和民族的宝贵财富，是党和全国人民的精神文化食粮，更是青少年和青年群体素养提升的价值观念引领。现阶段，出生于 1995 至 2010 年间的 Z 世代青年群体已经成为社会发展的中坚力量，也是红色基因赓续最为重要的践行者和传承人。

　　学习红色文化，可以使青年群体认识到中国革命、建设、改革事业的伟大成就来之不易，明白中国共产党为什么能、马克思主义为什么行②，不断增强作为中国人的志气、骨气和底气，更好地践行中国特色社会主义事业接班人的职责和担当。就 Z 世代青年群体特征而言，他们与 70 后、80 后不同，自出生之时就享受到了改革开放、城市化和全球化带来的红利，几乎没有经受过物质和精神上的匮乏，在生活条件、文化氛围、技术享用、知识水平等方面都比以往代际有着得天独厚的优越性，是从小就接触移动互联网和便携数字技术的第一个

---

① 陈文斌，袁承蔚. 用红色资源培育青年党员 [N]. 中国教育报，2022-5-5（06）.
② 吴凌燕. 红色文化在"Z 世代"青年中的认同困境与传播策略 [J]. 闽江学院学报，2022，43（04）：47-53.

代际人群，常被冠以"数字原住民"的称号。① 随着数字信息技术进步，红色文化的传播受到泛在性的媒介影响。在线上和线下世界，Z世代均能便捷地获取到各类红色文化资源，亦在红色主题剧观看、红色文学阅读、红色短视频互动、红色旅游消费、红色场馆拓印等方面进行了一些有益的实践。例如，Z世代会不加倍速地追看《觉醒年代》《叛逆者》等红色题材主题剧②；动漫作品《那年那兔那些事》成功助推红色文化突破"次元壁"，在Z世代二次元（游戏、动漫等）亚文化圈中收获了一批忠实观众③；同时，据《红色传承·"Z世代"红色旅游消费偏好调查报告2021》显示，Z世代正在成为红色旅游消费的主力人群，占比约为61%④。然而不可忽视的，算法茧房、社交机器人、虚拟游戏等推陈出新的数字技术日渐左右着受众的视野宽度，各种媒介红色资源也在经受着内容同质化、泛娱乐化、西方化等诸多问题的考验。泛娱乐化的红色沉浸消费情景也可能会导致情绪狂欢和认知缺失⑤。在滔滔信息洪流中，Z世代青年亚文化圈层也面临着演化分化的风险，各种或多或少的"佛系""丧""躺平""摆烂"论调充斥着群体精神空间，还遭受拜金主义、享乐主义、历史虚无主义、极端个人主义等西方思想的潜在侵蚀，使其整体文化生态和主流价值观念承受现实的挑战。因此，如何强化Z世代青年族群的爱国主义情怀和社会责任担当，如何平衡正面引领和心理需求之间的关系，如何更好地借助媒介手段运用红色文化资源和延续红色血脉，需要对Z世代青年群体的媒介红色资源感知意象和体验参与现状进行调研。

本节基于"刺激—机体—反应"理论和媒介丰富性理论建立起综合总体理论框架，观照到行为个体接触事物时在"资源环境—感知体验—文化传播"总体综合维度的全方位考察，希冀对Z世代青年在红色文化资源接触方面的认知态度有更为细致的把握，更好地为建构可持续性的中国特色社会主义红色文化精神素养培育方案贡献能量。

① 李春玲. 社会经济变迁中的Z世代青年：构成、观念与行为 [J]. 中国青年研究，2022（8）：21-27.
② 吴雪. 红色，如何成为Z世代的底色 [EB/OL]. 原创，2021-10-21.
③ 张智，刘志铭. 以红色基因塑造Z世代青年价值观的思考 [J]. 青年学报，2022（05）：33-37.
④ 红色文旅如何圈粉"Z世代" [N]. 中国文化报，2022-07-03（1）.
⑤ 王妍晴. 剧本杀游戏：建构青年红色记忆的省思与诊治 [J]. 青少年学刊，2023（1）：30-36.

一、理论假设

刺激—机体—反应模型（Stimulus-Organism-Response，SOR）理论框架，于 1974 年由 Mehrabian A. 和 Russell J. A. 教授首次提出并广泛用于研究，用来解释外部环境对个体行为的影响。① SOR 理论认为，刺激（S）来源于外界，机体（O）表示主体的内在状态，反应（R）表示主体受到外界刺激后所做出的行为选择。② 刺激（Stimulus）包括客体刺激和社会心理刺激；机体（Organism）代表着个体的认知和情感状态；反应（Response）是人们反应的最终输出结果。③近年来，SOR 理论被应用于旅游议题的研究中，用来检测游客的行为④，并已被证实可以用于阐释主题公园情景中的游客行为。⑤ 随着数字技术的发展，旅游扩充其物态体验的外延，越发地与媒介紧密结合。在此背景下，SOR 理论亦能适用于实体与虚拟相交融的文化消费场景。比如，解释影像视觉声音对旅游意图和实际访问的影响⑥；预测用户在使用信息和通信技术时的虚拟现实旅游行为⑦；分析旅游 APP 信息获取对旅游规划的影响等⑧。在 SOR 理论模型的基础上，本文将来自实体和网络空间的红色文化资源特征作为"外部刺激"（Stimu-

---

① MEHRABIAN A, RUSSELL J A. An Approach to Environmental Psychology [M]. Cambridge, MA：MIT Press, 1974：65-77.

② MEHRABIAN A, RUSSELL J A. An Approach to Environmental Psychology [M]. Cambridge, MA：MIT Press, 1974：30-66.

③ LEE S, HA S, WIDDOWS R. Consumer responses to high-technology products：Product attributes, cognition, and emotions [J]. Journal of Business Research, 2011, 64 (11)：1195-1200.

④ JANI D, HAN H. Influence of environmental stimuli on hotel customer emotional loyalty response：Testing the moderating effect of the big five personality factors [J]. International Journal of Hospitality Management, 2015 (44)：48-57.

⑤ CHANG C H, SHU S, KING B. Novelty in Theme Park Physical Surroundings：An Application of the Stimulus-Organism-Response Paradigm [J]. Asia Pacific Journal of Tourism Research, 2014, 19 (6)：680-699.

⑥ RAJAGURU R. Motion Picture-Induced Visual, Vocal and Celebrity Effects on Tourism Motivation：Stimulus Organism Response Model [J]. Asia Pacific Journal of Tourism Research, 2014, 19 (4)：375-388.

⑦ KIM M J, LEE C K, JUNG T. Exploring Consumer Behavior in Virtual Reality Tourism Using an Extended Stimulus-Organism-Response Model [J]. Journal of Travel Research, 2020, 59 (1)：69-89.

⑧ ZHANG C, WONG I A, ZHANG X, et al. From online community to offline travel companions：Technology-mediated trust building and ad hoc travel group decision making [J]. Journal of Hospitality & Tourism Research, 44 (7)：1101-1125.

lus），其中分别以环境/布局设计/社会因素、生动性/互动性作为线下和线上文化资源特征；以 Z 世代的受众感知作为中间变量的"机体状态"（Organization），将其细化为人们对遗产景点的态度（attitude）、目的地感知意象（destination image）、造访体验（visit experience）；以包括重访意向（revisit intention）、在线口碑传播（eWOM）在内的行为意图（behavioural intentions）作为受众行为反馈（Response）。

同时，媒介丰富性理论（MRT）① 也被借鉴于本研究。该理论认为，具有丰富信息和高生动性的媒介可以提高传播有效性，从而能更好地探索环境因素与游客对媒体传播的情感反应之间的关联②。根据反馈能力、沟通渠道、语言多样性和个人关注度等因素，面对面、音视频、网络文本等不同类型的媒介资源会展现不同程度的丰富性，并进一步影响媒介资源的传播效果，面对面（face-to-face）是最丰富的媒介③。在该理论的宏观启发下，本研究将红色文化资源分为线上和线下资源。按照国家旅游资源分类方法，可以将红色文化资源细分为遗址遗迹、建筑设施、人文活动三大主类④。结合媒介丰富性理论，这三类文化资源均可以通过面对面或传播媒介载体进行接触。

综合运用这两种理论视角的方式，可以搭建一个贯穿文化传播的"环境—感知体验—传播"的理论框架，以此更好地观察红色文化资源对于 Z 世代青年的全方面影响。

（一）S-O-R：文化资源与受众感知体验

过往研究分别以文化旅游实体资源（physical environment）、在线文化环境特性（online atmospheric cues）两个主要维度作为（S）区块。Baker（1986）运用 SOR 范式将商业店面氛围因素分为三类：环境因素（如：气味、声音、灯光、音乐、温度、墙体颜色等）；设计因素（如：室内展陈、地点位置、颜色和

---

① DENNIS A R, KINNEY S T. Testing Media Richness Theory in the New Media：The Effects of Cues，Feedback，and Task Equivocality［J］. Information Systems Research，1998，9（3）：256-274.

② WU S，WONG I A，LIN Z（CJ）. Understanding the role of atmospheric cues of travel apps：A synthesis between media richness and stimulus-organism-response theory［J］. Journal of Hospitality and Tourism Management，2021（49）226-234.

③ SUH K S. Impact of communication medium on task performance and satisfaction：an examination of media-richness theory［J］. Information & Management，1999，35（5）：295-312.

④ 张克伟. 沂蒙红色文化资源产业化研究［D］. 济南：山东大学，2010.

物品等）；社会因素（环境中人，如：员工服务、讲解员专业度等）①。Bonn（2016）以 Baker 对于环境刺激因素的分类为基础，聚焦于文化遗产和文化旅游领域，发现文化旅游地的物理环境对访客态度、重访意愿（revisit intention）和在线口碑传播（Electric Word-of-Mouth Communication）均有积极的影响②。Park（2010）的研究发现，环境因素是目的地感知意象的重要组成要素，对游客的满意态度有重要影响，也会影响未来的行为③。据此提出以下假设：

H1-a：线下红色文化资源特征与访客态度之间呈现正相关关系。

H1-b：线下红色文化资源特征与目的地感知意象之间呈现正相关关系。

H1-c：线下红色文化资源特征与访问体验之间呈现正相关关系。

其次，媒介丰富性理论被应用于在线环境特征刺激，检验其对用户态度和行为的影响④。Jiang 和 Benbasat（2007）认为媒体丰富性的核心要素是生动性（vividness）和互动性（interactivity）⑤，Hoffman 和 Novak（1996）认为这些因素可以导致各种认知和情感反应，如注意力集中、心流体验等⑥。Guttentag（2010）特别指出，通过先进的媒体技术营造互动和生动的在线氛围，能激发游客的兴趣，让用户沉浸在与流量和享受相匹配的在线体验之中⑦。现今，学界和业界越发重视消费者的个体感受，将游客体验细化为情感维度和体验维度⑧。其中，心

① BAKER J. The role of the environment in marketing services: The consumer perspective [M]. The Services Challenge: Integrating for Competitive Advantage, 1986: 79-84.

② BONN M A, JOSEPH-MATHEWS S M, DAI M, et al. Heritage/cultural attraction atmospherics: Creating the right environment for the heritage/cultural visitor [J]. Journal of Travel Research, 2007, 45 (3): 345-354.

③ PARK Y, NJITE D. Relationship between Destination Image and Tourists' Future Behavior: Observations from Jeju Island, Korea [J]. Asia Pacific Journal of Tourism Research, 2010, 15 (1): 1-20.

④ YIM M Y C, CHU S C, SAUER P L. Is Augmented Reality Technology an Effective Tool for E-commerce? An Interactivity and Vividness Perspective [J]. Journal of Interactive Marketing, 2017, 39 (1): 89-103.

⑤ JIANG Z, BENBASAT I. Research Note—Investigating the Influence of the Functional Mechanisms of Online Product Presentations [J]. Information Systems Research, 2007, 18 (4): 454-470.

⑥ HOFFMAN D L, NOVAK T P. Marketing in Hypermedia Computer-Mediated Environments: Conceptual Foundations [J]. Journal of Marketing, 1996, 60 (3): 50-68.

⑦ GUTTENTAG D A. Virtual reality: Applications and implications for tourism [J]. Tourism Management, 2010, 31 (5): 637-651.

⑧ KNOBLOCH U, ROBERTSON K, AITKEN R. Experience, Emotion, and Eudaimonia: A Consideration of Tourist Experiences and Well-being [J]. Journal of Travel Research, 2017, 56 (5): 651-662.

流体验（flow experience）被定义为人们完全投入一个行动中时所感受到的整体感觉①，它常常被用来形容游客绝佳的访问体验②，而难忘旅游体验（Memorable Tourism Experience，MTE）被定义为"对旅游体验的积极回忆评估，并有选择地从中进行建构"③。另外，目的地感知意象（destination image）可以被纳入 SOR 理论框架中，着重强调个体感知体验的机体状态（O）④，它是人们对旅游目的地的印象、信念、知识和情感感受的集合⑤，它对整体感知体验产生重要作用力⑥。当游客进入或达到沉浸状态时，对造访地有更为积极的态度⑦。据此提出以下假设：

H2-a：在线红色文化资源特征与访客态度之间呈现正相关关系。

H2-b：在线红色文化资源特征与目的地感知意象之间呈现正相关关系。

H2-c：在线红色文化资源特征与访问体验之间呈现正相关关系。

（二）O-R：受众感知体验与行为反馈

重访意愿（Revisit Intention），是指个人对重复访问的准备和意愿，是一种重要的行为意图⑧；在线口碑传播（eWOM）意指"由潜在的、实际的或以前的

① CSIKSZENTMIHALYI M. Flow: The Psychology of Optimal Experience [M]. UK: Harper Perennial Modern Classics, 1990.

② DEMATOS N M da S, SÁ E S de, DUARTE P A de O. A review and extension of the flow experience concept: Insights and directions for Tourism research [J]. Tourism Management Perspectives, 2021 (38): 100802.

③ KIM J H, RITCHIE J R B, MCCORMICK B. Development of a Scale to Measure Memorable Tourism Experiences [J]. Journal of Travel Research, 2012, 51 (1): 12–25.

④ QIU H, WANG X, WU M Y, et al. The effect of destination source credibility on tourist environmentally responsible behavior: an application of stimulus–organism–response theory [J]. Journal of Sustainable Tourism, 2023, 31 (8): 1797–1817.

⑤ ZHANG H, FU X, CAI L A, et al. Destination image and tourist loyalty: A meta–analysis [J]. Tourism Management, 2014 (40): 213–223.

⑥ ZHANG H, WU Y, BUHALIS D. A model of perceived image, memorable tourism experiences and revisit intention [J]. Journal of Destination Marketing & Management, 2018 (8): 326–336.

⑦ LEE W, JEONG C. Distinctive roles of tourist eudaimonic and hedonic experiences on satisfaction and place attachment: Combined use of SEM and necessary condition analysis [J]. Journal of Hospitality and Tourism Management, 2021 (47): 58–71.

⑧ PRAYAG G. Tourists' Evaluations of Destination Image, Satisfaction, and Future Behavioral Intentions—the Case of Mauritius [J]. Journal of Travel & Tourism Marketing, 2009, 26 (8): 836–853.

用户所做出的任何正面或负面的陈述，并通过互联网提供给众多个人和机构"①，在本研究中我们主要关注的是积极的在线口碑传播。Tasci 和 Gartner（2007）发现目的地感知意象与满意度、目的地选择、行为意图等构成要素之间呈现直接的影响作用关系②。S. Mostafa Rasoolimanesh 等（2021）发现目的地感知意象、难忘的旅游体验（MTE）与重复访问意图、在线口碑传播等行为意图之间有着显著的关系③。积极的情绪体验、上次旅行的心情以及快乐享受的感觉会影响个体以后的决定和行为④；Yu 等（2019）发现，游客倾向于重温他们有美好和积极体验的地方⑤。Mehmetoglu 和 Engen（2011）将注意力集中在博物馆的体验参观上，研究了体验维度如何影响游客的满意度⑥。从情感体验的维度来看，积极的心理体验（如心流体验）会正向影响游客的推荐意愿和重访意图。⑦Rasoolimanesh 等（2019）认为，游客对目的地的高参与度会对其态度、重复造访意愿以及相应的忠诚度产生积极影响⑧。据此提出以下假设：

H3-a：访客态度与在线口碑传播之间呈现正相关关系。

H3-b：访客态度与重复造访意愿之间呈现正相关关系。

H4-a：目的地感知意象与在线口碑传播之间呈现正相关关系。

---

① HENNIG THURAU T, GWINNER K P, WALSH G, et al. Electronic word-of-mouth via con-sumer-opinion platforms: What motivates consumers to articulate themselves on the internet? [J]. Journal of Interactive Marketing, 18（1）：38-52.

② TASCI A D A, GARTNER W C, CAVUSGIL S T. Conceptualization and Operationalization of Destination Image [J]. Journal of Hospitality & Tourism Research, 2007, 31（2）：194-223.

③ RASOOLIMANESH S M, SEYFI S, HALL C M, et al. Understanding memorable tourism expe-riences and behavioural intentions of heritage tourists [J]. Journal of Destination Marketing & Management, 2021（21）：100621.

④ TSAI C T（Simon）. Memorable Tourist Experiences and Place Attachment When Consuming Local Food [J]. International Journal of Tourism Research, 2016, 18（6）：536-548.

⑤ YU C P, CHANG W C, RAMANPONG J. Assessing Visitors' Memorable Tourism Experiences （MTEs）in Forest Recreation Destination: A Case Study in Xitou Nature Education Area [J]. Forests, 2019, 10（8）：636.

⑥ MEHMETOGLU M, ENGEN M. Pine and Gilmore's Concept of Experience Economy and Its Dimensions: An Empirical Examination in Tourism [J]. Journal of Quality Assurance in Hospi-tality & Tourism, 2011, 12（4）：237-255.

⑦ CHEN X, CHENG Z F, KIM G B. Make It Memorable: Tourism Experience, Fun, Recommen-dation and Revisit Intentions of Chinese Outbound Tourists [J]. Sustainability, 2020, 12（5）：1904.

⑧ RASOOLIMANESH S M, MD NOOR S, SCHUBERTH F, et al. Investigating the effects of tourist engagement on satisfaction and loyalty [J]. The Service Industries Journal, 2019, 39（7—8）：559-574.

H4-b：目的地感知意象与重复造访意愿之间呈现正相关关系。

H5-a：访问体验与在线口碑传播之间呈现正相关关系。

H5-b：访问体验与重复造访意愿之间呈现正相关关系。

基于上述，本文构建的假设模型如下

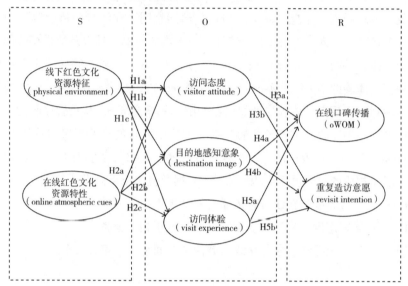

图 4-1-1　Z 世代青年红色文化接触的假设模型

二、研究方法

（一）问卷设计

问卷由三个部分组成。第一部分从线上、线下两个维度调查 Z 世代的红色资源接触情况；第二部分为主体部分，对外部刺激（线下和线上红色文化资源特征），机体状态（访客态度、目的地感知意象、访问体验）以及行为反馈（在线口碑传播、重复造访意愿）进行变量测量；第三部分主要包括被调查者社会人口统计学的基本信息，包括性别、年龄、学历、媒体使用情况等信息。为保证调查问卷的信度和效度，研究借鉴国内外主流期刊上的成熟量表，对部分题项进行略微调整，采用 Likert 五点量表计分：1—5 分分别表示强烈不同意、不同意、一般、同意、非常同意。本研究涉及的一系列核心概念的测量方法说明如下（具体问卷题目详见书籍正文后附录）。

1. 人口统计变量

2023 年，Z 世代群体处于 14—28 岁的年龄段，结合该群体的年龄及相关社会背景，本研究采用六个人口统计变量作为控制变量：年龄、性别、教育程度、每月可支配收入、专业或职业方向以及政治面貌。教育程度分为四个层面：大专及以下、本科、硕士及以上、其他。每月可支配收入的题项设置参考了腾讯发布的《中国Z世代消费力白皮书》①，设置了"少于1000元"到"大于5000元"6个选项，中位数是"3001—4000元"，收入来源包括奖学金、教育资助、工作收入、家庭资助、卖二手物品等；专业/职业方向包括人文社科、经济管理、理工科、医学、艺术以及其他几个方面；政治面貌包括中共党员、共青团员、群众。

2. 红色文化资源（S）

线下环境的外部刺激综合参考 Baker（1986）② 和 Bonn 等（2007）③ 的研究。环境（Ambiance Service Environment）、设计布局（Design and Layout Service Environment）以及社会因素（Social Service Environment）3个维度用于衡量线下场景的环境设置情况。环境维度使用3个题目衡量，评估了线下场景在配色方案、照明情况和标牌指引方面的表现；设计布局因素由4个题目组成，评估了线下场景在空间布局、空间利用、游览路线、交通状况方面的表现。社会因素的测量基于2项题目，用于评估讲解员或服务员的吸引力。线上环境的外部刺激参考 Wu 等（2021）的研究，线上环境因素可分为互动性、生动性两个维度④。互动性是指用户对通信中高质量交互的主观感受。Liu（2003）对互动性的具体维度进行了理论化、操作化和测量。⑤ 结合红色文化资源的场景特征，本研究从主动控制、响应性两个维度进行互动性测量，对三个题项进行了适当改编。生动性维度的测量则从 Wu 等（2021）的研究中获取量表，从图像、文字、叙事三个内容维度设置题项。

---

① 中国Z世代消费力白皮书 | Latest China News from China Trading Desk ［EB/OL］. China Trading Desk，2021-12-17.

② BAKER J. The Role of Environment in Marketing Services：The Consumer Perspective ［M］//CONGRAM C，CZPEIL J A，SHANAHAM J，ed. The Services Challenge：Integrated for Competitive Advantage. Chicago：American Marketing Association，1986：79-84.

③ BONN M A，JOSEPH-MATHEWS S M，DAI M，et al. Heritage/cultural attraction atmospherics：Creating the right environment for the heritage/cultural visitor ［J］. Journal of Travel Research，2007，45（3）：345-354.

④ WU S，WONG I A，LIN Z（CJ）. Understanding the role of atmospheric cues of travel apps：A synthesis between media richness and stimulus-organism-response theory ［J］. Journal of Hospitality and Tourism Management，2021（49）：226-234.

⑤ LIU Y. Developing a Scale to Measure the Interactivity of Websites ［J］. Journal of Advertising Research，2003，43（2）：207-216.

3. 目的地感知意象（O）

目的地感知意象是一个多维度的概念，由认知意象（cognitive image）和情感意象（affective image）组成。不同于一般的旅游目的地，本研究中的红色文化资源具备历史性的特征，表现为遗产遗迹、记录性的历史载体等。过去的历史会对当前目的地感知意象的建构产生影响。因此，参考 Rindell（2013）① 和 Wu & Li（2017）② 对遗产形象（heritage image）的研究，有助于明确游客对文化遗产地的时间印象。量表选取了 Wu & Li（2017）的三个题项，测量访客对文化遗产目的地的感知意象。

4. 访问体验（O）

访问体验在此主要从难忘旅游体验（MTE）和心流体验（flow experience）两个维度评测。现今，红色文化传播进入范式转型阶段，积极拥抱情感转向，注重个体的情感与消费体验。生产者们通过游戏化传播③、视觉感染④、文旅融合⑤等沉浸传播形式，将娱乐消费、新奇体验与红色意蕴升华、红色知识传递相糅合，大大增强红色文化的感染力。Kim 等（2012）首次归纳出难忘旅游体验（MTE）的量化维度，共有七个组成部分⑥。本研究选取其中的享乐（hedonism）、新颖（novelty）、意义价值（meaningfulness）、参与度（involvement）、知识赋予（knowledge）五个维度进行问卷设计。此外，红色文化场景注重沉浸布置，促进大众的心流体验。本研究以 Liu 等（2022）⑦ 和 deMatos 等（2021）⑧ 的题项为

---

① RINDELL A. Time in corporate images: introducing image heritage and image-in-use [J]. International Journal, 2013, 16（2）: 197-213.

② WU H C, LI T. A study of experiential quality, perceived value, heritage image, experiential satisfaction, and behavioral intentions for heritage tourists [J]. Journal of Hospitality & Tourism Research, 2017, 41（8）: 904-944.

③ 孔清溪, 许力丹. 红色文化的"游戏化"传播机制创新研究——以"青春为祖国歌唱"为例 [J]. 现代传播（中国传媒大学学报）, 2021, 43（10）: 21-25.

④ 王静. 视觉重构视域下红色文化网络传播: 机遇、挑战与路径 [J]. 思想理论教育, 2023（5）: 93-98.

⑤ 张洁, 赵凤双. 红色旅游情感体验对大学生红色文化认同的影响研究 [J]. 绿色科技, 2021, 23（23）: 200-203, 206.

⑥ KIM J H, RITCHIE J R B, MCCORMICK B. Development of a scale to measure memorable tourism experiences [J]. Journal of Travel research, 2012, 51（1）: 12-25.

⑦ Liu H, Park K S, Wei Y. An extended stimulus-organism-response model of Hanfu experience in cultural heritage tourism [J]. Journal of Vacation Marketing, 2024, 30（2）: 288-310.

⑧ DA SILVA DEMATOS N M, DE SA E S, DE OLIVEIRA DUARTE P A. A review and extension of the flow experience concept. Insights and directions for Tourism research [J]. Tourism Management Perspectives, 2021（38）: 100802.

基础，结合我国的业界访谈，将心流体验概括为内容沉浸、科技沉浸、观念沉浸三个维度。

5. 行为意图（R）

Ajzen & Fishbein（2000）将行为意图（behavioral intention）定义为个体对在特定情境下期望如何行事的想法，可以主要分为在线口碑传播意愿（eWOM intention）和重访意向两个维度（revisit intention）①。就旅游领域而言，重访意向（revisit intention），即个人重复访问的准备和意愿，是非常重要的行为意图②。游客行为包括对于造访目的地的选择、对目的地决策的后续评价和未来的行为意图，这些都与他们的重访意愿相关③。积极的在线口碑传播对旅游者出行前的选择有重要的指导意义④。本研究选取 Chen & Chen（2010）的两个题项，用以测量访客再次访问红色文化资源的意愿⑤；采取 Pandey & Sahu（2020）的四个题项，测量访客积极的在线口碑传播意愿⑥。

（二）数据收集

本书研究对象为 Z 世代青年（14 岁至 28 岁）。在正式调查之前，本研究在 Z 世代学生群体当中开展了小范围的预调查，这些对象均有线上、线下接触红色资源的体验，预调查时间为 2023 年 6 月 17 日。通过了解答题者对问卷的看法，对问卷题项做出了微调。2023 年 7 月至 2023 年 12 月，陆续借助线下、线上两种途径收集问卷：线下在北京红色主题区域香山红色旅游景区和高校校园内进行随机拦访抽样，共回收问卷 250 份；线上则借助微信平台发布在线问卷，通过滚雪球的方式获得问卷 1250 份，总共获得 1500 份问卷。然后，筛选出符合"14—28 岁"且答题时间大于 1 分钟的问卷，得到有效问卷 1239 份。

---

① RASOOLIMANESH S M，SEYFI S，HALL C M，et al. Understanding memorable tourism experiences and behavioural intentions of heritage tourists［J］. Journal of Destination Marketing & Management，2021（21）：100621.

② PRAYAG G. Tourists' Evaluations of Destination Image, Satisfaction, and Future Behavioral Intentions—the Case of Mauritius［J］. Journal of Travel & Tourism Marketing，2009，26（8）：836-853.

③ COUDOUNARIS D N，STHAPIT E. Antecedents of memorable tourism experience related to behavioral intentions［J］. Psychology & Marketing，2017，34（12）：1084-1093.

④ 王国新. 论旅游目的地营销误区与新策略［J］. 旅游学刊，2006（08）：45-49.

⑤ CHEN C F，CHEN F S. Experience quality, perceived value, satisfaction and behavioral intentions for heritage tourists［J］. Tourism Management，2010，31（1）：29-35.

⑥ PANDEY A，SAHU R. Modeling the relationship between service quality, destination attachment and eWOM intention in heritage tourism［J］. International Journal of Tourism Cities，2020，6（4）：769-784.

被调研对象中，女性占比 68.8%，男性占比 31.2%，高中生及以下占比 6.1%，专科生占 6.8%，本科生占比 61.4%，硕士研究生占比 23%，博士研究生占比 1.5%。每月可支配收入在 1000—2000 元之间的受访者占比最高，达 38.5%。

（三）数据分析

本研究量表的信度和效度均符合要求。在信度方面，总体量表的克隆巴赫系数（Cronbach's α）为 0.981；效度方面，所有构念的组合信度（Composite reliability）在 0.802—0.964 之间；所有构念的平均方差抽取量（AVE）在 0.583—0.833 之间。上述数据指标均符合标准，分别大于 0.9、0.7、0.5。本研究假设涉及多个变量的直接与间接关系，因此我们采用 bootstrapping 方法①，评估结构模型路径的显著性并检验假设结果，检测时设定进行 5000 次重复抽样，数据结果如图 4-1-2 所示。

H1 关注的是线下的红色文化资源特征与 Z 世代感知体验的关系。由图 4-1-2 结果看来，线下红色文化资源特征与访客态度（β = 0.320，p< 0.001）、目的地感知意象（β = 0.281，p< 0.001）、访问体验（β = 0.263，p< 0.001）呈显著正相关关系，H1a、H1b、H1c 得到支持。另外，H2 涉及的是在线的红色文化资源特征与 Z 世代感知与反馈的关系。从图 4-1-2 看来，在线红色文化资源特征与访客态度（β = 0.456，p< 0.001）、目的地感知意象（β = 0.479，p< 0.001）、访问体验（β = 0.561，p< 0.001）呈显著正相关关系，H2a、H2b、H2c 得到支持。

H3、H4、H5 分别涉及 Z 世代态度、感知意象及体验对其反馈行为的影响。结果如图 4-1-2 所示，数据表明，访客态度对在线口碑传播（β = 0.104，p< 0.001）和重复造访意愿（β = 0.169，p< 0.001）呈显著正相关关系，H3a、H3b 得到支持；目的地感知意象与在线口碑传播（β = -0.088，p< 0.005）及重复造访意愿（β = -0.108，p< 0.001）呈显著负相关关系，H4a、H4b 未得到支持；访问体验对在线口碑传播（β = 0.805，p< 0.001）和重复造访意愿（β = 0.797，p< 0.001）呈显著正相关关系，H5a、H5b 得到支持。

---

① ZHAO X, LYNCH J G, CHEN Q. Reconsidering Baron and Kenny: Myths and Truths about Mediation Analysis [J]. Journal of Consumer Research, 2010, 37（2）: 197-206.

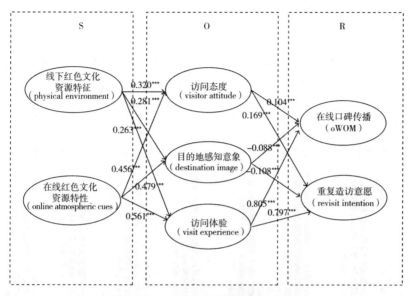

图 4-1-2　结构方程模型及检验结果

注：ns non-significant；* p <0.05；** p <0.01；*** p <0.005。

三、研究发现

借助"S-O-R"之路径，红色文化资源可以实现跨越时空的传递。器物集聚、感知支架和身体实践的三重维度，为 Z 世代青年红色基因的流动赋予了无穷生机。人与物、情与景、历史与现实的交错之间，红色文化传承赓续、绵延不绝。

（一）红色湍流：搭建革命器物的集聚之场

被革命器物托举着的红色文化连接着彼时彼刻。瓦尔特·本雅明（Walter Benjamin）在《机械复制时代的艺术作品》一文中指出，所有器物都拥有一种"膜拜价值"[1]。大到建筑遗址，小到物品物什。器物不仅包含着结构、样式、纹路、材质等显性的线索，还凝练着特定时代的认知状态、审美志趣与工艺水平，它们是使器物珍贵的社会力量[2]。平凡的器物，由于所处年代、特殊经历等原因，更易成为受崇拜与呵护的对象[3]。开国大典中，天安门城楼上悬挂的八盏

---

[1]　本雅明. 机械复制时代的艺术作品 [M]. 北京：中国城市出版社，2002.

[2]　朱大可. 上海世博的器物叙事——器物文化遗产的遗忘、拯救与复兴 [J]. 河南社会科学，2010, 18（05）：54-59, 234.

[3]　朱大可. 器物神学：膜拜、恋物癖及其神话 [J]. 文艺争鸣，2010（01）：109-113.

大红灯笼；红军行军作战中，用于联络通讯的密码本；革命求索之路上的一封封红色家书……红色精神的传承物存在于当下，却承载着历史。革命旧址（84.27%）、革命战役遗址（85.29%）、革命物品（86.7%）"有时""经常"或"总是"① 包裹在 Z 世代身边，能在游客凝视之时将其带入历史的"光韵"当中。

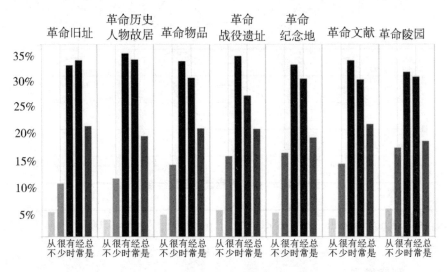

图 4-1-3　Z 世代革命文物接触情况

　　集聚革命器物的文化容器，呈现出恰到好处的和谐形态。海德格尔曾在阐述物之本质时以"壶"为例，认为"壶"作为容器而存在②。而容器首先是一种空间，是虚空的状态③。物的本质就在于"聚集着——居有着的四重整体之栖留"，物乃是纯粹聚集④。物之聚集若脉络相契、经纬勾连，便能形成小桥、流水、人家般的和谐形态。线上的影像、图像，是视听语言、叙事故事与器物的有机聚集，能够实现红色文化叙事的生动讲述（β=0.941）；线下环境的游览空间，是最为丰富的容器，可以容纳氛围浓厚的环境布置（β=0.883），传递出红色文化的丰厚底蕴。媒介物与器物相互调和之时，万物和谐共处、自有其序，

---

① 注：84.27%、85.29%、86.7%分别是革命旧址、革命战役遗址、革命物品在"有时""经常""总是"（Z 世代接触度）三项统计数据的总比例。

② 海德格尔. 物［C］//海德格尔选集（下卷）. 上海：上海三联书店，1996.

③ 胡翼青，张婧妍. 作为媒介的城市：城市传播研究的第三种范式——基于物质性的视角［J］. 福建师范大学学报（哲学社会科学版），2021（06）：144-157，172.

④ 海德格尔. 物［C］//海德格尔选集（下卷）. 上海：上海三联书店，1996.

天地之间一派生机流行①。

红色文化的时空传递，如湍流（onflow）般变换不息。非表征主义认为，生命的意义在于捕捉湍流，湍流在移动的边界中，不断创造着新的时间和空间②。湍流总是聚焦于那些每时每刻处在变动中的日常生活事件③。本研究调查结果显示，相较于参观红色遗址或参与红色文化活动，Z 世代更偏爱到访名人故居、文化场所等红色建筑。其中，"有时""经常"和"总是"前往参观的总比例高达 77.9%。在这些贴近生活的场所里，开放且清晰的设计布局有助于线下红色资源的呈现（β=0.939）。万物并非恒定之架构，器物、媒介、人在动态情境中碰撞融合。湍流不断被创造，每个时刻都通往下一个时刻，它们之间的过渡交替，是一种流动的动力④。浸润红色文化的湍流温润着心灵、滋养着信念、连接着历史与未来。

（二）红色脉动：延伸环境支架的感知之舰

作为"支架"（scaffold）的媒介环境，是承载红色文化感知的泉脉。"昨夜江边春水生，蒙冲巨舰一毛轻。"克拉克（Andy Clark）的延伸认知假说中，外部环境（如用来计算复杂算术时的纸和笔）的"支架"能够支持感知行为⑤，仿佛流动的"春水"将禁锢于大脑中的"蒙冲巨舰"传递出去。在《此在：将大脑、身体和世界重新连接》一书中，克拉克模糊了"感知、认知和行动之间严密的分界线"⑥，将真实世界与"当下的需要"和机体的"感知—行动能力"紧密相关⑦。实证结果也表明，以在线红色文化资源特征（S）为自变量，态度认知、地方感知和行动体验（O）为因变量，三条路径的 β 系数分别为 0.456、0.479、0.561；以线下红色文化资源特征（S）为自变量，态度认知、地方感知和行动体验（O）为因变量，三条路径的 β 系数分别为 0.320、0.281、0.263。这证明了线上和线下的红色环境均可以促进具身认知。水涨船高间，红色环境

① 徐明玉. 聚集——海德格尔"物"之思［D］. 成都：四川大学，2005.

② PRED R. Onflow: Dynamics of Consciousness and Experience［M］. Cambridge: The MIT Press，2005.

③ VANNINI P. Non-representational methodologies: re-envisioning research［M］. First issued in paperback. London New York: Routledge，Taylor & Francis Group，2020.

④ ANDREWS G J. Co-creating health's lively, moving frontiers: Brief observations on the facets and possibilities of non-representational theory［J］. Health & Place，2014（30）：165-170.

⑤ 张建伟. 安迪·克拉克认知思想研究［D］. 上海：华东师范大学，2015.

⑥ CLARK A. Being There: Putting Brain, Body, and World Together Again［M］. Cambridge: The MIT Press，1996.

⑦ 王金颖. 安迪·克拉克的表征理论［J］. 自然辩证法研究，2019，35（11）：100-105.

的"支架"脉动，助推着 Z 世代的感知提升。

外部环境促进了脑—身—世界的循环流动①。借助心流（β = 0.937）的桥梁，Z 世代青年的情感（β = 0.837）和感官（β = 0.825）得到了充分的延展；借助生动性和互动性的光影呈现，Z 世代青年凝聚了对红色地方的感知意象（β = 0.479）。比如，以 1949 年重庆解放前夕为大背景的沉浸红色剧目《重庆·1949》革新了传统的观演方式，带领观众穿越回那个动荡的山城。演出开始，在悠远而又颇具历史感的背景音乐当中，整座舞台缓缓转动，吊脚楼建筑群、石阶与牌坊、巨轮扬帆、磁器口码头、监狱哨岗和铁牢等实景次第再现。在光影变幻和旋转互动当中，观众时而穿过狭窄的街巷，时而又面对汹涌的嘉陵江。物换星移之间，情感也随之跌宕……观演结束，这段惊心动魄的心流体验及其背后蕴含的山城意象会永远铭刻在每一位观演者心中。环境在影响感知的同时，感知行动者亦在影响着环境。心境交错之间，情景相融、心流浸润、精神荟萃。

（三）红色生机：激活习性实践的身体之域

在历史的特定条件下，储存在身体中的习性支配着主体的实践逻辑。布迪厄（Pierre Bourdieu）认为，习性是历史的产物，产生着历史的实践活动②。习性是具体化的、身体化的，体现为姿势、说话、行走，从而也是感觉和思维的习惯③。当下，契合 Z 世代的红色文旅项目注重纳入习性的历史图式。通过难忘的旅游体验（β = 0.984），Z 世代与红色历史建立起了文化参与（β = 0.808）、新奇体验（β = 0.779）等经验的联系。以红色剧本杀为例，参与成员需要在阅读红色剧本后进行表演，在扮演角色的过程中，调动身体代入历史情境，搜索线索、解救同伴、庄严宣誓……剧本杀与红色文化的结合是一种习性重构。游戏式的反馈刺激、沉浸式的角色扮演、人与人的表演交锋，不断引导着 Z 世代探索未知的结局，真相大白的那一刻，所有人都能感到力量和振奋。习性不断整合新的经验，并且持续向未来延伸，并在此过程中努力维护自身的稳定④。

身体为红色文化的赓续提供着源源不断的生机与活力。布迪厄在其实践理论中格外强调实践与身体的相互联系——实践信念不是一种"心理状态"，而是

---

① 姜宇辉."具身化"：知识、行动与时间性——从安迪·克拉克到吉尔·德勒兹 [J].华东师范大学学报（哲学社会科学版），2010, 42（04）：21-27.

② 皮埃尔·布迪厄.实践感 [M].南京：译林出版社，2003：91.

③ 皮埃尔·布迪厄.实践感 [M].南京：译林出版社，2003：118.

④ 王文卿.社会转型中的习性重塑 [J].太原学院学报（社会科学版），2022, 23（03）：11-24.

一种身体状态（état de corps）①。身体习性载有意义和社会价值②。沉浸体验结束之后，受到价值感召的 Z 世代往往会有意犹未尽之感，并对文化体验做出传播反馈。本研究发现，相较于访客态度和目的地感知意象这类心理状态，访问体验对在线口碑传播（β = 0.805）和重复造访意愿（β = 0.797）的影响显著。通过身体化的实践和表演性的参与，环境、时空、群体、自我之间实现对话。Z 世代手执红飘带，红色精神扎根于心，红色基因传承于行。

表 4-1-1　问卷结构、来源及信度数据

研究变量	具体问项	文献来源	Cronbach's alpha
线下红色文化资源特征——环境因素（ambient factor）	红色文化场景内光线照明情况好 红色文化场景内色彩搭配好 红色文化场景内标识醒目/信息丰富	Baker, 1986 Bonn et al, 2007	0.797
线下红色文化资源特征——设计布局（design and layout）	红色文化场景内有清晰的功能分区 红色文化场景内良好运用了开放空间 红色文化场景内游客行动路线清晰 红色文化场景周边的位置易于寻找	Baker, 1986 Bonn et al, 2007	0.858
线下红色文化资源特征——社会因素（social factor）	红色文化场景内讲解服务到位 红色文化场景内工作人员服务优秀	Baker, 1986 Bonn et al, 2007	0.827
在线红色文化资源特征——生动性（vividness）	线上红色文化资源的图像清晰且详细 线上红色文化资源的文字讲述丰富 线上红色文化资源的故事叙述生动	Wu, Wong & Lin, 2021	0.848
在线红色文化资源特征——互动性（interactivity）	我可以自由观看并分享线上的红色文化内容 在观看线上红色内容时，我的选择决定了我的体验 访问线上红色文化资源可以快速充分地解答我的疑惑	xu, 2018 Wu, Wong & Lin, 2021	0.807

① 皮埃尔·布迪厄. 实践感 [M]. 南京：译林出版社, 2003：116.
② 皮埃尔·布迪厄. 实践感 [M]. 南京：译林出版社, 2003：124.

续表

研究变量	具体问项	文献来源	Cronbach's alpha
访客态度 （visitor attitude）	请勾选自己对于所造访红色遗产景点的总体态度 请勾选自己对于线上红色文化资源的总体态度	Bonn et al, 2007	0.800
目的地感知意象 （destination image）	蕴含红色文化的地方因其悠久的历史和良好的声誉而闻名 蕴含红色文化的地方有着良好的形象 蕴含红色文化的地方能反映其历史和文化的厚重程度	Rindell, 2013 Wu & Li, 2017	0.859
访问体验—— 难忘旅游体验 （MTE）	（1）（hedonism）娱乐体验 我真的很享受红色文化的体验经历 红色文化的体验经历很激动人心 （2）（novelty）新奇感 我体验过独具一格的红色文化 我总能获得全新的红色文化体验 （3）（local culture）地域文化 我对红色旅游地的人们有很好的印象 我体验到了红色地域文化 （4）（meaningfulness）意义价值 红色文化体验是有意义的 红色文化体验让我反省自己 （5）（involvement）参与度 我会和他人积极讨论红色文化内容 我会花费额外的努力去了解多方面的红色文化 我喜欢红色文化内容，不会在接触过程中产生无聊的感觉 （6）（knowledge）知识获取 这种红色文化体验是探索性的 我在红色文化体验中获得了很多红色文化知识	Kim et al, 2012 Tsai, 2016	0.949
访问体验—— 心流体验 （flow experience）	我被红色文化内容深深吸引 我获得了强烈的感官体验（震撼、冲击、享受等） 我获得了浓烈的情感体验（悲壮、感动、激励等）	Liu et al, 2022 deMatos et al, 2021	0.917

研究变量	具体问项	文献来源	Cronbach's alpha
在线口碑传播（eWOM）	我会在社交媒体上宣传红色文化内容的优点 我会在网上和别人分享关于红色文化的相关信息，这样我就可以告诉别人我的积极经历 我会通过个人社交网络，与朋友或家人分享关于红色文化内容的积极故事 如果在网上被别人问，我会说红色文化内容的优点	Pandey & Sahu，2020	0.901
重复造访意愿（revisit intention）	线下：如果有机会，我会再次访问红色文化场景 我有强烈的想要再次访问红色文化场景的意向 线上： 如果有机会，我会再次浏览线上红色文化内容 我有强烈的想要再次浏览线上红色文化内容的意向	Chen &Chen，2010	0.912

第二节　赓续红色基因的文化遗产影像空间叙事实践研究①

　　红色文化是中国共产党领导人民在革命、建设以及改革进程中凝结的具有鲜明特色的先进文化，它具有科学性、时代性、民族性以及教育性等特点②。新的历史时期，红色文化不仅是我国革命与建设的文化凝结，也为推动社会主义先进文化建设做出了重要贡献。习近平总书记曾多次强调，"要把红色资源利用

---

① 本节内容主体部分已经转化为本项目支持的两篇论文，分别是《寻声之旅：红色文化传播的空间叙事实践》（刊于《当代电视》2022 年 4 月）；《赓续红色基因的文化遗产影像空间实践——基于专题片〈长征之歌〉的内容分析和文本研究》（刊于《电视研究》2023 年 6 月）。

② 孙学文，王晓飞. 新时代红色文化的传承与发展 [J]. 吉首大学学报（社会科学版），2019（S1）：12-15.

好、把红色传统发扬好、把红色基因传承好"。在中国共产党建党一百周年之际，红色文化以前所未有的规模，从革命老区走向全国各地，从博物展馆走进千门万户，在媒介的多维传播下形成了有着多元风格特色的红色文化景观。在此期间，国家广电总局牵头各地广播电台电视台推出了一批批优质的红色文化影视，充分挖掘我国的红色资源文化价值，以此涵养国人的红色文化素养和红色精神底蕴。

近些年，红色题材的优秀影像作品络绎不绝、频频出圈。《觉醒年代》《跨过鸭绿江》《大决战》《亮剑》等一批重大主题作品献礼党的百年华诞，有透过珍贵革命文物回望中国共产党波澜壮阔历程的《红色烙印》。有以影像故事讲述、全景展现长征国家文化公园沿线遗产、历史人文环境以及长征精神的专题纪录片《长征之歌》，有生动反映延安时期中国共产党人形象的《我们，从延安走来》，有用革命旧址展现中国共产党从"一大"到"开国大典"的28年光辉历程的特别节目《红色地标里的故事》，有砥砺红色理想信念的《百炼成钢：中国共产党的100年》《无声的功勋》《记忆100》等红色微纪录片，有由国家广播电视总局和国家文物局联合出品的网络音频节目《红色文物100》，还有深挖革命史料、探访感人故事、创新创意设计的全国首档党建百年融媒体综艺节目《寻声记》以及新华社推出的融有歌舞、话剧、快闪、情景剧等文化元素、让网友热血澎湃的"青春版党史教材"大型直播综艺类节目《红色追寻》等等。

本节择选两部较有特色、受到广泛关注的红色题材节目——红色专题纪录片《长征之歌》、红色综艺节目《寻声记》为研究对象蓝本，结合媒介与传播地理学、文化空间理论，综合内容分析和文本叙事，在人、物、技术、场景、文化等不同维度拾取红色文化基因元素，探索红色媒体文本的文化空间和地方情感价值，以期为红色文物和文化遗产影像化实践、红色文化内容的教育宣传意义提升贡献力量。

一、文化遗产影像空间实践：关于专题片《长征之歌》的文本内容分析

长征是中国工农红军在历史关键时期进行的伟大远征，是中华民族伟大复兴历史进程中的巍峨丰碑。[①] 80多年前，中国共产党带领中国工农红军战湘江、过赤水、渡沙江、翻雪山，用两年时间翻越了30余座大山、渡过20余条河流、转战14个省份，走完了二万五千里的艰辛征途。1934年至1936年的红军长征，是中国共产党历史和中国人民解放军历史上的重大事件。习近平总书记指出：

---

① 习近平. 在纪念红军长征胜利80周年大会上的讲话［EB/OL］. 新华网，2016-10-21.

"伟大的长征精神是中国共产党人革命风范的生动反映，我们要不断结合新的实际传承好、弘扬好。"① "要讲好党的故事、革命的故事、根据地的故事、英雄和烈士的故事，加强革命传统教育、爱国主义教育、青少年思想道德教育，把红色革命基因传承好，确保红色江山永不变色。"② 新的历史时期，对于长征沿线文物和文化遗产的保护和传承是弘扬长征精神、讲好长征故事的现实举措。2019 年，习近平总书记主持召开中央深改委第九次会议，审议通过《长城、大运河、长征国家文化公园建设方案》。党的二十大报告提出"加大文物和文化遗产保护力度，加强城乡建设中历史文化保护传承，建好用好国家文化公园"。配合长征国家文化公园建设，以长征为主题的文艺创作全线起航。《长征之歌》是2023 年 1 月 11 日起由央视制作播出的六集电视专题纪录片，分别是《让长征文物活起来》《跨越时空的承诺》《一条绿色生态廊道》《奇迹在万里征程闪耀》《红飘带上的诗与远方》《长征世界读懂中国》，引发观众热烈反响。③ 该片聚焦革命文物和红色文化遗产资源以及长征国家文化公园建设，文化遗存空间与历史人物事件相呼应，书写了一场气壮山河、荡气回肠革命史诗般的时空之旅。

　　"文化空间"（cultural place）是一个具有时间、空间和文化等多维属性的概念。④ 2005 年，据国务院办公厅颁布的《关于加强我国非物质文化遗产保护工作的意见》附件界定，"文化空间，即定期举行传统文化活动或集中展现传统文化表现形式的场所，兼具时间性和空间性"⑤。20 世纪以来，在人文科学界发生了"空间转向"（the spatial turn），这种转向最根本的特征体现在对于传统哲学时间与空间二元对立思维方式的打破，介入了社会建构主义视角和融合文化范式。相较于牛顿、爱因斯坦、伯格森等人的纯粹时空观，德勒兹（时间—影像理论）、列斐伏尔（空间的社会生产理论）等人更愿意结合时代技术环境倾向于融合的时空观。这种融合体现在：影像文本的时间不仅作用于纵深维度的"再现"，而且更注重于差序互动维度的"表现"⑥；文化空间的时间传承性主要表

---

① 龚剑飞. 大力弘扬长征精神，走好新时代的长征路 [EB/OL]. 光明网，2020-07-22.
② 习近平. 用好红色资源，传承好红色基因把红色江山世世代代传下去 [J]. 求是，2021（10）.
③ 白瀛，尚嵘峥. 每一代人要走好每一代人的长征路——电视专题片《长征之歌》取得积极反响 [EB/OL]. 人民网-人民日报，2023-01-24.
④ 李向明，吴峰，李文明. 基于原真性原则与文化空间视角的海昏侯国大遗址保护路径研究 [J]. 南昌大学学报（人文社会科学版），2020（4）.
⑤ 崔旭. 中国非遗保护语境下文化空间的空间化问题反思 [J]. 东南学术，2022（5）.
⑥ 沈钰扉. 影像的时间纵深——德勒兹时间—影像理论与电影创作之关联 [J]. 绍兴文理学院学报，2021（3）.

现在集体记忆的留存和唤醒，这种融合过去和现在的记忆，在差异化个体的观念中形成多元多维的时间网络体系①；空间和空间性具有社会、文化和准物质属性②，绝对空间、相对空间和关系空间是三位一体的关系③；时空关系需被放置在差异性模式中考量，空间具有"叙事的多样性"和"共存的异质性"④。本部分内容立足于人类学"以人为本"和"文化整体性"的立场，以文化空间作为分析轴心，有机结合时空融合观念，综合量化和质化研究方法，围绕《长征之歌》纪录片文本进行分析。研究问题聚焦在：对于我国五大国家文化公园中唯一一所近现代由红色基因浇筑的长征国家文化公园，怎样在影像记录中书写阐释长征精神的文化空间价值，以应对快节奏现代社会发展过程中记忆的断裂、时空结构的重组？这种价值如何在时间和空间碰撞融合的叙事维度中得到相应的体现和赓续？

综合运用内容分析法和文本分析法，以 2023 年 1 月 11 日至 18 日播出的 6集专题纪录片《长征之歌》为研究对象，每集专题片由 6 至 10 个地方故事组成，每个故事围绕长征国家文化公园不同区段的文化遗产讲述长征故事及地方文化生活，故事总计为 49 个。本文将上述故事作为分析的基本单位，对其进行量化和质化分析。

本研究主要从与文化空间建构密切相关的"时间—空间—人"三个维度⑤进行编码设计。在时间维度，主要对历史记忆的讲述方式、类型、影像元素等信息进行编码。在空间维度，主要对遗产空间的位置、类型、环境等信息进行编码⑥，并加入了对历时性的考察，设计"如何书写历史空间与当下空间的关系"和"是否通过刻画环境彰显长征精神"两方面的编码。在人物维度，主要对历史人物的精神体现、现实人物的空间互动两个方面进行编码。在借鉴相关

---

① 甘爱平. 论近代与现代时间观念的演变 [J]. 经济科学，1990（2）.

② MERRIMAN P, JONES M, OLSSON G, et al. Space and Spatiality in Theory [J]. Dialogues in Human Geography, 2012, 2（1）：3-22.

③ HARVEY D. Social Justice and the City [M]. Oxford：Blackwell Publishing, 2017：6.

④ MASSEY D. For Space [M]. U.S.：SAGE, 2005：106-125, 118.

⑤ 李渌，李晨宇，徐珊珊. 记忆与空间：历史城镇非物质文化遗产活化的逻辑构建——基于贵州织金古城的实证 [J]. 华侨大学学报（哲学社会科学版），2023（3）.

⑥ PIÑEIRO-NAVAL V, NUEVO L A S, LAZCANO F J M. A study of web content analysis on cultural heritage [C] //Proceedings of the Second International Conference on Technological Ecosystems for Enhancing Multiculturality. New York：Association for Computing Machinery（ACM）, 2014：659-665.

文献的编码方式①后，形成如下一系列分析变量：

1. 时间维度

（1）历史故事的主要讲述方式。设置"1"="旁白讲述"，"2"="人物访谈讲述"，"3"="场景讲述"，"4"="包含两种及以上的讲述方式"。

（2）受访者与事件（人物）的关系。设置"1"="亲历者"，"2"="亲属及后辈"，"3"="历经地村民"，"4"="相关学者或专业人员"。

（3）历史记忆的类型。设置"1"="人物—事件"，"2"="物质—场景"。

2. 空间维度

（1）遗址空间位于长征国家文化公园哪个区段。设置"1"="福建段"，"2"="江西段"，"3"="广东段"，"4"="广西段"，"5"="湖南段"，"6"="湖北段"，"7"="河南段"，"8"="陕西段"，"9"="重庆段"，"10"="贵州段"，"11"="宁夏段"，"12"="甘肃段"，"13"="云南段"，"14"="四川段"，"15"="青海段"。

（2）空间类型。设置"1"="历史旧址（行军途经的桥梁等）"，"2"="纪念性空间（博物馆、纪念碑等）"，"3"="自然景观（河流、山脉、路径等）"，"4"="其他"。

（3）如何书写历史空间与当下空间的关系。设置"1"="体现空间传承感"，"2"="体现空间的变迁"。

（4）是否体现遗产空间的自然生态及在地环境。设置"0"="否"，"1"="是"。

（5）是否通过刻画环境彰显长征精神。设置"0"="否"，"1"="是"。

3. 人物维度

（1）历史人物描绘。设置"1"="有明显主角"，"2"="人物群体"。

（2）是否强调现实人物与地方空间环境的关系。设置"0"="否"，"1"="是"。

在正式编码之前，研究者经过反复的试验和修正，使分析元素及其变量的设计更为准确和合理。编码完成后将数据导入数据分析工具 SPSS 26.0，分析元素之间的关系。同时，使用内容挖掘分析软件 ROSTCM 6.0 及可视化绘图软件 NETDRAW 对节目中老红军的口述历史资料进行语义网络分析，以更好地解读长征历史的精神价值。此外，在内容分析的基础上进行文本分析，以更加深入

---

① 张龙，曹晔阳.建党百年影像中的英雄在场与史诗书写——基于电视剧《理想照耀中国》的内容分析和文本研究［J］.文艺论坛，2022（4）.

地分析文化遗存影像文本的价值与意涵。

（一）时空交织：地方文化遗产重建的记忆拾取和空间织补

长征精神作为中国共产党人的红色基因和精神族谱的重要组成部分，是我们实现红色记忆传承和文化空间实践的绵绵动力。在现代社会，伴随网络媒介技术发展所带来的信息超载而造成的"技术性失忆"以及在消费主义文化语境中衍生的"记忆娱乐化"倾向①，线性时间线条的断裂、空间结构体验的改变带来记忆的"现代化危机"②。伴随国家文化公园建设过程中用文艺影像书写的《长征之歌》，在重塑有着社会建构肌理成分的"集体记忆"③ 之时，也延伸了具有文化学风格转向的"文化记忆"，通过人物、事件、场景等多种元素在共时和历时双向维度阐释长征精神的文化空间价值。

1. 记忆拾取：地方遗产红色基因的留存与唤醒

以个体化视角书写的集体记忆将记忆的时空感代入一种生命体验的状态，在回忆、感受、时空相互交织的话语实践之中获得一种鲜活的历史回溯。在《长征之歌》中，共穿插 59 条红军战士诉说自身长征经历的内容，这些内容的词云图（图 4-2-1）显示："红军""同志""看到""胜利""共产党"等词汇构成口述内容的主要叙述性元素；"冰雹""下雪""下雨""冻死""一路""追击"等词汇与时间变换和空间位移紧密相关，不仅是记忆时空属性的重要体现，也是象征红军战士不畏任何艰难险阻的精神代名词。例如，"没有草鞋，打

图 4-2-1 《长征之歌》中红军口述内容文本的语义网络图

---

① 王蜜. 从"集体记忆"到"文化记忆"：现代性反思视域下的记忆研究 [J]. 齐齐哈尔大学学报（哲学社会科学版），2022（11）.

② 王蜜. 记忆的现代性危机与文化记忆的开启 [J]. 天津：天津社会科学，2019（3）.

③ 莫里斯·哈布瓦赫. 论集体记忆 [M]. 毕然，金华，译. 上海：上海人民出版社，2002：69.

赤脚走"是红军在万里跋涉过程中顽强意志的体现；"我在沙县受伤，当时还好有山坳，要不然没命了"是老红军朱万陵在战斗中命悬一线的泣泪回忆；"掉下去的人很多，看到那个冰下的人啊，跟那个水晶棺材一样"是老红军颜吉连翻越终年积雪的夹金山时目睹战友牺牲的刻骨记忆。这样一个个具有"唤醒"力量的回忆碎片填补和丰富着有关长征历史的记忆图景。

口述历史并非只是将历史事件经由亲历者的"转述"，而是注重"群言"的差异性，在多元微观视角的交汇中体现历史的见证感。① 为进一步研究红军口述内容的话语特征，本文使用数据挖掘软件 ROSTCM 6.0 对红军口述内容进行语义网络分析：首先，对文本内容进行分词处理，形成可识别的分析字段；然后，过滤无意义词后生成有效词表，通过特征词分析生成 VNA 文件；最后，将VNA 文件导入 NETDRAW 软件绘制语义网络图（图4-2-2）。从图中可以发现，"四方""下雪""冰雹""水面""过河"以及"冻死""饿死""难受""惜别"等词语表明长征跋涉之艰；从"同志""老百姓""士兵""穷人"等指代人物的词汇可以看出红军老人记忆中饱含对战友及军民情谊的关切；"正确""信念""完成""斗争"等词语则表现出红军战士的政治意志和军心士气；"帮助""兵力""事实""客观"等词语则是长征战略意义的体现。语义网络的提取和分析展现出红军老人语录中更为丰富的语义维度，集中呈现了长征意涵的精神韧性和多维内核。

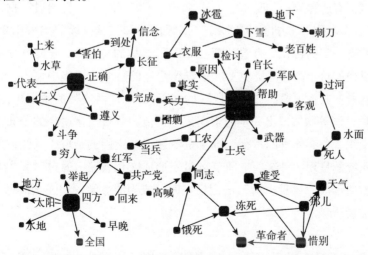

图4-2-2　《长征之歌》中红军口述内容文本的语义网络图

---

① 周振华. 话语、面孔与记忆——论口述历史纪录片的制作 [J]. 新闻界，2007（1）.

另外,《长征之歌》还通过丰富的影像剪辑将这些口述声音记录汇聚于特定的遗产空间之中。例如,第1集介绍国家文化遗产泸定桥时,节目时而运用宽广的画面构图、鲜明冷峻的色彩、缓慢的推移镜头,全方位呈现桥下水势的浩大湍急,以衬托泸定桥的地势险峻;时而又将视点聚焦于桥体结构的细节,用桥面铁索的浑浊、脱色、破损等微观元素凸显泸定桥的历史感。同时,引入两位红军老人的话语:"大晚上走路,下雨,我们有一些打一点火把,有些不敢打,怕把我们暴露","高高低低的,有石头尖尖的,晚上也走,白天也走,还得跑步走,边走边打",携带着历史血泪记忆的口头亲身讲述,给影像画面更添一层庄严肃穆的底色。背景中响起缓慢悠长的古典乐曲,创造出深蕴绵长的感官空间,使观众能够在记忆的生命体悟、视觉的冲击碰撞中激活生动深刻的空间感知。

2. 文化记忆:遗产空间叙事与人文环境生成

相较有着共时在场风格的集体记忆,文化记忆更偏重从历时维度研究文化的传承,它是借助"文本系统、意象系统、仪式系统"等文化符号形成的①。莫里斯·哈布瓦赫(Maurice Halbwachs)认为记忆是"立足于现在对过去的重构",记忆的事件必须"曾经发生于某地"才能避免沦为虚构和空幻。② 首先,《长征之歌》选取长征途经所有省份的文化遗产地,经过线性组织排布形成节目的文本结构。从遗产地区分布条形图(图4-2-3)可以发现,节目在不同区段的呈现比例上有所差异:"四川段"最多,占比25.53%;"贵州段"次之,占比12.77%;"陕西段"占比10.64%;"广西段"和"云南段"均占比8.51%;其余区段均有一定的占比。有着"死亡之山"之称的夹金山、奇峰林立的大凉山、沟壑纵横的黄土高坡等历史上红军跋涉途经的险峻之地集中位于占比较大的前三个区段。其他区段如"福建段"的红军桥、"广西段"的酒海井、"宁夏段"的古城窑洞等均体现出一定的空间纪念价值。节目文化遗产的分布总体体现出多元交织、各有侧重的特征,既注重零散遗产空间的拾取,又注重整体性文化记忆系统的呈现。将这些空间节点串联形成文化线路,通过对其人文环境的挖掘和塑造形成"触景生情"的记忆空间,成为能够激发和强化情感归属及文化认同的场所③。

① 王蜜. 文化记忆:兴起逻辑、基本维度和媒介制约 [J]. 国外理论动态, 2016 (6).
② 杰罗姆·特鲁克, 曲云英. 对场所的记忆和记忆的场所:集体记忆的哈布瓦赫式社会——民族志学研究 [J]. 国际社会科学杂志(中文版), 2012 (4).
③ 李渌, 李晨宇, 徐珊珊. 记忆与空间:历史城镇非物质文化遗产活化的逻辑构建——基于贵州织金古城的实证 [J]. 华侨大学学报(哲学社会科学版), 2023 (3).

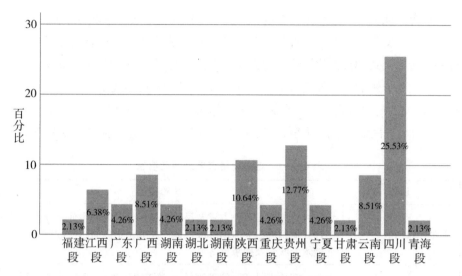

图4-2-3 节目中遗产地区分布条形图

其次，记忆所承载的抽象价值观念需要借助意象元素达到有效的传播，以影像为内容载体的符号媒介能够通过再生产超越历史的"断裂"，并以影像符号凸显记忆的空间之维，在记忆层面建立时空连续性。① 《长征之歌》中有着多种意象空间的建构，例如，第4集介绍红军后代胡敬华根据四渡赤水故事独创的船工号子时，镜头先是来到四渡赤水的主要渡口太平古镇，空阔的街巷里回荡着一阵阵清亮的和声；随着镜头的转移，画面切换为胡敬华老人手持红色旗子、卖力地挥动手臂，带领一群孩童和青年唱着自己创作的船工号子"哟嗬嗬哟，太平都是好地方哟，当年毛主席哟，领导工农红军……"；伴随着萦绕耳畔的阵阵传唱，画面又逐渐淡出并转入古镇内错落有致的屋舍景色，为观众营造一种古色古香的感官环境，同时又巧妙地将红色元素注入其中，以此通过人、事、物的互动实践塑造遗产空间的地方感。② 其他故事中的文化符号，如唯一一门随红军走完长征路的山炮、甘孜州泸定县象征泸定桥的"铁索"符号、当年毛主席住进礼州古镇边家大院时留下的一块银圆等，也都具有意象表征功能。无论是人、物，还是非物质性文化形式，这些作为"回忆形象"的文化符号以生动的方式将长征故事展现给观众，既是长征精神的联结纽带和具象化身，又是根

---

① 曾丽红."记忆作为方舟"：论文博类纪录片形塑集体记忆的媒介功能 [J]. 现代传播（中国传媒大学学报），2020（11）.

② 王焯，张继焦. 潜在与现实：文化记忆视角下文化遗产传承与建构的三个特性 [J]. 思想战线，2022（3）.

植并孕育于地方的鲜活载体，对地方感的形塑和文化汇聚有着重要意义。

再次，文化记忆不仅存储于某种载体中，还要进入大众生活美学范畴，经过一定行为仪式的重拾建构，才能成为有生命力的记忆。[①]"仪式"狭义上指基于一定文化传统的具有象征意义的行为秩序，广义上可指代一切规则化的人类行为。[②] 通过记录并整理节目中的民俗仪式和地方活动，发现总体可分为三种类别：地方歌舞民俗、地方围绕红军长征创作的歌谣、告慰先辈仪式（表4-2-1）。

表4-2-1 地方民俗仪式及活动信息

类型	具体构成
地方歌舞民俗	大寨村传统梯田耕作方式及民俗歌舞场景、云南中甸藏族僧人跳神仪式羌姆舞、大凉山彝族民歌、陕北黄土高原腰鼓歌舞、重庆非遗木叶吹奏及摆手舞等
地方围绕红军长征创作的歌谣	太平古镇地方号子、皎平渡村《渡江动员歌》、各地民歌小调的红军送别曲、湖南桑植民歌《马桑树儿搭灯台》、广东南雄《当红军歌》墙、陕北说书等
告慰先辈仪式	广西村民世代守护烈士墓点、四川阿坝州雅克夏红军烈士墓祭奠仪式、夹金山越野活动及乌江岸边长征路线重走等

地方人民依靠身体操演和仪式语言书写着过去、现在和未来。为了细致刻画仪式场景，该片常采用民俗歌舞场景来烘托喜悦的气氛，地方人民身着色泽鲜艳的民族服饰，在绿水山林间纵情歌舞，在凸显观赏性和审美价值的同时也映衬着地方生活的勃勃生机。地方性民俗歌舞是重要的身份标签和文化象征符号，仪式性的重复不仅承载着历史记忆和文化记忆，还强化着地方认同，在空间和时间上保证了群体的聚合性。[③] 围绕红军长征创作的歌谣是地方民族文化再生产的体现，长征途经地的民歌小调所演绎的红军送别曲，既生动表现了民族文化的开放性和交往性，也是长征历史痕迹的留存，象征了长征内涵中所系结着的民族情感和军民情谊。另外，节目还呈现了告慰先辈的种种自发性仪式，例如，地方村民世代守护烈士墓点、越野爱好者在夹金山进行徒步体验等，这

---

① 丁艳华. 论"场所精神"视觉化在文化记忆重塑中的媒介功能——当代故宫建筑摄影研究［J］. 现代传播（中国传媒大学学报），2022（12）.

② 郭文，杨桂华. 民族旅游村寨仪式实践演变中神圣空间的生产——对翁丁佤寨村民日常生活的观察［J］. 旅游学刊，2018（5）.

③ 黄彩文，于霄. 地方节日的历史记忆与仪式表征——以广南壮族皇姑节为例［J］. 云南师范大学学报（哲学社会科学版），2020（4）.

些日常实践活动实现了记忆的传承和延续①，也体现了我国传统价值观念中对"礼"的看重。无论是地方村民还是社会人士，在用身体丈量和认知遗产空间之时，记忆也在一次又一次的身体行动中不断复现，在动态实践中不断构筑和生成着物质空间的人文景观。

（二）时空融合：地方文化地理更新的场景营造和感知体验

记忆有着流动性和不稳定性，会被更迭的时代裹挟逝去。作为"记忆装置"的视听媒介在与遗产场所的互动中，通过复原、重组和再现激活和传递记忆，也在记忆中敞开空间想象②。《长征之歌》在遗存空间、历史记忆、地方生活的叙事维度体现长征国家文化公园的精神存续与传承，并将历史记忆与当下实践相结合，探索具有沉浸价值的"共情体验"，在时空融合的具身实践中实现长征精神的赓续。

1. 记忆之场：遗存空间与历史跫音的融合共生

在皮埃尔·诺拉（Pierre Nora）关于"记忆之场"的构想中，现实场域中集体记忆的存续需要依靠一种同时包含"地缘性具体事物"和"抽象或思想性事物"的地域拓扑性空间③。这种空间既是客观存在的地理空间，又是人们文化活动的精神建构空间。《长征之歌》中有大量旧址、景观、纪念地作为重要的空间表征，以记录真实空间来增强叙事在场感。图4-2-4为节目中遗产空间类型图。结果显示，历史旧址占比36.7%，纪念性空间占比32.7%，自然景观占比26.5%，未交代的空间类型占比4.1%。影片中三种空间类型的分布较为均衡，并且每种类别也有丰富的多样性展现。比如，在历史旧址的介绍上，既有红军临时居所、战斗遗址等长征沿途重要位点，又有红军在行军途中散落留下的振奋人心的标语遗迹；在纪念性空间的选择上，既介绍了国家以长征为主题建设的博物馆和文化广场，又能关照到地方村民用老宅自主创建与传承的红军资料陈列馆；在自然景观的呈现上，展现了川西北高原、贵州赤水丹霞、陕北黄土地等地形种类，既通过多样地貌书写当年红军战士面临的艰难处境，又能在历史与现实的融合叙事中映现长征沿线地方在传承与保护中的万象更新，以彰显长征精神所蕴含的时代价值。

---

① 钱莉莉，张捷，郑春晖，等. 地理学视角下的集体记忆研究综述 [J]. 人文地理，2015 (6).

② 王炳钧，王炎，汪民安，等. 空间、现代性与文化记忆 [J]. 外国文学，2006 (4).

③ 于京东. 现代爱国主义的情感场域——基于"记忆之场"的研究 [J]. 社会科学战线，2020 (5).

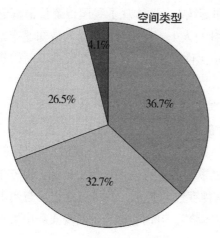

图 4-2-4 节目中的遗产空间类型饼图

为进一步分析空间呈现与精神价值的关联，本文根据节目中是否通过刻画空间环境彰显长征精神对故事样本进行编码。由于"是否体现遗产空间的自然生态及在地环境"与"是否通过刻画环境彰显长征精神"二者均为双数值变量，本文采取斯皮尔曼相关性分析对二者的相关性进行检验（表 4-2-2）。参照斯皮尔曼等级相关系数临界值表，得到的相关系数为 0.580>0.378，表明拒绝零假设，斯皮尔曼等级相关显著，说明节目中自然环境体现与长征精神刻画有正相关关系。相关性显著性水平 p 等于 0.000<0.01，表明两变量之间的正向相关性非常显著。

表 4-2-2 节目中自然环境体现与长征精神刻画的斯皮尔曼相关性分析

			是否体现遗产空间自然环境	是否通过刻画环境彰显精神
斯皮尔曼 Rho	是否体现遗产空间自然环境	相关系数	1.000	0.580**
		Sig.（双尾）		0.000
		N	46	46
	是否通过刻画环境彰显精神	相关系数	0.580**	1.000
		Sig.（双尾）	0.000	
		N	46	46

自然环境是红军战士需要对抗与克服的主要因素之一，与长征精神的刻画存在密切关联。在第 3 集对红军唯一途经的沼泽地带——川西北高原的介绍中，

先是从高空俯瞰视角真实地呈现自然景观，将观众的感官空间拉入连绵起伏的宽广谷地，又穿插了雨雪交加中红军队列在泥泞水草地里徒步跋涉的影像画面，从视觉纬度唤起关于空间的历史感知。同时，嵌入红军老人关于行走沼泽地及战友陷入泥潭牺牲的真情讲述："我们穿的衣服，打湿了把它晒干，晒干又打湿""最难走的就是水草地，水草地啊，……他陷下去了，你拉不上来"，使观众达到对自然环境理性与感性的双重认知，也在空间与记忆的交错中获得情感共鸣与精神洗礼的多维体验。除了直接书写红军所面临的严峻处境，节目也会采用间接的表达方式，借助越野爱好者体验翻越夹金山后的感受描述、熊康宁教授长期来往石漠化地区的行走经历等现实纬度体现红军长征之艰辛。节目在影像实践中赋予最广大的土地环境以精神价值，融蕴于其中的人和事物无不受到这种精神的熏陶与情感的浸染，长征精神与空间存在已然成为一种密不可分的复杂织体，充盈和绵延着对历史、精神、空间的多重情感与认知。这种熔铸于一体的时空关系既有助于在空间基调中发挥能动性的记忆书写，也在娓娓道来的历史记忆中铺开深厚的空间底蕴。

2. 地方文化：空间旧址的精神赓续与活态传承

除了记忆纬度的叙事，《长征之歌》还穿插了许多现实人物的描绘，通过人物的活态传承完成从历史内涵到当代内涵的精神赓续。这些人物从多元经验视角生动展现了长征文化在地方空间传承的活力面貌，也折射出长征精神的共享性和集体性内涵。例如，在介绍酒海井、甄子岩、脚山铺的红军烈士墓时，同时记录下当地村民百姓对这些散葬墓点的熟知、敬重与守护；特别采访生态护林员在深山动植物园的日常工作、泸定桥维修工人对桥体铁索的保养修缮过程，传达出"功无难易，贵于经久"的工匠精神，以体现历史文脉的活态存续；还有广西村民在龙胜梯田上的耕作场景、外国青年对长征历史的追寻等。节目将这些人物故事融入各种空间叙事中进行艺术化呈现，既凝结成一条人与空间和谐共生的文化脉络，也传递出文化遗产保护和传承力量深深扎根于地方的意涵。通过重新梳理情节逻辑、激活某些叙事符号及情感因素以达到塑造理性认知与情感体验的效果，使观众在以全知视角客观了解历史背景与脉络之时，又能通过切换人物微观层面的内视角关注细节与内心情感的变化①。

---

① 赵婷，姚继中. 民俗文化记忆的影像构建逻辑：真实性与艺术性的融合［J］. 当代电视，2023（1）.

表 4-2-3　历史—当下空间关系书写与人物—环境关系体现交叉分析表

		是否强调现实人物与地方空间环境的关系		总计
		否	是	
如何书写历史空间与当下空间的关系	体现空间纪念感	16	7	23
	体现空间的变迁	2	13	15
总计		18	20	38

为进一步探究节目在历史与现实双重叙事中的人物描写特征，本文对"人物—环境关系"与"历史—当下空间关系书写"两个维度进行交叉分析（表4-2-3）。从结果看出，在 38 个样本中有 20 个样本强调现实人物与地方空间环境的关系，18 个不强调，分布较为均衡。而当引入"如何书写历史空间与当下空间的关系"的交叉分析维度之后，"是否强调现实人物与地方空间环境的关系"则表现出明显的差异化分布，即：当侧重体现空间纪念感时，有 7 个故事强调现实人物与地方空间环境的关系，有 16 个不强调；而当侧重体现空间变迁时，有 13 个故事强调现实人物与地方空间环境的关系，有 2 个不强调。由此发现，《长征之歌》善于通过书写现实人物与地方空间环境的关系和互动来记录空间变迁。节目既聚焦专业人员长期参与陕北黄土高原、川西北沼泽地、土地石漠化等长征沿线地区的生态治理故事，以及在这个过程中对地方土地所付出的心血、积累的热情，直接映射当下长征途经地空间环境的整体性改善；也通过云南小中甸镇村民扎史诺杰等地方人民生活的进步来照射时代的前行和变迁。节目从现实人物视角出发投射出地方依恋的情感，这种在微观人物经验与宏观空间变迁之间建立的互文关系，将个人体验与历史记忆进行有效联结，牵引着文本线索达成统一的意义指涉①，在历史与现实的交互中生成时空流转的空间记忆。

3. 社会生活：地方遗产空间实践的交融与重构

扬·阿斯曼（Jan Assmann）认为，文化记忆不只是一种"潜在"于物质遗存中的"储存记忆"，也作为一种具有"前景"价值的"功能记忆"规范和塑

---

① 贺琳雅. 党史文献纪录片《山河岁月》的符号表征与文本互涉 [J]. 中国广播电视学刊，2022（11）.

造着集体的身份认同①。《长征之歌》对地方文化记忆的"前景"书写不仅体现在现实人物带动地方建设上，也体现在古村落和少数民族聚集区等记忆空间的保护传承实践层面，如对湖北郧西坎子山村、云南小中甸镇、彝族村寨、藏族自治州等地方生活的呈现。

在文化地理学的视域中，社会实践与空间之间是相互建构的关系，地方不仅是由山川、河流等自然要素构成的，也是人的主观认知和历史文化经验所生成的②。《长征之歌》运用多元影像创作手法营构具有沉浸价值的地方生活空间。在第 2 集介绍红军曾经"日行百里"的大凉山时，影片先是视觉呈现大凉山的"通行工具"，即悬挂于数百米高空的溜索和悬崖边竖直垂下的钢梯，仅是观看画面就令人不寒而栗。其次，节目将情感和记忆融于人物的互动过程中，比如，摄影组亲自体验溜索过江、攀登钢梯，并记录下周围游客的攀谈"你这个机器不知道抗得上去不""九十度，太陡了，手脚并用才上得去"。文字或影像的流畅叙述能够使观众在心理层面产生移情，进而带来沉浸感③。作为记录者的摄影组不再"隐匿"于镜头之外，而是走出"第四堵墙"以人际化的方式具身实践于影像空间之中，使节目与观众之间的无形界限逐渐消融，在对人物体验的追随之中达到"共情"。除此之外，还呈现了村民与孩童成群结队徒手攀爬钢梯的日常生活画面，进一步书写大凉山的"行路难"。经过一系列的铺垫之后，话锋转至介绍通村公路的深山改造工程，"今天这个时候，来到我的家乡，我的家乡，春风十里暖洋洋……"；引用一位彝族歌手嘹亮的歌声来昭示家乡风貌的变化，画面中盘卧在峡谷之上蜿蜒绵长的公路与之前的悬崖碎石形成鲜明对比，以此体现大凉山彝族村落的现实变迁。

此外，该片在有意识的符号使用和延伸中为观众创造"共情体验"④，进而以物质性的方式塑造人的空间感知⑤。从观赏性空间的"体验之难"到地方生活的"认知之难"，再到现实生活的改善和变迁，《长征之歌》以一种流畅的叙事逻辑将文化记忆与现实空间进行连接与融合。无论是当地村民、民族歌手，

①　王蜜．文化记忆：兴起逻辑、基本维度和媒介制约［J］．国外理论动态，2016，486（06）：8-17.

②　袁艳．当地理学家谈论媒介与传播时，他们谈论什么？——兼评保罗·亚当斯的《媒介与传播地理学》［J］．国际新闻界，2019（7）．

③　邓若俊．屏媒时代影像互动叙事的概念范畴与潜力环节［J］．电影艺术，2014（6）．

④　曾一果，凡婷婷．数字时代的媒介记忆：视听装置系统与新记忆之场［J］．现代传播（中国传媒大学学报），2023（1）．

⑤　袁艳．当地理学家谈论媒介与传播时，他们谈论什么？——兼评保罗·亚当斯的《媒介与传播地理学》［J］．国际新闻界，2019，41（07）：157-176.

还是外来的摄制组、体验者，无不用自己的亲身实践再现或重塑着地方空间，在大写的时代叙事中恢复了生命的灵动①，最终实现地方身份与文化的认同和延续②。

《长征之歌》运用文化符号的互动与再生产促进遗产空间人文环境的形成，通过人物的空间实践展现赓续红色基因的活力面貌，将长征文化与地方空间融合为一种整体性的文化记忆系统，实现对长征精神的多维阐释和遗产空间的认知激活。通过对该片的深入分析，发现遗产空间既是红色文化的存续场所，也在地方感的生成上发挥着重要作用。长征文化及遗产空间既是地方与外界互动沟通的纽带，同时也维系着地方文化的活态传承。从影像传播视角来看，节目不仅采用生动多元的叙事方式讲述长征故事，还通过视听呈现、人物实践等多种创作手法为观众创造共感、共情、共知的体验，是围绕遗存空间及红色文化创造出的非常具有参考价值的影像传播实践。

二、红色文化传播空间叙事：关于综艺节目《寻声记》的文本分析

《寻声记》是一档由山东卫视、腾讯视频联合出品的全国首档党建融媒体户外音乐故事节目。该节目立足于山东这片红色热土，每期聚焦一座英雄城市，由媒体主持人、青年艺术家、高校学者、政府职能人员以及民间遗产传承人一同组成"寻声团"，以经典革命歌曲为文本指引，在"声音线索"的启发下深入挖掘每个声音背后的红色记忆，在游戏化的场景体验、经典歌曲的情景演绎过程中实现了历史与现实的对话。

声音作为一种媒介，能够连结人与人、人与环境的关系③，声音不仅具有美学意义上的修辞效果，更具备叙事功能。正如默里·谢弗（R. Murray Schafer）所言，无论是一首曲子、一档广播节目或是某个声音环境，任何可研究的声音领域都可以是声音景观。《寻声记》中不仅重新演绎了《国际歌》《弹起我心爱的土琵琶》等耳熟能详的歌曲，还利用技术手段重现了"摇篮曲""爆炸声"等历史中的声音，带领观众深入声音背后的红色文化故事，在声音发出者与接收者的互动中构筑形成一道底蕴深厚而又活泼生动的"声音景观"。这可以看作

---

① 蓝江. 从记忆之场到仪式——现代装置之下文化记忆的可能性 [J]. 国外理论动态，2017（12）.

② 李渌，李晨宇，徐珊珊. 记忆与空间：历史城镇非物质文化遗产活化的逻辑构建——基于贵州织金古城的实证 [J]. 华侨大学学报（哲学社会科学版），2023（3）.

③ 季凌霄. 从"声景"思考传播：声音、空间与听觉感官文化 [J]. 国际新闻界，2019（3）：24-41.

一种动态的"声音交往"（acoustic communication）过程，它是一种涉入环境的过程，既是对声音环境的理解，同时也是一种感知经验①。

声音既传播于空间与地方之中，也创造着空间与地方②。本文采用美国传播学者保罗·亚当斯（Paul Adams）在其《媒介与传播地理学》一书中主要论述的"空间中的媒介""地方中的媒介""媒介中的空间""媒介中的地方"这一四象限图所展示的传播拓扑关系结构（如图4-2-5所示），③ 依据媒介与传播地理的"四象限图"，分别从声音中的空间实践、地方中的声音体验、空间中的声音制造、声音中的地方表征这四个相互关联的维度对《寻声记》这一媒介文本进行分析（如图4-2-6所示），试图从听觉维度构建红色文化的空间叙事路径，在解析中突显出红色文化的生命力。

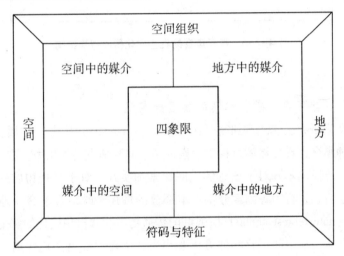

图 4-2-5　保罗·亚当斯所提出的媒介与传播地理学的四象限图

① 季凌霄. 从"声景"思考传播：声音、空间与听觉感官文化 [J]. 国际新闻界，2019（3）：24-41.
② 袁艳. 当地理学家谈论媒介与传播时，他们谈论什么？——兼评保罗·亚当斯的《媒介与传播地理学》[J]. 国际新闻界，2019（7）：157-176.
③ 保罗·亚当斯. 媒介与传播地理学 [M]. 袁艳，译. 北京：中国传媒大学出版社，2020：9.

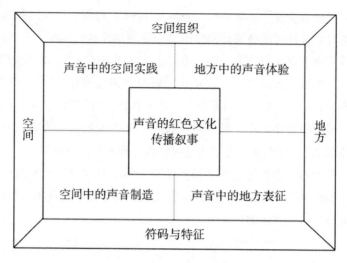

图 4-2-6 基于声音的红色文化传播叙事结构

（一）声音呈现：感官空间的物质性实践

媒介文化研究已然注意到需要在"情境"（context）中考察传播实践①，声音作为一种媒介，在传播的过程中也嵌入了空间和地方的作用力。在《寻声记》中，声音的传播离不开对于场景的空间探索和实践，对于媒介物质的寻觅也不能与身体、情感、行为等因素分割。本部分的撰述，既结合了交通地理学和非表征主义（non-representation）所强调的传播物质性和再物质化的努力，又以声音为媒介介质，从空间实验和地方体验出发，搭建起红色文化传播空间叙事的物质性基础和结构性框架。

1. 场景并置：声音中的空间实践

声音的空间性与声源密不可分。声音承载着音源地的历史情景和红色故事，乐曲小调在口口相传中赋予了对于红色文化情怀的感动、生命共同体的敬畏。散落在民间四方的"声音碎片"，经由艺术化、故事性的组合拼贴，辅之屏幕上斑斓纷呈的视效，不仅能通过声音空间的实践抒写地理风貌和地域场景，而且还让红色文化以可观可感、声情并茂的方式展现在观众眼前。《寻声记》每一篇章都围绕特定的主题线索，如"围绕五种颜色主题""围绕歌词有'路'的红色曲调"，或是抽选不同的声音线索，如抽选"母亲的捣衣声""扁担挑起的叮

---

① 季凌霄．从"声景"思考传播：声音、空间与听觉感官文化［J］．国际新闻界，2019（3）：118-124.

当声""月牙泉边的胡琴声""革命母亲家的挖土声""高粱地里的车轮声""低沉坚定的入党宣誓声"等声音线索卡片。然后，寻声团按着一条条来自红色歌曲、诗集、故事等历史声音线索的指引，在济南、临淄、泰山、菏泽、沂蒙、威海、德州等山东版图区块中寻找对应的红色文化故事，追寻过往，致敬荣光。

每个声音线索都与特定红色历史时期红军战士走过的艰辛足迹与红歌缠绕的地方景观相互交织共鸣。传唱着"人人那个都说哎沂蒙山好，沂蒙那个山上哎好风光"的《沂蒙山小调》，寻声小队走进了白石屋、壁垒村、大青山等沂蒙山人民在抗日战争时期奋力御敌、辛苦劳作的地方。连绵不绝翠绿山脉中郁郁葱葱的草皮植被、崎岖有致的岩块石洞、丛林间的鸟叫虫鸣、山涧清泉的潺潺水声，都在交相呼应着红色小调里的词曲，向人们娓娓道来"青山那个绿水哎多好看，风吹那个草低哎见牛羊……咱们的共产党哎领导好，沂蒙山的人民哎喜洋洋"。与此同时，旁白声情并茂地赞美着大青山的四季常青、岁月静好，随之引入的便是清亮的歌声——"你是灯塔，照耀着黎明前的海洋……"，反映着人民坚定不移跟党走的决心。关于红色文化故事的集体记忆瞬时凝聚，个体沉浸于场景声音元素塑造的氛围环境当中，对红色基因的捕捉和再现有了更动态化、深层次的理解。

除了多种类型声音的叠加之外，声音的重叠并置还在时空层面上实现了意义的勾连，每条声音线索分别展开各自独立的叙事，并进而汇聚形成一种非线性、节点化的空间叙事[1]。伴随着"大刀向鬼子们的头上砍去"振奋昂扬的团体合唱声，场景切换到庄严的冀鲁边区革命纪念馆，馆中广场上屹立着冀鲁人民当年浴血杀敌、保卫家园的伟岸雕像，同时，荧幕时光轮也对1937年创作《大刀进行曲》的革命音乐家麦辛同志致以崇高的敬意，也联系了70年代作家郭澄清的著作《大刀记》对歌曲进行了更为深刻的话语阐释和人文理解。寻声团通过与冀鲁革命先烈家属的面对面交谈，近距离学习缅怀革命山区人民的老照片、革命家庭代代传承的珍贵物件，实地参观了当年人民为了抵御侵略者和掩护红军伤员而挖掘的地道，伴着革命老区往事的追忆，共同升华了对于进行曲的认知感受。红色文化的精神内核是多维立体的，在时空交织的空间叙事中传递出珍贵的革命文化精神。同时也为观众展现革命老区的秀美景色，时间交叉、空间交叠，呈现出红色精神跨越时空、与时俱进的时代内涵。

2. 具身实践：地方中的声音体验

媒介与传播地理学认为，人既是意识主体，同时也是身体主体性，既通过

---

① 郭怀娟. 城市24小时：纪录片"节点式"的空间叙事［J］. 传媒，2021（10）：68-69.

思维认知，也通过身体进行认知。① 《寻声记》以声音线索的所在地为故事阐述"地点"，以红色文化故事为叙事传播线条。首先，游戏化地将文化的精神内涵以"润物无声""温声细语"的方式传递给不同的个体。节目将整个寻"声"过程设计为具有竞技体验感的团队 PK 对弈，通过规则路线、活动场所、奖惩措施等游戏要素的设置，给予观众一定的寓教于乐的感官享受。其次，以户外深度体验的方式打开空间叙事的门槛。钻地道口、品尝炖鸡、泉边打水等情景化的片段，不仅成为吸引受众的记忆"锚点"，而且也凭借特定声音元素向观众展示了所在空间的地理与文化特征，将"身体感知—物质意涵—实践参与"和谐地融汇一体。

另外，《寻声记》还通过对特定红色文化歌曲的再度创作，从某种程度上实现了地方意义上的声音建构。不同地域的歌曲、歌曲中所包含的方言、乐器，以及歌词所表达的地域生活特征都指涉了特定的地方经验，② 如：寻声团利用山东传统戏剧——莱芜梆子的元素来演绎革命烈士邓恩铭的诀别诗。莱芜梆子作为莱芜的特色剧种，受地方方言的影响，形成了粗犷豪爽、高亢激昂的特色。在改编的过程中，不仅与邓恩铭的诗作相得益彰，再加上管弦乐团所带来的铿锵有力的韵律节奏、汹涌澎湃的音乐氛围，使"英雄"主题叙事在多元化元素的撞击中浸入不同个体的心灵，带来强烈且持久的文化体验。

（二）声音建构：叙事空间的立体化营造

不同的技术嵌入和融合重组、不同的对于"地方感"的情感依附和符号表征，使声音本身在介质元素和意蕴内蕴两方面发生变化。本部分既强调声音技术形态和应用方式对于媒介传播地理的勾勒和绘制，又从情感互动和文化表征维度弥补现代技术过度浸入生活所带来"地方感消逝"（no sense of place）的欠缺，以期与上述的声音媒介在空间和地方中的物质性实践形成相互呼应和映射的关系。

1. 技术重组：空间中的声音制造

声音呈现与媒介技术的发展息息相关。即逝性与现场性在技术作用下的瓦解使声音在时空维度得到解放。这种"不在场的在场"使声音实现了重组，通过文

---

① 袁艳. 当地理学家谈论媒介与传播时，他们谈论什么？——兼评保罗·亚当斯的《媒介与传播地理学》[J]. 国际新闻界，2019（7）：157—176.

② 徐敏. 歌唱的政治：中国革命歌曲中的地理、空间与社会动员 [J]. 文艺研究，2011（3）：71—82.

本编码和解码实现文化建构和传播，进一步带来更为深刻的文化政治内涵。①

《寻声记》通过对"红色文化"声音素材的编排设计来塑造声音空间，从而推动节目整体叙事结构的搭建，呈现了三种主要的声音类型：旁白、红色歌曲和音响。节目邀请了评书表演艺术家刘兰芳作为"寻声串讲人"，利用评书的特色方式在具有悬念或需要转场的节点进行述说，从而吸引观众跟随声音继续踏上寻声之旅。红色歌曲本就是建构革命话语的重要载体，具有独特的政治功能。② 节目选取的《国际歌》意指国际共产主义的理想，既是对我国荡气长存的红色文化的反映，同时也体现了世界社会主义运动以及国际共产主义运动中无产阶级反抗争取的热血精神。在改编歌曲的过程中，节目运用麦克风、录音设备捕捉"渔夫号子""小民歌"等当地具有传统文化意蕴的声音，在结合说唱、美声、摇滚等创新的音乐风格之后，使观众体验到别出心裁的红歌演绎形式。此外，歌曲里还穿插了市井的吆喝与方言乡音、林间的风啸鸟鸣声、水底叮咚声等环境音，打造出"蝉噪林愈静，鸟鸣山更幽"的唯美意境。

2. 情感联结：声音中的地方表征

符号在文化传播的过程中具有重要作用，其基本功能便在于表征③。节目将气势磅礴的"九龙翻身锣鼓"、似急雨夜敲窗的土琵琶弹奏声、叮当作响的"打刀声"等声音符号背后的故事进行细致入微的呈现。文化记忆的激发往往是基于个体产生共鸣感的故事性元素④，如：寻声人通过挖掘声音线索"解放军是咱的亲骨肉，鱼水难分一家人"，揭开了孟良崮战役背后军民同甘共苦、生死相依的感人故事。寻声人在回溯抗战往事、传递革命志士"坚强不屈""矢志不移"的抗战信念之时，体会到沂蒙人民十年抗争的不易，达到以空间中的声音为媒介，在地方情感联结中拾取文化符号、唤醒文化记忆、构筑文化精神和进行文化传播的目的。

另外，通过声音符号串联起整体文本叙事的思路，有助于规避现代传媒对于众多媒介元素盲目或过度拼凑所滋生"没有地方的世界"的风险，也可以让观众牵系着声音线索从不同的"地方感"共情体验中进行红色文化的建构和传

---

① 周志强. 声音与"听觉中心主义"——三种声音景观的文化政治 [J]. 文艺研究, 2017 (11)：91–102.

② 王海军. 中国共产党革命话语的建构与表达（1919~1949）——以红色歌曲为视角的解读 [J]. 人民论坛·学术前沿, 2021 (14)：12–19.

③ 张爱凤. 原创文化类节目对中国"文化记忆"的媒介重构与价值传播 [J]. 现代传播（中国传媒大学学报）, 2017 (5)：85–90.

④ 张晶, 谷疏博. 文化记忆、崇高仪式与游戏表意：论原创文化类节目的美育功能 [J]. 现代传播（中国传媒大学学报）, 2018 (9)：80–85.

播。在威海篇中，声音线索"硝烟中的摇篮曲"讲述了胶东抗战时期众多妇女自发哺乳党政军干部子女和烈士遗孤的故事。寻声团找到"乳娘"王占梅老人，并寻到被喂养过的"乳儿"宋玉芳，二人相拥而泣，挽手共唱了当年常唱的摇篮曲，"……妈妈坐在摇篮边把摇篮摇，我的小宝宝，安安稳稳快睡觉……"，声音主题叙事在情感依附、群体共识中强化了基于声音塑造的地方形象及文化表征。

声音作为一种媒介，具有很重要的叙事功能。本节以保罗·亚当斯的"四象限"媒介传播地理拓扑关系为分析结构基础，以与媒介深度互嵌关联的"空间—地方"为阐释维度，在对《寻声记》媒体文本分析的过程中，通过对于声音物质性的探索体验、对于声音文化符码的多维阐释，以此试图绘制出红色文化的空间叙事传播地图。节目中红色文化的空间叙事传播并非静态的，而是在传播媒介与地理图景之间形成互相结构的动态过程，一方面空间与地方增进了声音的物理呈现和感官体验，另一方面多元的声音也激起技术重组空间的效能尝试、对于"媒介中的地方"饱含深情的情感凝聚。《寻声记》以更为年轻化、情景化的方式为受众传递了"红色"的价值观，让红色文化基因深深根植于人们心中，这也为融有红色文化元素的类型节目在价值提炼、叙事策略、呈现模式等方面提供了一个有益参考。

第三节　数实融合时代我国短视频考古的文化空间实践①

文化遗产大众化传播时代，数字技术赋能文化空间激活，引发了全社会的考古热潮。多学科视角下的"文化空间"正将其边界拓展到短视频的媒介领域，开掘出文化遗产活态传承的新天地。本节以 18 家一级博物馆的官方短视频内容为研究对象，综合运用内容分析、文本分析、社会网络分析等方法；采取客观呈现与主观感知的双重视角，围绕"文化空间"的三要素——空间、文化、人；建构起三条"文化空间"的激活路径——物态感知空间、文化构想空间、生活实践空间。希冀为文博行业数字化传播提供创新思路与学理思考。

文化兴国运兴，文化强民族强。承载着五千年文明传承基因的中华文物和文化遗产是回答"何以中国"命题最为贴切的时代答案。当前，以博物馆、纪

---

① 注：本节内容主体部分已经转化为本项目支持的论文《数融文博秘境：短视频考古的文化空间实践》（《中国新闻传播研究》，2023 年第 4 期）。

念馆为代表的文博机构积极探索数字创新、促进跨界融合，借助抖音这一大众化短视频传播平台，推动文物藏品数字化空间实践。截至 2022 年 5 月，全国三级以上博物馆抖音内容覆盖率达 98.64%；抖音上博物馆相关视频点赞量超过 12 亿次，播放量超过 394 亿次，相当于全国博物馆一年接待观众人次的 72 倍。① 依托丰富的考古资源，文博机构在短视频平台上构建形态鲜活、意蕴丰富、层次多元的考古文化空间，营造出中华文明"共建共享共治"的浓厚文化创新传播氛围。文博"破圈"，"曲高"不再"和寡"，文博行业呈现出一片繁荣景象。

　　"文化空间"（cultural space）是一个具有时间、空间和文化等多维属性的概念②。文化空间③包含三种层次意义：一是"物理"（physical）或"象征"（symbolic）的空间层面；二是文化层面上的"惯习"（practices）或"观念"（ideas）；三是人与人之间"分享"（share）或"交流"（exchange）的社会交往层面。文化空间不仅包含地点、场所、实物等物化的形式，也呈现出人类的文明足迹。我国人类学家认为，文化空间中要有人类的行为、时间观念、岁时传统或者人类本身的"在场"，有人"在场"的文化空间才是人类学意义的文化空间。④ 相应地，可以将文化空间归纳出三个层次：场、文化场、在场。自人文科学界发生"空间转向"（spatial turn）之后，"文化空间"进入了更多学者的研究视野，受到人类学、社会学、文化地理学、都市研究等多学科方向的关注，大大拓展了原本的内涵与外延⑤。综合来看，广义上的文化空间不仅仅是一种进行文化活动的非物质文化遗产类型，更是空间、文化、人三者之间的互动。综上，本部分着眼于文博机构的短视频内容，综合采用内容分析、文本分析、社会网络分析等方法，旨在分析短视频形态下考古文化空间的建构策略及激活路径。

研究对象

　　聚焦于国家一级博物馆官方抖音短视频内容。截至 2023 年 1 月，我国共有一级博物馆 204 家。其中，146 家博物馆机构已在抖音开通了官方账号。本研究

---

①　抖音发布 2022 博物馆数据报告 过去一年文博内容获赞超 12 亿次［EB/OL］. 央广网，2022-05-18.

②　李向明，吴峰，李文明. 基于原真性原则与文化空间视角的海昏侯国大遗址保护路径研究［J］. 南昌大学学报（人文社会科学版），2020，51（04）：52-58.

③　ZANTEN W V. Establishment of a Glossary［S］. Paris：UNESCO Headquarters, 2002.

④　向云驹. 论"文化空间"［J］. 中央民族大学学报（哲学社会科学版），2008，178（03）：81-88.

⑤　伍乐平，张晓萍. 国内外"文化空间"研究的多维视角［J］. 西南民族大学学报（人文社科版），2016，37（03）：7-12.

摘选出其中更新情况稳定（每月均有更新）且有一定播放量（单个视频点赞数大于10）的18家综合类或历史类博物馆，它们分布于华北（故宫博物院、中国国家博物馆、首都博物馆、中国人民革命军事博物馆、天津博物馆、山西博物院）、华东（安徽省博物馆、江西省博物馆、济南市章丘区博物馆、上海博物馆）、华中（河南博物院、长沙市博物馆）、西南（成都博物馆、广汉三星堆博物馆、云南省博物馆）、西北（西安碑林博物馆、敦煌研究院、青海省博物馆）五个区域。

抽样与研究执行

借助网页爬虫软件，在抖音网页端爬取上述18家国家一级博物馆发布于2023年1月1日至2023年3月15日的短视频信息，其中包含发布者、视频内容、视频文案、点赞量、评论量、视频分辨率等。人工剔除长于三分钟的长视频内容及广告、图片等无效内容后，对总体样本进行随机抽样，每个博物馆抽样5条后，共获得90条视频样本。利用视频截图软件 Hyper Snap 获取镜头图像，以5秒为间隔，截取出1562张有效视频画面。由编码员对画面及音频进行内容分析，使用 Excel 进行数据处理与分析；借助 Gephi 软件制作社会网络分析图表；统计单个短视频的文化空间呈现值，与短视频的点赞量进行相关系数计算。

内容分析量表借鉴了国外学者针对网页内容的文化遗产研究，对最常见的遗产要素进行了全面且系统的分类。① 本文在其框架基础上细化了二级类目；调整了具体元素的名称，将我国代表性的书法作品、诗卷等加入其中；于量表最后补充了"人员资源"的类目。

表4-3-1　内容分析量表

一级类目	二级类目	具体元素
有形文化资源	场景资源	1. 宗教建筑；2. 博物馆和文化馆；3. 民用、军用、皇家建筑；4. 图书馆、档案馆、实验室、办公室；5. 考古遗迹/遗址、墓葬；6. 城市综合体；7. 广场和市场；8. 地图、地址；9. 公园和花园；10. 剧场、戏台、舞台
	物品资源	1. 仪器、服饰、物什；2. 绘画作品、书法作品、诗卷、壁画等；3. 档案；4. 雕刻作品
	自然资源	1. 河流、河流环境；2. 道路；3. 动植物；4. 固体；5. 沙漠；6. 天体；7. 洞穴、洞窟
	虚拟资源	1. 虚拟物质文化资源

---

① PIÑEIRO-NAVAL V, SERRA P. How Do Destinations Frame Cultural Heritage? Content Analysis of Portugal's Municipal Websites [J]. Sustainability, 2019, 11 (4): 947.

续表

一级类目	二级类目	具体元素
无形文化资源	传统文化	1. 美食、医疗、香料；2. 宗教、节日、神话；3. 学理、观念、制度；4. 传统工艺；5. 表现艺术；6. 历史公众人物、历史事实；7. 民俗
	时兴文化	1. 时下流行（科学知识、新兴技术、现代工艺、热门话题等）；2. 虚拟非物质文化资源
人员资源	真实人物	1. 学者、专家；2. 演员、嘉宾；3. 主持人、专职讲解员；4. 军人、官员；5. 群众、旁观者
	虚拟人物	1. 虚拟人物

一、自感与他塑：物态感知空间的搭建

（一）原真感知：数字藏品呈展

考古短视频首先生产的是物质，其次才是空间。从短视频画面的内容分析结果（表4-3-2）来看，有形的物品文化资源占据了56.91%的画面内容，是考古类短视频的呈现焦点。其中，绘画、书法等艺术作品，仪器、服饰等物什，雕塑作品等物质性藏品的画面占比分别为20.36%、20.17%、10.12%。博物馆机构中宝贵的珍宝藏品，并非直接以其本身出现，而是借由高清影像的形态呈展。

作为文化遗产保护的核心原则之一，原真性（authenticity）的主观价值在现代社会中日益凸显。现今的旅游研究场域中，确保游客能够感知到原真性，比仅强调旅游客体的原貌更加重要①。在文化消费的短视频平台上，如何让观众体验到文博藏品的原真感，满足观众的原真诉求，是数字时代推进文化遗产大众化传播的新命题。本次研究中，95.6%的短视频样本达到了高清分辨率（1280×720），86.7%的短视频样本达到了超高清分辨率（1920×1080），6.7%的短视频样本达到了4K分辨率（3840×2160）。除了高清呈现之外，文博数字藏品的艺术呈展还体现出放大或特写的特征，艺术细节在短视频文化空间中被突出和强调。书法的刚劲笔触、服饰的玲珑珠穗、雕刻的深浅纹理等都清晰可见，画作中的人物形态鲜活、神色灵动。观者仿佛拥有了一双清澈的放大之眼，可以近

---

① PEARCE P L, MOSCARDO G M. The Concept of Authenticity in Tourist Experiences [J]. The Australian and New Zealand Journal of Sociology, 1986, 22 (1): 121-132.

距离地观察藏品，时时刻刻、随时随地感受文博藏品的艺术之美。

表 4-3-2　短视频画面内容分析结果

一级类目	二级类目	比例	频数
有形文化资源	场景资源	33.42%	522
	物品资源	56.91%	889
	自然资源	5.95%	93
	虚拟资源	9.03%	141
无形文化资源	传统文化	5.31%	83
	时兴文化	1.54%	24
比例=频数/有效视频画面（1562）			

（二）光晕生发：时空场域形成

"光晕"的本质是一种地理空间①。短视频形态下的文化空间，为数字藏品搭建了场所，有助于艺术复制品摆脱"无地方"（non-place）传播的困境。② 据表 4-3-2 所示，考古短视频的画面中，33.42%的内容包含场所信息。"敦煌研究院"打造了诸多特色的虚拟空间，大漠深处、月牙泉边、沙漠、壁画、图腾等敦煌元素汇聚一堂；"飞天"的舞姿跳脱出壁画的表面，由莫高窟虚拟人"伽瑶"进行动态演绎。

为深入理解考古文化空间中"地"与"时"的关联，本研究搭建起了画面—音频的邻接矩阵图表，并借助 Gephi 软件，将其可视化为音画共现网络。图表中，节点连线的粗细代表节点之间关系的亲密程度，连线越粗、颜色越深，表示其共现次数越多，关系越亲密。从图 4-3-1 中可以看出，考古短视频文化空间以"历史人物、历史事实"为中心展开，历史的铺陈锚定了时间的坐标；以"博物馆、文化馆"为主要场景，拓扑的场址确定了地理的经纬；以"主持人、讲解员"为主要人物，连接"仪器、服饰、物什""档案""文艺作品"等藏品，文化空间中填充进可感知的人与物。抽象的时空演绎成音画的景观，感知的网络中孕育着光晕的生发。正像光晕脱离不了产生它的即时即地的情境一样，它会随着时代的发展不断催发出新的生命力。③

---

① 唐宏峰. 艺术及其复制——从本雅明到格罗伊斯 [J]. 文艺研究, 2015 (12)：98-105.
② GROYS B. Art Power [M]. Cambridge：The MIT Press, 2008.
③ 徐宁. 弥赛亚救赎理想下的"光晕"与"震惊"[D]. 沈阳：辽宁大学, 2012.

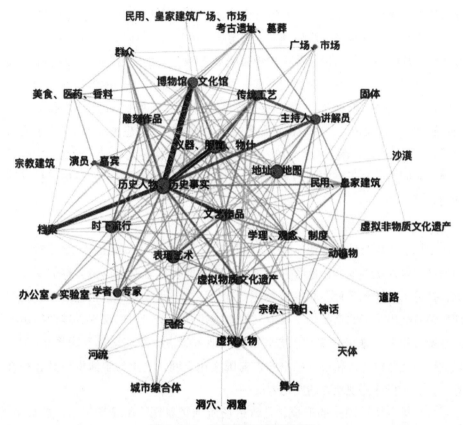

图 4-3-1 短视频音画共现网络

二、寻忆与凝神：文化构想空间的营造

（一）意义寻求：记忆之场搭建

人类的记忆、想象与认同需要具体场所。[①] "记忆之场" 是过往与记忆之间的领域。[②] 艺术与地方场所是民族历史的记忆之场；地方艺术连接着人对于地方往昔的历史经验，是人重返地方的记忆之物。[③] 首都博物馆借助地方的民俗艺术品，讲解了北京人的生活习惯和京城旧事。比如，"中华民国" 时期火红的大花

① 罗易扉. 地方、记忆与艺术：回到地方场所与往昔的历史经验 [J]. 清华大学学报（哲学社会科学版），2023，38（2）：148-157，231.

② NORA P. Between history and memory：Les lieux de mémoire [J]. Representations，1989，26（9）：7-25.

③ 罗易扉. 地方、记忆与艺术：回到地方场所与往昔的历史经验 [J]. 清华大学学报（哲学社会科学版），2023，38（2）：148-157，231.

轿会让人想象到老北京人结婚时的喜庆场面：前面的人开道、执事、敲锣打鼓，后面的人抬轿、搬嫁妆、欢呼奔走。阿莱达·阿斯曼（Aleida Assmanns）认为，在图像时代，文字作为记忆载体的地位受到挑战，人们开始倾向于从各种"痕迹"中找寻过去，这些"痕迹"就是未经处理的原始信息，包括碎片化的文字、残骸、遗迹等。① 借助考古短视频的数字藏品呈展，网民们受到了数字文物"痕迹"的感召与传唤，在短视频平台的评论区表达了"想去看看""看了两遍没看够""必须来一趟""是时候去逛逛啦"等亲身探寻的心愿。借助文化构想空间，人们拾取到了民族的历史记忆，明确了自己身在何方，把握住了稍纵即逝的意义。

（二）认同凝聚：场所精神唤起

记忆、想象与认同重塑地方的"场所精神"。地方是人与往昔记忆建构认同的场址。深入挖掘地方特色考古资源，各地文博机构塑造出风格多样的文化形象，打造出"千馆千面"的文化构想空间。比如，借助地方民俗艺术品，首都博物馆营造出了老北京亲切、接地气的烟火市井气；四川广汉三星堆博物馆将三星堆文物与本地美食文化、方言文化、地方景点、潮流文化等联系在一起，打造出多元开放与神秘古朴并举的古蜀国文化空间。人类的生活世界具有精神意义，场所精神体现地方的文化内核。②

人与场所间认同感的形成，是营造场所独特氛围、彰显场所精神的关键。为探究短视频文化空间中，用户认同与空间场所搭建的关系。本研究在内容分析的基础之上，对单个短视频画面及音频中的有形、无形及人物情况进行资源呈现值统计。文化空间呈现值＝（有形文化资源呈现值＋无形文化资源呈现值＋人物资源呈现值）/有效的画面数量。将文化空间呈现值与短视频的点赞量进行相关性分析，相关值的取值会在-1 至 1 之间，-1 是完全负相关，1 是完全正相关，0 代表不相关。结果表明，在 18 家国家一级博物馆中，有 12 家博物馆的视频点赞量与空间呈现值的相关系数达到 0.5 以上，体现出较强的相关关系。结果说明，在短视频文化空间中，文化元素的组合越丰富，越有可能得到观众的认可，观众也更有可能收到场所的氛围感染，从文化空间中获得归属与认同之感。

---

① 王蜜. 文化记忆：兴起逻辑、基本维度和媒介制约 [J]. 国外理论动态，2016（6）：8-17.

② 罗易扉. 地方、记忆与艺术：回到地方场所与往昔的历史经验 [J]. 清华大学学报（哲学社会科学版），2023，38（2）：148-157，231.

三、栖居与筑造：生活实践空间的生成

（一）他者出场：人物身体展演

存在主义认为，"他者"可以迫使主体对世界产生一种认识，并为自己在这个世界中进行定位①。一方面，身体历史性地卷入了这个世界，然后从事制造。② 通过身体和语言的展演，他者扮演了两种重要角色。一是作为中介的引导者，位于观众与现实考古场所之间，他者以身体和语言相结合的方式，对历史知识进行操演，试图将观者引入不同的短视频文化空间中，牵引观者的视线、引导观者的注意力，起到接引观众、桥接线上、线下考古文化空间的功用；二是作为出场的旁观群众，他们或在驻足中凝神欣赏、举起手机拍照记录、边走边看边聊边玩，观察方式各有不同，但都是努力靠近文物、靠近历史的漫游者（flâneur）。漫游者并不要求事物向他走来，而是他走向事物。③ 在这个意义上，漫游者的出场恢复了考古的光晕，不断吸引着更多漫游者的加入与参与，实现了线上、线下的双向空间激活。另一方面，身体是历史性的，因为它们是通过历史而形成的。中国人民军事博物馆常常邀请扮演过历史人物的演员、经验丰富的军人担当红色故事的讲解人。"演员、嘉宾"承载着历史与记忆，往往能够唤起观众强烈的亲近之感。评论区中，常常能看见文字形式的仪式活动，在一声声问候与致敬中，网友们表达了对演员或嘉宾的喜爱以及对历史人物的深深崇敬。身体的出场牵引集体的记忆，陌生的空间转化为栖居之所，考古文化空间成为熟悉的地方。

（二）自我在场：双向互动参与

我国学者曾在《转型时代文化空间的建构》一文中提出，要促进"单向的文化空间"向"互动式双向文化空间"的转型，让大众更多地参与进文化产品及其创造过程中来，享受创作过程中带来的文化乐趣。④ 文博行业改革发展的当下，全国文博机构借助多种途径推动文化空间的双向互动。在短视频的画面和音频内容中，"传统文化"占据有效样本的49.42%。春节期间，四川广汉三星堆博物馆举办新年大典，人们身着传统服饰，参与剪春花、写对联、投壶等传

---

① 张剑. 西方文论关键词 他者［J］. 外国文学，2011（1）：118-127，159-160.

② 刘永明. 从建设生态文明角度审视非物质文化遗产保护［J］. 西南民族大学学报（人文社会科学版），2014，35（02）：58-62.

③ GROYS B. Art Power［M］. Cambridge：The MIT Press，2008：62-63.

④ 詹福瑞，许建平，鲁品越，等. 转型时代文化空间的建构（专题讨论）［J］. 学术月刊，2012，44（11）：5-16.

统文化活动；济南市章丘区文化馆对街头巷尾的春节非遗表演进行了线上直播，"抬芯子""扭秧歌""打腰鼓"等表演异彩纷呈，生动演绎着山东特色的"大扮玩"民俗。借助身体，记忆得以在个体间分享传播、在群体和代际间完成传承，是一种"更保险、更有效的记忆传承方式"①。节日活动之外，文博机构借助时兴的文化产品，推动了传统文化的一体化实践，考古文化空间容量倍增。"时兴文化"的音画内容，占总体样本的 5.7%。安徽博物院借助青少年潮流消费中受众最广的"盲盒"形式，推出了可以体验青铜器铸造钱币的冶铸盒。短视频文化空间中，观众借助"他者"之手，在第一人称的镜头语言里实现了远程"在场"，体验了非物质传统文化的工艺流程。线下，大众也可以消费相关的考古文化产品，实现真正意义上的"体化实践"。以身体为路径，考古文化空间超越了媒介的框定边界，得以走入寻常百姓家，达成了以人为本、线上线下的双向互动。

---

① 赵静蓉. 作为一种集体记忆的浪漫主义——对浪漫主义的文学人类学解读 [J]. 南京师大学报（社会科学版），2009（5）：137-142.

第五章

延展篇：文物中国的历史记忆撷珍和红色文化传承

第一节　物质与表征：传播地理学视域下红色书店的可持续发展

红色书店一般指供广大读者购买和阅读红色书刊的场所，且所售书刊主要以传播红色文化、弘扬革命精神、激励社会建设、致力民族复兴为主题①。作为红色传统的一种守正与创新，红色主题书店虽然是"小荷才露尖尖角"，却已"暗香疏影满池塘"，以独特的文化魅力引领时代、培根铸魂。在中国，新华出版集团是红色书店建设的主要力量②，以 2015 年井冈山"红色书店"为起点，抗战书店、求是书店等以"新华"为母体的百余家红色主题书店接踵而至；而"非新华"力量与个人力量踊跃在红色书屋、红色书吧、红色书架等小型阅读空间，如红色传记作家梁金河，至 2022 年年初已捐助"红色书屋"46 家③。

由于红色书店蕴含的革命历史意义，有相当一部分书店依托于延安、瑞金、西柏坡等红色革命圣地而建，如井冈山"红色书店"、延安书局、遵义新华书店1935 分店等。它们通过物理空间与心理空间的建构，激发读者的沉浸体验，唤醒读者的红色文化基因。例如，井冈山"红色书店"通过融入五角星灯、党旗、红军草帽、斗笠吊灯、红军怀旧背包、红军老照片等众多的井冈山元素，营造红色文化氛围；同时推行"走一小段红军小路，听一堂传统教育课，向革命先烈献一束花，吃一顿红军套餐，看一本红色书籍，学唱一首红军歌曲"等"六

---

① 余玉. 红色书店沉浸式文化空间构建与优化 [J]. 中国出版，2022（12）：53-56.
② 吴琼. 中国红：红色主题书店的成功之道 [J]. 科技与出版，2022（12）：56-61.
③ 全国第 46 家《红色书屋》落户北京昌平马池口镇 [EB/OL]. 目视观点，2022-01-15.

个一"体验式活动，使读者亲身体悟，触景生情①。

此外，在一些大城市，如北京、上海、广州等，由于人口密集、文化氛围浓厚，也有不少红色书店。此类红色书店包括北京的新华书店百年书房，上海的1925书局，广州的三元里书店等。这些书店主要针对的是对红色文化感兴趣的读者，在选址和经营策略上会更加注重市场需求和读者体验，不断创新"书店+"的经营概念。例如，北京新华书店百年书房位于中国共产党历史展览馆，集历史、文化、科技于一体，既通过店内复刻的新华书店旧址浮雕凸显历史厚重感，也融合了红色党建、畅销书、文创产品、文化活动及饮品、甜点区域，更好地契合了"大文化"消费理念；还结合直播、短视频、网上商城、小程序等，体现书房的现代感、科技感②。

作为红色文化传播的渠道和阵地，红色书店具有天然的思想政治教育功能，能够将地域红色文化场景与红色革命历史有机结合③，为挖掘革命文物红色文化资源、讲好革命文物红色故事提供了良好的场地和空间。在"两个一百年"④的历史关键节点上，如何在书店空间中讲好红色故事、传播红色文化，如何实现红色阅读空间的传承与保护，成为书店运营者和党的宣传思想文化工作者共同面对的新议题。本章节结合媒介与传播地理学相关理论，探索红色书店空间、地方与媒介的互构关系，借此提出红色书店的可持续发展路径，更好地实现红色书店传播红色故事、凝聚红色记忆、构建红色文化认同的文化功能。

一、红色书店发展挑战：空间规划的平衡艺术

（一）空间建设：红色阅读空间渠道尚待开拓

当前，红色书店的建设渠道较为单一，大多是在新华书店原有门店的基础上改造或增设⑤。究其原因，一是新华书店的"红色基因"，使其在红色历史方面有先天的独特优势。新华书店是中国共产党直接领导的出版发行队伍，且发

---

① 余玉. 红色书店沉浸式文化空间构建与优化［J］. 中国出版，2022（12）：53-56.
② 范燕莹. 新华书店百年书房：最齐全的主题出版物阅读空间［N］. 中国新闻出版广电报，2021-08-02（007）.
③ 张芝雄，聂明. 红色阅读空间内涵特征、构建方向与路径［J］. 中国出版，2021（24）：57-60.
④ "两个一百年"奋斗目标，是建设中国特色社会主义的奋斗目标。2012年11月，中共十八大提出，在中国共产党成立100年时全面建成小康社会，在新中国成立100年时建成富强民主文明和谐的社会主义现代化国家。
⑤ 张芝雄，聂明. 红色阅读空间内涵特征、构建方向与路径［J］. 中国出版，2021（24）：57-60.

源地就在革命圣地延安，是红色文化的重要源头①。二是作为国有性质的书店，新华书店无论在经济资本、社会资本还是文化资本上都具有压倒性优势②。据《中国新华书店社会责任报告书》，2022 年全国新华书店营业收入 1407.76 亿元，网点总数 13531 个。③ 然而，"独木难成林"，红色阅读空间建设的参与主体仍有较大的拓宽空间。未来有待采取多元力量合作建设的方式，引入更多民营书店和个人力量，利用地方品牌优势将革命文化与地方文化、民族文化、乡村文化相融合④，多维度向读者传播红色文化。如红桥书店⑤，是北京市首家民营红色文化综合体，别开生面地将浓郁京味与革命文化相结合，形成红而不"专"、"土"却清雅的经营特色⑥。

（二）空间设计：红色文化生动体验亟待提升

在空间设计层面，很多书店都利用红色空间来开展党建活动，但大都缺乏独特性，红色文化体验亟待提升⑦。红色图书阅读、红色主题讲座、打造红色"打卡点"等常见方式虽然能够传播红色文化的基本知识和理念，但未完全发挥红色阅读空间的优势，即平台聚合功能与红色文化资源的联动效应⑧。书店应利用"红色"名片统合空间的各内部元素，打造沉浸式革命体验，通过"书店+"模式打造"有特色、聚人气"的特色文化空间。北京市《关于支持实体书店发展的实施意见》也提出，打造"特色浓郁、多业融合、遍布京城的实体书店发展新格局"，"支持实体书店与影视娱乐、创意设计、文化旅游等相关行业融合发展"。例如，通过在书店开发红色 VR 漫游、红色直播、红色剧本杀等，鲜活

---

① 红色主题书店：怎样焕发时代风采 [EB/OL]. 中国作家网，2017-07-18.

② 张窈，杨忠杨. 理智与情感：关于我国实体书店发展的思考 [J]. 出版科学，2023，31（03）：67-78.

③ 2022 年全国新华书店营业收入 1407.76 亿元 [EB/OL]. 浙江省新华书店集团网，2023-08-02.

④ 张窈，杨忠杨. 理智与情感：关于我国实体书店发展的思考 [J]. 出版科学，2023，31（03）：67-78.

⑤ 红桥书店位于北京 798 艺术区，是北京市首家民营红色文化综合体。红桥书店将老北京元素、红色经典有机结合，读者在此地不仅可以领略革命文化，还能观赏极具北京文化特色的艺术展览。

⑥ 北京 798 艺术区新开红桥书店：红而不"专""土"却清雅 [EB/OL]. 千龙网，2018-08-03.

⑦ 彭晓玲. 玩红色剧本杀，演悬疑戏剧　红色主题书店背后的商业逻辑 [N]. 第一财经日报，2021-10-15（A11）.

⑧ 张芝雄，聂明. 红色阅读空间内涵特征、构建方向与路径 [J]. 中国出版，2021，（24）：57-60.

讲好革命故事、英雄故事，吸引更多年轻人感悟革命精神。

二、文化灯塔的时代革新：建构复合型红色空间

实体书店空间功能的内核实际上是一种书店文化，红色书店转型升级的核心也应当从"文化的空间化"转向"空间的文化化"①，将书店从单一型的书籍售卖网点打造成复合型的红色文化空间。在"文化的空间化"阶段，实体书店空间将自身定义为一个"售卖图书"的功能性空间，其内部空间布局则按照书籍类型分门别类地进行陈列，以便顾客高效率地完成书籍阅读和购买。而在"空间的文化化"阶段，空间不再仅仅具有使用功能，而被赋予了符号价值和文化意义。实体书店的空间布局、符号构思、情感体验等不再仅是围绕"售书"这一功能性目的，更多是为了让顾客能够在书店空间内产生一种审美的精神愉悦感。通过"空间的文化化"，人们亲临书店空间，亲身体验空间中的丰富语义，形成一种全方位的感知阅读。顾客从"空间中的消费"转向"对空间的消费"。此类思路在国际案例中已有所体现，如意大利书商 La Feltrinelli，认为确立强大的体验是线下书店区别于线上对手的生存关键，由此利用顾客的生活方式来创造"读、吃、做梦"的"全方位体验"②；October Books 等英国独立书店生存的关键，便是在创造幸福感方面无与伦比的能力，提供具有社会价值的"社会联系零售"③。

传播既发生在空间与地方之中，又创造着空间与地方④。结合媒介与传播地理学视域内学者保罗·亚当斯所提出的四象限理论，从空间传播、空间呈现、地方实践、地方表征四个不同的维度，共同完成对于实体书店的构想，助力实体书店更好地成为一个集阅读空间、文化活动、文创设计为一体的公共文化空间。从空间传播的维度来看，实体书店为红色出版物提供了物质载体，通过优化红色书店的设计布局、地理位置等空间要素，能够提升红色书店的传播效能；从空间呈现的维度来看，实体书店已经成为一种输出价值观念、聚拢特定人群

---

① 江凌.论城市商业文化空间正义——以城市实体书店空间为中心的考察［J］.湖南师范大学社会科学学报，2023，52（04）：59-68.

② ARTUSI F，BELLINI E，VERGANTI R，et al. Designing an Omni-Experience to Save Retailing［J］. Research-Technology Management，2020（63）：24-32.

③ O'BRIEN G. Small and slow is beautiful：well-being，'socially connective retail' and the independent bookshop［J］. Social & Cultural Geography，2017（18）：573-595.

④ 袁艳.当地理学家谈论媒介与传播时，他们谈论什么？——兼评保罗·亚当斯的《媒介与传播地理学》［J］.国际新闻界，2019（7）.

的文化业态，借助业态布局与媒体矩阵的优化，得以影响消费者与书店之间的互动，维持和强化了书店所要传递的精神，从而塑造一个具有方向感和认同感的场所空间。书店空间得以向外部延展，以新的空间关系和传播方式，拓展了文化传播范围和深度①。从地方实践的维度来看，书店作为在地性文化空间，通过融入所在地的红色文化生态，可以使人们感知到自己与书店空间的相关性，并与之产生情感联系；从地方表征的维度来看，通过红色书籍、文创产品等形式再现和传承红色文化的地方意象、地方记忆、地方精神，唤起审美者从物质空间到情感共鸣的审美体验。

（一）空间营造：场景化的沉浸式物理空间构建

实体书店作为城市文化空间的独特区域，通过书籍所蕴含的文化特性以及书店自身特有的文化空间价值进行文化编码②，从而赋予了书店特定的文化空间内涵。从红色书店作为空间的角度而言，场景化的沉浸式物理空间构建主要包括两方面：一是在空间传播维度上，借助设计布局凸显红色特质，二是在空间呈现维度上，利用多维时空拓宽空间关系。

1. 空间传播：借助设计布局凸显红色特质

法国思想家居伊·德波（Guy Debord）认为景观具有技术、媒介等影像化特征。VR/AR技术、全息投影等先进科技的应用，将进一步拓展阅读空间的诗性内涵。例如，苏州钟书阁的推荐阅读区整体背景是昏暗的，仅用光导纤维打造点点光辉引导读者前行，中央阅读区通过参数化设计，用书架、台阶等陈设打造了悬崖、激流、岛屿等传统山水意境③。未来，红色书店可以尝试将多样化的数字技术融入书店景观中，创造出独特的视觉与文化符号通过增强现实、虚拟现实等技术手段，打造富有互动性和沉浸感的数字消费空间。如上海1925书局，利用5G+MEC、5G+XR、5G+AR、5G+MR等新科技，与井冈山、西柏坡、大别山、小岗村、沂蒙山、延安、遵义、吕梁、大寨等红色圣地实现"云端互联"。这样的尝试不仅有助于丰富书店的空间体验，更能将红色记忆与现代科技相结合，使人们在享受科技带来的便捷与乐趣的同时，更深刻地理解和感受红色文化，从而实现空间体验与红色记忆的深度融合与共鸣。

---

① 朱赫男，王鹏涛. 实体书店红色文化空间构建与延伸路径研究 [J]. 出版发行研究，2024（1）：18-23，11.

② 张梅兰，杜怡卓. 转向知识的想象：当下实体书店的空间生产 [J]. 人民论坛，2021（3）.

③ 李轶南，庄宇宁. 融媒体时代书店的空间生产与符号建构——以先锋书店为例 [J]. 编辑之友，2022（12）：29-35，42.

2. 空间呈现：利用多维时空拓宽空间关系

首先是搭建与书店特色相符的多业态空间。立足红色革命基因，在多领域的合作中搭建起多业态的拓扑网络，并借由这些节点和连接关系，深入挖掘推动红色空间的价值潜力。可以紧密结合自身的主题特色，积极开展跨界融合的探索与实践。如开发特色文化服饰、美学文创产品，拓展出版业务、承接文化沙龙、打造非遗手艺工作坊等，将主题书店打造成以图书为主的复合文化空间①。还可在书店内开辟具有居住功能的共享空间，不仅让书店成为涵养文化素养的阅读生活场所，还让沉浸于阅读的消费者或旅行者"以书为伴"，吃、住、睡在书店，全方位感受红色精神②。

其次是形成书店新媒体矩阵。从形式上说，新媒体矩阵一般是指"一个核心、两个侧翼、多平台开发"，即在传统母体基础上推出的 APP，以及官方微博、微信和其他新媒体平台上的账号；从内容上分，新媒体矩阵是指各个针对不同人群、风格各异的新媒体，内容聚焦目标用户，彼此独立又左右呼应③。新媒体矩阵实现了虚拟空间与实体空间的共振与协同，通过持续唤起读者的熟悉感、亲密感与情感认同，达成线上的多元服务与线下的实地体验相互融合。通过媒体矩阵的建立，空间得以从传统的地理维度抽离出来，虚拟空间对实体空间进行了有效的延伸。

（二）地方诠释：情境化的沉浸式心理空间构建

空间与地方是相互融合、彼此互嵌的。实体书店在城市空间中的创意性建构和修葺，应当考虑空间经营和地方营造相互作用、相辅相成④。地方是意义和注意力的中心，是由跨越时空的社会交往及其所积淀下来的社会意义构筑而成的⑤。在打造红色书店时，不仅要关注场景化的物理空间，更应努力构建情景化的心理空间。

---

① 李雨霏，王志刚. 主题书店的可持续发展路径探析——以自在博物书店为例 [J]. 编辑学刊，2023（05）：109-114.

② 江凌. 城市文化空间的身体消费：以实体书店空间为中心 [J]. 深圳大学学报（人文社会科学版），2023，40（05）：57-66.

③ 陈宏. 新媒体矩阵：纸媒转型告别"盲从期"转型"深水期"——以上海传统平面媒体为例 [J]. 传媒评论，2017（02）：68-70.

④ 王蕾. 重返"地方"：城市实体书店空间营造的创新思考 [J]. 出版发行研究，2021（09）：46-52.

⑤ 保罗·亚当斯. 媒介与传播地理学 [M]. 袁艳，译. 北京：中国传媒大学出版社，2020：64.

1. 地方实践：塑造沉浸式红色文化体验

首先，通过打造沉浸式的阅读体验，让读者直接置身于革命文化场景之中。通过设计良好的体验环节，红色书店为读者营造出一种革命文化的"沉浸感"，即个体达到最优体验的心理状态，从而激发读者与文化内容保持关系的意愿①。例如，结合独特的地方性文化，打造红色文化体验游戏。在游戏中，通过景观欣赏带领玩家领略革命旧址风貌，通过线索收集使玩家深入了解地方民俗文化，通过剧情推进引导玩家沉浸在革命历史故事中，从而有机融合了解谜、阅读与购书等多个环节。

其次，书店应当把握周边的红色地标、红色活动、红色故事等地方要素，开展丰富的在地活动体验。以地方革命文化意蕴为特色的身体阅读和消费，既勾连了顾客的身体消费情绪价值，激发了顾客的情感和心理认同，又使书店融入了地方红色文化生态，增强了红色空间的地方文化内涵。上海 1925 书局利用周边的历史建筑资源②，开展"建筑可阅读"活动，将实地参观调研书店旁的红色旧址作为本店特色活动③。香山革命纪念馆"赶考书吧"，门前放置革命文物展台，将公益性文物展引入书店空间。

2. 地方表征：挖掘地方性红色文化符号

首先，在图书选品上，积极开发具备地方特色的红色书籍。图书作为书店空间中的核心符号，不仅体现了经营者的审美素养、文化个性，更使读者通过这些独具地方特色的红色书籍形成对书店的独特印象，进一步加深对书店文化的理解和认同④。无论书店的经营业态如何多元，外在形式如何变化，图书才是书店经营的内在灵魂与核心价值。只有回归图书本位，才是塑造核心竞争力、扩大文化影响力的最优解决方案⑤。北京清华园火车站旧址内的"进京赶考之路"报纸书籍体验区，所陈列的红色书刊均与北京革命文化息息相关，包括现代书籍《老一辈革命家在香山》《北京红色文化概述》《开国大典》《北京党史》

---

① THEOTOKIS A, DOUKIDIS G. When Adoption Brings Addiction: A Use-Diffusion Model for Social Information Systems [A]. America: IC1S 2009 Proceedings, 2009: 254-276.
② 上海 1925 书局周边的历史建筑资源丰富，包括"四大"会址、丁玲旧居、景林庐旧址、虹口大戏院遗址等。
③ 彭晓玲. 玩红色剧本杀，演悬疑戏剧　红色主题书店背后的商业逻辑 [N]. 第一财经日报，2021-10-15（A11）.
④ 刘斌，景俊美. 空间"三一论"视角下的实体书店转型研究 [J]. 编辑之友，2023（07）：35-41.
⑤ 李雨霏，王志刚. 主题书店的可持续发展路径探析——以自在博物书店为例 [J]. 编辑学刊，2023（05）：109-114.

等，历史书籍《论中国》《国家与革命》《共产党宣言》等。

图 5-1-1 "进京赶考之路" 报纸书籍体验区① **图 5-1-2** "进京赶考之路" 报纸书籍体验区②

其次，在文创设计上融入地方性文化符号。目前实体书店与文创产品的结合已成为标配，围绕书店理念提炼有价值的文化符号，并融到文创产品的设计中，成为书店突显自身文化特色、延伸文化理念的重点③。北京来今雨轩红色阅读区的文创产品，围绕鲁迅、李大钊等来今雨轩"常客"进行产品开发，再现了来今雨轩内少年中国学会、文学研究会的集会历史。其中既有书签、冰箱贴、贴纸、胶带等常见用具，又有人物盲盒、藏书票、银杏树叶标本等新潮产品，店内还售卖当年鲁迅爱吃的"冬菜包子"，一应俱全、无所不有。

 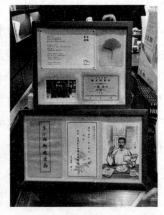

图 5-1-3 中山公园来今雨轩红色阅读区④ **图 5-1-4** 来今雨轩红色文创⑤

---

① 图片源于课题组自摄，摄于 2024 年 3 月 13 日。
② 图片源于课题组自摄，摄于 2024 年 3 月 13 日。
③ 卜希霆，苏颖悦．城市实体书店打造文化 IP 路径研究［J］．中国出版，2022（6）：3-9.
④ 图片源于课题组自摄，摄于 2024 年 3 月 12 日。
⑤ 图片源于课题组自摄，摄于 2024 年 3 月 12 日。

第二节 开拓与创新：革命文物助推红色旅游 品牌建设和文化传播

一、红色旅游视角下的革命文物与品牌传播

（一）保护利用：革命文物与红色旅游

根据《2004—2010 年全国红色旅游发展规划纲要》的官方定义，红色旅游主要是指以中国共产党领导人民在革命和战争时期建树丰功伟绩所形成的纪念地、标志物为载体，以其所承载的革命历史、革命事迹和革命精神为内涵，组织接待旅游者开展缅怀学习、参观游览的主题性旅游活动①。

文物与旅游是互为基础，相互促进的关系②。按照存在形态分类，可以将文物分为不可移动文物和可移动文物。大众接触的不可移动文物主要在旅游景点③，在红色旅游中一般是构成红色旅游景点主体部分的革命建筑，是特定革命历史文化事件的事件性场所和遗址；可移动文物也称可收藏文物，一般被集中收藏和保护于博物馆中④。香山景区范围内的香山革命纪念馆、卢沟桥景区范围内的中国人民抗日战争纪念馆，将革命文物收藏于红色旅游景区内，同样起到文物保护和开发的作用。

2018 年文化和旅游部的组建，标志着文旅融合进入了发展新阶段。习近平总书记指出，推动高质量发展，文化是重要支点；文化产业和旅游产业密不可分，要坚持以文塑旅、以旅彰文，推动文化和旅游融合发展。⑤ 文旅融合是当今旅游业发展的要求，红色旅游作为旅游产业的一部分，同样需要注重文化资源的挖掘、文化优势的利用。文物是历史文化的载体，保护和开发好革命文物，

---

① 朱媛媛，汪紫薇，顾江，等. 基于"乡土—生态"系统韧性的红色旅游资源利用空间格局优化研究——以大别山革命老区为例 [J]. 自然资源学报，2021，36（07）：1700-1717.

② 周彤莘. 论文物保护与文物旅游的平衡发展 [J]. 桂林旅游高等专科学校学报，2000（03）：49-51.

③ 杭侃. 文化遗产资源旅游活化与中国文化复兴 [J]. 旅游学刊，2018，33（09）：5-6.

④ 杭侃. 文化遗产资源旅游活化与中国文化复兴 [J]. 旅游学刊，2018，33（09）：5-6.

⑤ 习近平. 在教育文化卫生体育领域专家代表座谈会上的讲话 [N]. 人民日报，2020-09-23（002）.

将革命文物融入旅游景区的发展体系中，能够实现红色旅游文化赋能和长足发展①。

1. 红色旅游是革命文物保护的方式

旅游资源的统合和开发是文物保护的方式，做好文物保护是发展旅游的前提。文物旅游是指以遗址、文物等承载人类物质财富与精神文明的物质与非物质遗存为依托开展的旅游活动②，围绕文物和文化内涵深度贯彻文旅融合。不同于自然景观，红色旅游景点需要立足于存有的文物资源，从文物旅游出发对文物进行保护，是红色旅游的发展前提。

红色旅游对革命文物的保护作用集中体现在两点：其一是以文物旅游的逻辑对革命文物进行整合。旅游管理单位将一定地域空间范围内的人、物进行整体化的规划和统合，使各社会要素围绕旅游事业进行关联和合作，设立各级文物保护专门机构，配备专职文物保护人员和与开放服务相适应的文物保护设施和设备，对域内文物统一调配和管理。其二是以文物旅游的目标引导革命文物的活化。文物活化是文物保护的一种方式。近年来，越来越多的探索采用现代科学技术手段促进对革命文物的数字化转换和利用③，为游览者提供立体多元的游览体验；同时将革命文物融入新潮叙事的影视作品、舞台表演，为革命文物赋予新的表达和传播方式。

2. 革命文物是红色旅游开发的资源

革命文物对红色旅游的发展至关重要。革命文物反映一定历史时期的革命精神，承载了特定的历史故事和文化内涵，在"文旅融合"的旅游业发展趋势中，能够为旅游项目的开发提供源源不断的资源支持。

红色旅游的发展离不开革命文物的开发。红色旅游不同于一般的旅游景点，自然景观在景区建构中并不占主要部分④，其旅游的地位和价值依赖于过去发生在此地的革命事件和历史，而留存于景区内的革命文物及遗址则是与革命历史直接关联的。因此，对红色旅游而言，围绕革命文物展开旅游开发是基础。

---

① 伍向阳，易魁，谢远健. 新时代旅游审视：文化赋能、品牌塑造与高质量发展 [J]. 企业经济，2021，40（03）：114-122.

② 胡淼. 红色旅游与文物旅游并行，文旅融合助推乡村振兴 [J]. 今古文创，2021，（18）：117-118.

③ 卢世主，朱昱. 革命文物保护利用研究的现状与进展 [J]. 江西师范大学学报（哲学社会科学版），2020，53（06）：145-153.

④ 尹晓颖，朱竑，甘萌雨. 红色旅游产品特点和发展模式研究 [J]. 人文地理，2005（02）：34-37，76.

另外，红色旅游较强的"事件性"基本属性①，要求对"革命旧址"类革命文物进行深度内涵挖掘和事件整合。在文物"事件性"发掘的引导下，才能系统把握保护主题，从物质载体的文物上升到对非物质文化遗产和精神传统的完整保护，也能够利用事件的叙事逻辑全面挖掘旅游景点的项目设计和展览安排，实现旅游的文物赋能。

（二）转型升级：红色旅游的品牌传播

1. 品牌传播是文旅融合的必要之举

借鉴品牌建设的方法能够为红色旅游的设计和红色旅游产品的传播提供借鉴。品牌是商品价值或服务价值的综合表现②，是企业或组织贯彻生产、传播、沟通环节的增长手段。文旅融合背景下，文化产业思维引入现代消费理念和品牌打造，对旅游产业的经济效益和文化传播具有重要作用。

国内学者范秀成、陈洁根据大卫·艾克（David Aaker）的品牌识别系统提出的品牌形象综合测评模型，从产品维度、企业维度、人性化维度和符号维度四个维度解释品牌的构成③。根据这一系统，能够清晰地分析红色旅游具有品牌化的优势和可能性。

在产品维度上，红色旅游是明确的旅游产品，通过游览、活动等体验带来特别的旅游经历，目前许多旅游景点尝试的文创周边也能较好地为红色旅游赋能。在企业维度上，管理单位对珍贵文物的保护和利用反映了对红色文化的支持和传承。在人性化维度上，旅游管理单位如何站在游览者角度，以容易接受、喜闻乐见的方式展示文物、传播红色文化是游览者通过与文物互动可以感受到的。在符号维度上，消费者直接感知到的品牌是视觉符号，可以作为隐喻式图像向游览者传递品牌精神和理念。

2. 红色旅游需要借鉴品牌营销和建设的方法

品牌传播需要组织以品牌的核心价值为原则，以品牌识别系统为框架，建立品牌形象，采用广告、公关、销售、人际等传播方式将品牌传播和推广，进

---

① 沈旸，蔡凯臻，张剑葳."事件性"与"革命旧址"类文物保护单位保护规划——红色旅游发展视角下的全国重点文物保护单位保护规划 [J]. 建筑学报，2006（12）：48-51.

② 罗子明. 品牌形象的构成及其测量 [J]. 北京工商大学学报（社会科学版），2001（04）：19-22.

③ 范秀成，陈洁. 品牌形象综合测评模型及其应用 [J]. 南开学报，2002（03）：65-71.

一步提升认知和印象，攻占消费者心智，最终效益增收。①

　　品牌传播需要进行定位和差异化。品牌传播的实现不是单单局限于传播的环节，整体的品牌传播需要在设计、定位、传播、呈现、维护等各方面开展动态的持续运作。艾·里斯和杰克·特劳特（Al Ries & Jack Trout）提出的定位理论要求品牌在消费者心目中确定相对位置，确定区别化的地位②。在红色旅游发展模式、资源融合、景观风格、服务功能趋同化的当下③，品牌定位理论的引入能够为红色旅游的发展提出新思路，为游览者创造差异化的游览体验和环境，从而留下深刻的记忆和价值认同。

　　品牌传播需要借助适应市场的营销手段进行。虽然红色旅游需要围绕政治教育功能开展，但旅游业"本质是游览者主体的文化体验与目的地客体的吸引力之间的互动性符号消费"，关注给游览者带来的体验感和吸引力④。"叙事"是内容营销的三大维度之一，内容和受众兴趣的关系在营销中具有重要意义⑤，传播红色旅游品牌不单单在于"说什么"，还需要解决"怎么说"的问题，旅游目的地设计者需要考虑以合理的营销方式和叙事手法，尊重旅游市场的规则。

　　品牌传播需要长期运营和关系维护。品牌权益的关键是企业（组织）长期的营销努力和积累⑥，任何旅游品牌的传播也不是局限于单次、孤立的体验，而是体现在旅游前、旅游时、旅游后各个时段的方方面面，需要和消费者建立长期的关系，并通过持续的互动和价值的传输来巩固持久的用户关系。与公众进行长期的互动沟通，建立双向对话的公共关系，将传播行为和文化认同的产生放置在旅游期间乃至旅游前后的公众对话中，是红色旅游突破在地体验限制，达到长久稳固的品牌式传播，持续输送文化价值和精神力量的途径。

---

①　王战，冯帆. 社群经济背景下的品牌传播与营销策略研究 ［J］. 湖南师范大学社会科学学报，2017，46（01）：141-148.

②　艾·里斯，杰克·特劳特. 定位 ［M］. 王恩冕，于少蔚，译. 北京：中国财政经济出版社，2002：6.

③　李响. 红色文化和旅游产业：文旅融合的困境与路径 ［J］. 学术交流，2021（07）：119-129.

④　傅才武. 论文化和旅游融合的内在逻辑 ［J］. 武汉大学学报（哲学社会科学版），2020，73（02）：89-100.

⑤　周懿瑾，陈嘉卉. 社会化媒体时代的内容营销：概念初探与研究展望 ［J］. 外国经济与管理，2013，35（06）：61-72.

⑥　范秀成，冷岩. 品牌价值评估的忠诚因子法 ［J］. 科学管理研究，2000（05）：50-56.

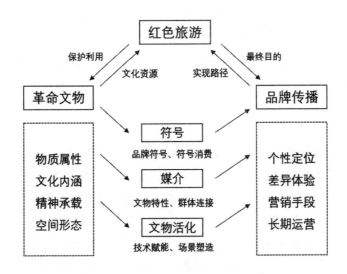

图 5-2-1　革命文物、红色旅游与品牌传播关系

二、文物价值的挖掘：传统红色旅游创新困境

（一）文物呈现：红色旅游价值阐释亟待提升

红色资源开发的同质化和单一化，以及红色旅游项目创新困难，是多个红色旅游研究所提及的发展瓶颈。有研究强调红色旅游建筑风格和服务功能的同质性，点明不可移动文物呈现和景区旅游营销的受限性①；有研究揭示红色旅游项目和产品建设单一化，缺乏丰富多样的呈现形式与特色开发的问题②。2021年中共延安市委办公室调研延安革命文物管理，认为革命文物的主题展览形式、内容和方法单一雷同③。

中国旅游研究院和马蜂窝旅游联合发布的《2021年中国红色旅游消费大数据报告》显示，2021年参与红色旅游的人群中00后、90后占比达到了51%，且保持上升趋势，说明红色旅游对年轻群体的吸引力正在提升④。相较于其他群

---

① 李响.红色文化和旅游产业：文旅融合的困境与路径［J］.学术交流，2021（07）：119-129.

② 庞洋洋.习近平传承红色基因思想研究［D］.延安：延安大学，2020.

③ 中共延安市委办公室调研组.延安市革命文物保护管理利用工作调研［N］.中国文物报，2021-07-16（006）.

④ 中国旅游研究院 & 马蜂窝：2021年中国红色旅游消费大数据报告［EB/OL］.199IT网，2022-04-11.

体，年轻群体选择寻找更丰富的旅游体验①，更多样的旅游项目，以近年热度颇高的"红色+影视"融合业态为例，红色题材影视剧的热度与"圣地巡礼"式打卡游览相结合，吸引年轻群体前往红色影视剧中的重点场景观光。除了影视与红色旅游的融合，"红色+生态乡村""红色+研学"等多种形式正在改变红色旅游，转型升级、多元融合的新业态下，缺乏向内挖掘、向外拓展的同质化旅游会受到更大冲击。

（二）文物叙述：红色旅游叙事模式持续创新

不同于其他红色教育形式，红色旅游的优势在于较强的临场感和体验感，这一特殊教育形式的初衷在于鼓励民众的参与和感受，唤起对红色文化的情感共鸣和深度认同。然而，传统政治教育参观模式具有较强的说教形式②，不能够发挥红色旅游趣味性和生动性的优势③。新时代的红色旅游需要利用新条件、新情况进行开拓创新，走出传统红色旅游的说教形式，将"旅游"这一形式在思想教育层面的优势发挥出来。

旅游语境下的说教色彩体现为静态展示、单方说教的博物馆形式④，优秀的旅游则能够摆脱单一形式的局限，动用丰富的旅游要素。欧洲著名教育机构 Bpp Learning Media 对教育旅游的定义是将叙事、解释、信息与空间探索相结合，旅游者应该与地点和文化产生互动⑤，这一定义强调叙事与当地的资源、空间等因素进行全方位的勾连与互动。旅游空间由通过符号性和表征性的文化以仪式性和舞台性的叙事形成⑥。红色旅游的创新发展，应让处于红色旅游中的游览者不再感到说教的"沉重"⑦，而是在丰富的旅游体验中自然接受红色文化的滋养和熏陶。

---

① 中国旅游研究院 & 马蜂窝：2021 年中国红色旅游消费大数据报告 ［EB/OL］. 199IT 网，2022-04-11.

② 罗景峰，安虹. 红色旅游沉浸体验的发生机制及意义建构逻辑——基于双系统理论的视角 ［J］. 华侨大学学报（哲学社会科学版），2022（05）：40-53.

③ 李永乐，孙天胜，成升魁，等. 市场导向型红色旅游发展模式研究——以甘肃省为例 ［J］. 学术论坛，2007（09）：104-107，121.

④ 马波. 对"新旅游者"的感知与相关思考 ［J］. 旅游学刊，2014，29（08）：3-5.

⑤ BPP LEARNING MEDIA. CTH Diplomas in hotel management and tourism management: special interest tourism ［M］. London：BPP Learning Media Ltd, 2011：9-10.

⑥ 马勇，童昀. 从区域到场域：文化和旅游关系的再认识 ［J］. 旅游学刊，2019，34（04）：7-9.

⑦ 罗景峰，安虹. 红色旅游沉浸体验的发生机制及意义建构逻辑——基于双系统理论的视角 ［J］. 华侨大学学报（哲学社会科学版），2022（05）：40-53.

三、以革命文物为核心的红色旅游品牌建设之道

革命文物是红色旅游开发的资源。旅游品牌化是新时代旅游业转型升级的重要趋势①，帮助红色旅游走向开拓创新，需要以革命文物为核心，重视红色旅游的新展示和新叙事。北京市具有丰富的红色旅游资源，在全国红色旅游热门城市中名列第一②，众多红色旅游目的地能够在进行符号呈现、发挥媒介作用和促进文物活化方面不断开拓创新，为全国红色旅游提供先进的品牌化经验。

（一）文化载体和视觉形象：革命文物符号呈现

革命文物是在革命历史时期革命事件中留下的物质文化遗产，承载了与之相关的历史事件和精神品质，具有较强的符号属性。物质符号载体是构成红色文化传承内容的三维形态之一③，革命先烈振奋人心的事迹和奋发进取、开拓向前的革命精神为"文物"这一具体的物质实体所指示，令后人睹物思人、触景生情。参观《新青年》原刊、《共产党宣言》第一个中文全译本等代表文物让游览者铭记早期红色革命挥洒热血的艰辛历程；红四方面军战士周广才长征途中吃剩的半截皮带④、江竹筠⑤在重庆渣滓洞狱中写给表弟的信等强关联于革命先辈的代表文物，除了能够反映人物所处的时期和事件，更是历史人物革命精神的具象化表现。革命岁月已经离我们远去，而留存下来的革命文物替代革命事件和精神的意义则当下在场⑥。

红色旅游中革命文物的符号化可体现为以下三种形式：第一，红色旅游文创产品设计。典型的红色旅游文创，例如：香山革命纪念馆文创书签，分别提取了双清别墅大门、六角红亭、毛主席的办公桌、毛主席曾经乘坐过的威利斯吉普车四个文物元素，将中共中央进京"赶考"的历史痕迹与伟人工作印记精炼浓缩，同时搭配刻有毛主席在双清别墅写下的《七律·人民解放军占领南京》

---

① 高静，焦勇兵. 旅游目的地品牌差异化定位研究——基于品牌个性视角［J］. 旅游学刊，2014，29（03）：49-57.

② 中国旅游研究院 & 马蜂窝：2021 年中国红色旅游消费大数据报告［EB/OL］. 199IT 网，2022-04-11.

③ 文丰安. 新时代红色文化传承与发展研究［J］. 学习与探索，2020（11）：54-62.

④ 红四方面军士兵周广才在艰难长征途中，将自己的皮带交给班长煮成食物，而后决定保留剩下的一截皮带作为纪念，以此表达对革命胜利的憧憬和对毛主席的敬仰。

⑤ 江竹筠（1920—1949），女，四川自贡人，1939 年加入中国共产党。1948 年 6 月 14 日，因叛徒出卖在万县被捕，后转押渣滓洞监狱，她始终坚贞不屈，严守党的机密，被狱中难友称赞为"中华儿女革命的典型"。1949 年 11 月 14 日，殉难于电台岚垭，时年 29 岁。

⑥ 赵毅衡. 符号学［M］. 南京：南京大学出版社，2016：45.

诗句，体现了香山在革命历史中的重要意义和红色旅游价值，以符号形象生动地表现革命文物①。

颐和园文创"和平桌款印章"仿照北平和平解放时召开谈判会议的谈判桌设计，在桌子内部掩藏镌刻"和平"二字，同时将颐和园益寿堂匾额内嵌在和平二字当中，与中共中央"进京赶考"的红色历史进行关联，这件文创产品的文物符号没有局限于平面设计中，而是从外观造型与实际用途还原了"和平桌"的历史意义。

第二，红色旅游品牌标识设计。品牌标识是包含名称文字、图形、颜色、形状等视觉知觉特征的视觉符号，是"品牌接触消费者的第一线"②，品牌标识如果能够快速引起人在视觉层面的注意力，并在此基础上产生准确的品牌辨识度，便能形成视觉资产③，强化游览者对旅游品牌的认知。

革命文物是红色旅游品牌标识设计区分度和吸引力的重要资源。2022年推出的香山革命纪念馆馆标以纪念馆屋顶建筑为主要元素，同时将香山双清别墅屋顶结构形制融入其中，在标识呈现上将标志性旅游景点、革命文物置于明显的位置，直接代表旅游景点的对外形象。以革命旧址为代表的不可移动文物许多本身为红色旅游的景区主要游览场所，围绕革命文物的品牌标识设计向外展示红色旅游地点的游览亮点和历史价值，为红色品牌建设传播打开视觉层面扩展的途径。

图 5-2-2　香山革命纪念馆馆标符号构成

第三，红色旅游参观活动设计。近年来，热度颇高的"集章式旅游"是这

---

① 在香山，"革命传统"也时尚！[EB/OL]. 文旅海淀，2022-05-24.

② 万雪芹，张玲. 文化产业园区集群品牌形象构建的路径依赖——"华侨城"与"曲江新区"的启示 [J]. 社会科学家，2009（11）：158-161.

③ 王京传，李天元. 旅游目的地品牌标识评价研究——以中国优秀旅游城市为例 [J]. 旅游学刊，2012，27（02）：43-51.

种旅游方式的代表。集章旅游在打卡旅游的基础上发展而来，不同于打卡旅游由游览者自发拍照合影的方式，集章旅游是旅游景点与游览者协作完成的打卡活动。旅游景点提供经设计的景点印章，这些印章图案多为具有代表性的符号，如重点文物、地标建筑、代表性活动等。游览者在参与集章旅游的过程中切身处于红色文化的氛围中，在参观革命文物的过程中通过"印章打卡"这一仪式将文物形象以符号形式复制留存。

2023年，"'京'彩文化·青春绽放"——"觉醒年代"研学行主题打卡活动在北京举行，北大红楼和中国共产党早期北京革命活动旧址场馆设计制作15枚旧址历史元素的印章，供游览者打卡集章，游览者回答旧址相关历史知识问题后可以获得电子与实体印章，以此吸引游览者将实地打卡活动与红色文化学习结合。集章旅游将实践性的临场旅游体验与符号性的打卡消费连接在一起，用游览活动将文物物质实体与文化符号两个层面串联一体。

（二）信息传递与连接功能：革命文物媒介作用

文物作为媒介，具有信息传递的功能。文物自身携带丰富的信息，来自特定事件的磨损、痕迹、印记是文物整体的一部分。人们通过某些特殊的文物痕迹了解历史事件信息。例如，国家博物馆收藏的文物"上甘岭阵地上保留下来满是弹片的一铲土"，取自经历激战过后的上甘岭志愿军阵地，其中的碎弹片、子弹头与碎土块、石块的重量几乎为一比一还原[1]，该件革命文物向人们直观生动地展示了上甘岭战役的惨烈，人们可以从密布的弹片、粉碎的土块想象战士艰难奋战的情况。

中国共产党历史展览馆作为北京革命旅游的重要目的地，其中很具代表性的如上海共产党早期组织起草的《中国共产党宣言》，纸上如实保留了一些涂抹、修改、勾画痕迹，记录着革命先辈努力思考、反复打磨、来回讨论的历史场景[2]；中华人民共和国第一面国旗由5幅红绸拼接缝制而成，游览者能从文物上看到缝补的痕迹，从文物联系曾经物资相对匮乏但万物复苏的历史节点[3]。红色旅游管理单位强调文物的媒介传达讯息的作用，带动游览者主动发现文物中的故事和历史，创造差异化的游览经历。

---

① 寻红色文物 悟中国精神在国博感悟中国共产党人的精神谱系活动 [EB/OL]. 巨量算数网，2021-12-19.
② 【探访红色旅游网红打卡地】揭秘党史展览馆 这些历史细节让人回味！[EB/OL]. 央广网，2021-07-02.
③ 《红色印记》第59集：国博讲解员揭秘新中国第一面国旗那些你不知道的事儿 [EB/OL]. 共产党员网，2021-06-04.

文物作为媒介,起到了连接人、关联集体的作用。文化记忆区别于其他记忆形式的重要特征在于需要以文物为媒介①,文物作为保存、强化或复诵集体记忆的媒介,成为将社会群体凝聚和黏合的纽带,影响族群认同和族群边界②。对革命历史文化持共通族群认同和集体记忆的人,因对同一革命文物的文化价值的确认而产生跨越时空限制的关联。位于上海的中国共产党第一次全国代表大会纪念馆推出原创实景沉浸式体验剧《思南路上的枪声——向着光明前行》,将曾经的中共驻沪代表团驻地周公馆作为"舞台",让游览者在历史文物内"穿越"回1946年,参加了一场改变中国前途命运的"记者招待会"③。游览者深度参与的游览形式和革命旧址为展演场所的设计,让游览者关联于同一场体验剧中,共同感受革命历史的波澜起伏。

(三)技术赋能与情境塑造:革命文物活化路径

习近平总书记强调"让文物说话,让历史说话,让文化说话"④,要让更多文物和文化遗产活起来⑤。推动文物的活化,让文物讲述自己的故事是文物创新性发展的要求。文物活化可以借助技术实现展示的立体化和多样化。人们通过技术设备所显示的文本来感知外物⑥,物的诠释因技术被赋予了无限的可能,作用于人感知的新技术在文物与游览者之间建立了生动的联系。八一南昌起义革命红色旅游围绕贺龙指挥部旧址设置了VR体验,利用虚拟还原和全视野引擎技术重现革命时期贺龙指挥部署的场景⑦。游览者的现实身体处于革命旧址的现实空间,虚拟身体又重回了起义战斗的历史场景,当下和历史的场景交叉加强了体验的实感。游览者还能够参与"清除路障、炸毁营房、消灭敌人"等战斗任务,实现"游客"到"体验者"的身份转变,以游戏方式强化身体的沉浸感。通过感觉、听觉、触觉上对文物可观、可鉴、可触、可知、可玩的全新体验⑧和全方位、沉浸式的情境重现。技术赋能得以推动红色资源由文物价值向文旅价

---

① 阿斯特莉特埃尔. 文化记忆理论读本 [M]. 北京:北京大学出版社,2012:45.

② 王明珂. 华夏边缘:历史记忆与族群认同 [M]. 台北:允晨文化公司,1997:50.

③ 思南路上响起"枪声",中共一大纪念馆原创实景沉浸式戏剧亮相 [EB/OL]. 新民晚报,2021-09-29.

④ 让历史说话,让文物说话 习近平总书记来陕视察两周年系列报道 [EB/OL]. 中国社会科学网,2017-02-16.

⑤ 习近平. 在联合国教科文组织总部的演讲 [N]. 人民日报,2014-03-28 (3).

⑥ 唐·伊德. 技术与生活世界 [M]. 北京:北京大学出版社,2012:154.

⑦ 南昌八一起义纪念馆重新开馆 3D 投射、VR 还原"战斗过程 [EB/OL]. 封面新闻,2017-07-28.

⑧ 柴焰. 关于文旅融合内在价值的审视与思考 [J]. 人民论坛·学术前沿,2019 (11):112-119.

值拓宽，带动红色旅游塑造高质量旅游体验与品牌价值①。

　　文物活化还可以通过场景化与情景化实现特殊历史情境还原。"场景是指人与周围景物的关系总和，其核心是场所与景物等硬要素，以及空间与氛围等软要素。"② 对于红色旅游，情境与氛围塑造是可以重点设计的品牌化路径，可以引导游览者从产生印象深刻、独一无二的旅游情感体验，并以此启动"个体对族群文化的认同行为"③。北大红楼的场景化设计选择还原历史原貌，让游览者重返真实的历史时期，场景设计者经过多方调查，最大限度地尊重历史，布置还原校长室、文科教员休息室、文科学长室等④，在革命旧址为游览者呈现历史人物的工作情境。

图 5-2-3　北大红楼内部场景⑤

① 吴志才，黄诗卉，张凌媛．数字人文：红色旅游发展的新路径［J］. 旅游学刊，2021，36（06）：7-9.
② 郖书镨．场景理论的内容框架与困境对策［J］. 当代传播，2015（04）：38-40.
③ 傅才武．论文化和旅游融合的内在逻辑［J］. 武汉大学学报（哲学社会科学版），2020，73（02）：89-100.
④ 北京日报客户端．"一饭一菜"找回历史的温度 北大红楼重现百年前的模样［EB/OL］. 北京日报客户端，2019-10-22.
⑤ 图片源于课题组自摄，摄于 2023 年 12 月 26 日。

第六章

研究总结与展望

第一节　总结与讨论

一、道器合一：革命文物的系统保护

革命文物是革命精神和红色文化的重要物质载体，是 1840 年鸦片战争以来民主主义革命和社会主义革命遗存下来的文物。党的十八大以来，以习近平同志为核心的党中央高度重视文物和文化遗产保护利用传承工作，将其上升至治国理政的重要层面，习近平总书记发表了一系列重要论述，强调文物"是不可再生、不可替代的中华优秀文明资源"。近些年，国家层面陆续颁布"加强文物保护利用和文化遗产保护传承""让文物活起来""文化数字化""用好红色资源"等政策，2022 年 7 月 22 日，全国文物工作会议提出新时代文物工作的 22 字工作方针，即"保护第一、加强管理、挖掘价值、有效利用、让文物活起来"[①]，集中体现了习近平总书记关于文物工作的重要论述精神。习近平总书记在党的二十大报告中提出"坚持和发展马克思主义，必须同中华优秀传统文化相结合"的重大论断，做出"加大文物和文化遗产保护力度，加强城乡建设中历史文化保护传承，建好用好国家文化公园"的重大部署。2024 年，政府工作报告首次提出"加强文物系统性保护和合理利用，体现了继承与发展的辩证统一"。

文物保护与利用的关系是需要给予辩证的眼光看待的，二者相互促进、相互依赖、相互转化，加强保护是开发利用的基本前提，开发利用是保护传承的重要条件。唯有保护与利用并举，才能实现文物可持续传承、实现历史文化资

---

① 破解"让文物活起来"还面临体制机制问题［EB/OL］. 澎湃新闻，2024-02-20.

源的创造性转化、创新性发展①。论及文物保护和利用辩证关系的学理阐释，需深刻学习作为新时代中国文治之道的"第二个结合"理论体系——马克思主义和中华优秀传统文化结合，二者的关系可以用中国传统哲学中的"道"与"器"加以形象阐释理解。《周易·系辞下》中记载，"形而上者谓之道，形而下者谓之器"。"道"是抽象的、无形的，含有规律、准则等意思；"器"是有形的，表现为具体的器物、工具、技术等。"道"与"器"的关系，实质是抽象的道理与具体的事物、行为之间的关系②。从"道"的层面而言，"人的解放"是马克思主义一以贯之的宗旨、"以民为天"是中华优秀传统文化的精髓，二者均指向人民幸福。从"器"的层面来说，马克思主义和中华优秀传统文化在本体论、方法论、历史观上具有内在契合性③。同理，文物保护与利用的宗旨是"以人为本"，对历史负责、对人民负责。2023 年全国两会期间，习近平总书记在阐释锚定高质量发展之时指出，"人民幸福安康是推动高质量发展的最终目的"④。"民惟邦本，本固邦宁。"只有坚持以人民为中心的发展思想，坚持发展为了人民、发展依靠人民、发展成果由人民共享，才会有正确的发展观、现代化观。活化利用的意义是为了推动文物和文化遗产的可持续发展，而发展的最终价值归属是为了人民生活的福祉、人类共同文明的延续，这也即是辩证统一的"道"之解析、"器"之根本。

革命文物是无数英雄先烈在解国家之危困、救黎民于水火的红色热血历史中遗留下来的宝贵财富，是我们党充分汲取马克思主义精神、引领人民建国立业伟大征程的光辉见证。习近平总书记强调，加强革命文物保护利用，弘扬革命文化，传承红色基因，是全党全社会的共同责任。每一件革命文物背后，都有一段无法忘怀的历史，都有一个令人感动的故事。革命文物的保护和传承，需有机结合时代环境、技术发展和人文社会，适时地转化和延展"物"的传统思维。文物本身是一个有机生命体，它并非仅是物理静态的存在，"物"的存在需与人、技术、时间、空间等多方位元素相互关联，物与非物、物与人、物质与精神之间传统哲学视域中的二元关系正在日益解构。遗产并不仅是有着物理结构或物质属性的"物"或"地点"，而是一种文化发展过程，变化和连续性是遗产的组成部分，事物和价值需要与"当前的需要"相结合。革命文物的活

① 如何让文物真正活起来［EB/OL］. 2022-05-18.
② 张永红，王少光. 习近平"生命共同体"理念蕴含的主客之辨、道器之合［J］. 思想理论教育，2020（05）.
③ 徐瑾，朱晨溪. 马克思主义与中华优秀传统文化的道器之合［EB/OL］. 2023-04-06.
④ 总书记的人民情怀1"发展是实现人民幸福的关键"［EB/OL］. 网信中国，2024-03-14.

化，需始终秉持为人民服务之"道"，在"器"的层面适时适宜调节本体论思维观念，由此，在辩证观的引领下有的放矢地实现道器合一、活化保护和传承利用并举。

红色文化作为熔铸于党领导人民在革命、建设、改革伟大实践中创造的先进文化，是近代以来中华文化的重要组成部分，是推进中国式现代化的动力源泉。红色文化是坚定文化自信的源头活水，是建设中华民族现代文明的底色和本源①。我们站在"两个一百年"奋斗目标的历史交汇点上，需要大力弘扬以伟大建党精神为源头的红色精神谱系，赓续共产党人精神血脉，致力于守护好红色文化的"根"与"魂"，合理认知运用红色文物的"道"与"器"，努力让蕴含于革命文物之中的红色文化成为推动马克思主义中国化时代化、推动"两个结合"的强大力量，使之成为中华民族现代文明行稳致远的坚实思想基础。在思想认知、实践演练、创新创造的各个环节，要始终坚持马克思主义辩证唯物观和我们党的文化领导权，努力做好红色文化资源的价值阐释、教育传播、科学践行等方面的工作。新时代，坚持用马克思主义辩证的眼光看待文化与科技之间的关系，秉持"唯物辩证、党的领导、以人为本"之"道"，理性适宜开掘应用人工智能、算法生成、数据挖掘等数字技术之"器"，在实现文化数字化、创新创意传播之时也审慎地对历史与现代、城市与乡村、文化与消费、保护与利用等维度关系进行全方位考量，使革命文物如同"居间媒介物"一般实现跨越时空的价值彰显和文化延续。

二、"光韵"汇聚：革命文物的原真体验

党的二十大报告强调，加大文物和文化遗产保护力度。党的十八大以来，在以习近平同志为核心的党中央坚强领导下，革命文物保护状况持续改善。依据新时代文物工作方针，坚持"保护第一"是对文物历史的尊重、对遗产"光韵"的凝聚、对原真体验的促进。随着我国国力的增强，文物保护从单体保护为主到保护整体，从抢救性保护到重视预防性保护，实现从文物资源大国向文物保护强国的跨越。新时代党和国家事业的发展，迫切需要加强革命文物资源整合、统筹规划和整体保护，迫切需要深化革命文物价值挖掘阐释传播，迫切需要发挥革命文物服务大局、资政育人和推动发展的独特作用。

革命文物是从历史中走来的，它既包括那些诸如人民英雄纪念碑、李大钊故居之类与革命斗争有关的遗址遗迹、革命会议旧址、革命纪念设施，也包括

---

① 传承红色基因，推动中华民族现代文明建设［EB/OL］. 中工网，2024-3-13.

战役过程中的小推车、半条被子、军用棉服、武装兵器这样的实物。时光荏苒、岁月匆匆，中华大地上的一处处旧址、一座座纪念馆……各类革命文物一直以自己的方式呈现、展示、诉说着党和人民英勇奋斗的光荣历史。文物自身流露出来的这种无声的讲述，从某种程度上与本雅明的"灵韵"或"光晕"（Aura）理念相仿。本雅明认为，"光晕"意指"在一定距离之外但感觉上如此贴近之物独一无二的显现"①。综合本雅明的描述，光晕大致具有四个特点：神秘性、此时此刻的在场感、独一无二的本真性以及仪式化的膜拜价值。文物只有存留在原来生长的历史情景之中，才能充分焕发其自身光晕价值，前来瞻仰观摩的观众对近在咫尺的文藏瑰宝进行仪式化的膜拜之时，才能全身心沉浸在眼中文物所勾勒的历史场景之中，进而屏气凝神、心无旁骛地聆听学习文物背后的感人故事。革命旧址、场馆、实物都在默默重现真实发生过的历史，像这种身临其境所带来的真实感、体验感、震撼感，是通过文字描述、声音讲解、艺术表达所不能替代的。革命旧址、场馆是人民群众瞻仰先烈、崇敬英雄的地方，是党员干部感悟初心使命的地方②。

本雅明所提出的"光晕"是与文博艺术品在物理空间中所呈现的物质原真性以及由此所产生的在场感紧密相关的。随着人工智能、生物仿真、混合现实等媒介技术的层层迭起，数字空间所搭建的文物意象或文博场景是否因其"原真性"（authenticity）的缺失或"此时此地性"的匮乏而始终深陷价值困顿的争议之中？回应此问题，也许需要重回"原真性"概念本身，做出契合环境的调整和更迭。与对于物质性的历时诠释相同，"原真性"概念也有着相应的动态发展过程属性③。关于原真性的建构主义范式在很大程度上受到尼采（Friedrich Nietzsche）思想的熏染，认为本真性是需要建构、发展或创造的。

除却学理层面的思考之外，国家文化数字化政策所倡导的也是融有辩证思维肌理的文物活化创新策略路径，推崇的仍是在可持续视域中保持文化和科技平衡互助的文物数字活化逻辑。附着在红色文物身上的历史现场情景光晕也许一去不返，经历过血雨风霜的实物结构和表皮也许面对着岁月时间的捶打考验。但是，凝聚于革命文物之内的革命精神和革命故事是可以被代代传颂的，这种红色能量可以在现代先进手段的助力下进行历史还原和场景复刻，让观众身临

---

① 本雅明. 机械复制时代的艺术作品 [M]. 王才勇，译. 北京：中国城市出版社，2002：13.

② 红色基因代代相传——让文物活起来 [EB/OL]. 中国青年网，2022-06-13.

③ 王蕾. 光韵、时空、永生：文博数字影像化理念的多元重构 [J]. 现代传播（中国传媒大学学报），2022（8）.

其境、身心沉浸地倾听和回望那段让国人刻骨铭心的艰辛岁月,革命文物也会在无数个体和群体的文化参与中点亮由关系连接、情感共鸣作用而生的"光韵"。此外,数字技术也有助于提升红色资源的预防性保护。通过 3D 扫描等数字技术,红色建筑、文物等重要资源可以进行数字空间维度的存储,一旦现实中有意外发生,红色资源不会因一时的损毁而遭受永久的消亡。正如 2019 年法国巴黎圣母院虽然不幸遭遇大火,但前期利用 3D 扫描、VR 和高分辨摄影等技术,保留了珍贵的数据和影像,为文物的修复提供了有力的数据支持①。

红色文化资源是不可再生、不可替代的珍贵资源,一件件革命文物承载着血与火的历史、勾勒着觉醒年代的峥嵘岁月。革命文物保护有助于弘扬革命文化,同时也构成了红色文化传承发展的基础。红色文化包裹渗透着百年奋斗历程中千千万万共产党人为了理想信念不惜抛头颅、洒热血的革命精神,红色基因是中国共产党领导人民救亡图存、保家卫国的革命基因,红色基因的赓续是有利于中华民族千秋万代、弘扬爱国主义教育、造福祖国宏图基业的大事。习近平总书记强调:"要充分运用红色资源,深化党史学习教育,赓续红色血脉。"②《中华人民共和国文物保护法》颁布实施 40 年来,已多次经过修订,随着中国特色社会主义进入新时代,文物工作作为社会主义文化建设的重要组成部分,被纳入"五位一体"总体布局和"四个全面"战略布局。如何在时间长河、岁月星辰中做到文物的活化保护和活态传承,需要将其作为一项可持续、动态发展的项目工程进行延续性的跨学科研究。在不断充实丰富文物活态传承理论体系的同时,结合现实环境进行实践性、本土化的调研,以文物真实性和完整性为前提进行科学适度的开发。保护与利用并举,现实与虚拟呼应,形成整体性、系统化的文物活化观念认知和数据智库,为新时代"两个结合"基础上建构的中华文物遗产观添砖加瓦和浇筑能量,切实有效、循序渐进地促进红色基因的永续传承。

三、多元活化:革命文物的时空叙事

文化遗产传承的关键是活态传承。在新的历史时期,文物工作重点已向盘活文物资源、让文物真正活起来转变。为了真正实现"系统梳理传统文化资源,让收藏在禁宫里的文物、陈列在广阔大地上的遗产、书写在古籍里的文字都活起来",需要在持续搭建、适时调整文物和文化遗产活态传承理念体系的基础上

---

① 王娜. 数字赋能红色资源的保护传承 [N]. 光明日报,2022-01-19 (06).
② 石玮. 用好红色资源 赓续红色血脉 [EB/OL]. 光明网,2021-12-24.

推进创造性转化、创新性发展。习近平总书记曾在考察中强调，"北京是世界著名古都，丰富的历史文化遗产是一张金名片，传承保护好这份宝贵的历史文化遗产是首都的职责，要本着对历史负责、对人民负责的精神，传承历史文脉，切实做到在保护中发展、在发展中保护"①。北京革命文物是城市历史文化遗产中的重要瑰宝，红色文化和红色精神是历史文脉汇流中的重要支柱。

文物的深度活化与文物立体化、多模态、跨时空的多维阐释和展示息息相关。2021 年 11 月，习近平总书记在主持中央全面深化改革委员会第二十二次会议时强调，要加强文物保护利用和文化遗产保护传承，提高文化研究阐释和展示水平，让文物真正活起来②。提高文物研究阐释和展示传播水平，成为现阶段文博领域的重要着力点。越来越多的博物馆深入挖掘文物藏品蕴含的思想理念、人文精神、价值观念、道德规范，推动研究成果及时转化为展览展示，推出更多富有知识性、原创性的主题展览③。在展览中运用大量有分量、有代表性、"镇得住""压得住"的红色文物实物，用文物实物说话，以物证史、以物叙事，是"不忘初心、牢记使命"的特色和亮点。一面红旗、一封家书、一盏煤油灯点点滴滴带给观众意境融彻般的红色温暖和感动、启迪与深思，睹物明史、睹物生情。叙事类似于"讲故事"。讲故事不仅有对客观世界和事实的记录性描述，也有叙述主体主观的思想嵌入和观点表达，叙事可以把现实世界与想象世界联通起来④。展陈设置上，既有红色文化高站位的文化精神引领，又照顾到观众喜闻乐见的语言和版面，大胆尝试采取小空间大制作、小切口大主题、小故事大情怀，一件件文物实物化身为一个个历史片段，使红色文物展览的历史性、思想性和艺术性融合互恰，串联起中国共产党人百年来上下求索的伟大征程。

多元文物矩阵构建起城市红色文化叙事空间地图。革命文化是在中国共产党领导下的社会主义革命、建设、改革中逐渐熔铸和生成的，与中华优秀传统文化、社会主义先进文化相辅相成，形成中国特色社会主义文化的重要思想核心。红色年代存留至今的革命文物和文化遗产，积蓄着我们党领导广大人民实现新中国建设和中国特色社会主义事业向前发展的伟大能量，它们以一种"在场"的方式联结不同时期、不同地域、不同群体的经济和文化。文物矩阵的外

---

① 立足优势 深化改革 勇于开拓 在建设首善之区上不断取得新成绩［EB/OL］. 中国共产党新闻网，2014-2-27.

② 习近平主持召开中央全面深化改革委员会第二十二次会议［EB/OL］. 新华网，2021-11-24.

③ 让收藏在博物馆里的文物活起来［EB/OL］. 人民网，2023-05-18.

④ 李德庚. 流动的博物馆［M］. 北京：文化艺术出版社，2020：7.

在特征显现为统一标识的系统化打造。以中央红军长征文化线路整体保护工程为例，统一规划、统一标识、统一保护标准、统一配套设施建设，在改善长征文物的保存状况和环境风貌的基础上打造全程贯通的"重走长征路"红色旅游精品线路①。还有红色影视文化矩阵的精品打造。基于革命文物宣传传播工程，百集革命文物故事微视频、百集革命旧址短片、百集革命人物纪录片纳入了《革命文物保护利用工程（2018—2022）》的规划范畴。近些年，《红色文物100》《红色印记——百件革命文物的声音档案》《红色文物青年说》《红色烙印——革命文物的故事》等百集红色视听节目以及《追寻——红色家书背后的故事》《闪耀东方》《闪亮的坐标》等亮点突出、底色鲜明的红色文化作品获得了广大观众的认可和好评，当之无愧地成为新时期弘扬主旋律的红色视听影像经典。

全媒体背景下，信息传播突破了传统的时空尺度，为革命文物保护和活化利用提供了新视野和新环境，文博全媒体矩阵的营造搭建也显得恰逢其时。在线叙事实践有助于理解城市历史图景的深层涵义②。比如，中国国家博物馆建成包括网站、微博、微信公众号、服务号、小程序及 APP 在内的全媒体矩阵，在多个自媒体平台开通官方账号，以"中央厨房"产出内容维护运营。据悉，2022 年国博全媒体矩阵总粉丝量近 1200 万，推出 2000 篇（条）文章或视频，总阅读（播放）量 1.5 亿，获赞 50 多万次③。2022 年，中国国家博物馆联合国内外 33 家博物馆共同举办"全球博物馆珍藏展示在线接力"活动，向观众沉浸式阐释文字对于 5000 多年的中华文明发展和世界文明交流互鉴的重要作用。可见，文化矩阵概念的引入对于文物内容阐释和传播的作用力是非常显著的。

此外，情景叙事切实呼应博物馆从聚焦"藏品"到聚焦"观众"的叙事潮流转型。叙事考虑的不仅是客观世界的存在，还包括叙事所展示的情景以及所面对的观众。在具体的博物馆叙事中，往往会将某个展示物置于某种情境关系之中，从而引导观众从某个维度或层次去对它进行理解④。叙事，就其本质而言，是一种介于客观存在与主观理解之间的话语建构方式。情景叙事为"物"

---

① 中共中央办公厅，国务院办公厅. 关于实施革命文物保护利用工程（2018—2022 年）的意见 [EB/OL]. 中国政府网，2018-07-29.

② VAN DER HOEVEN. Historic urban landscapes on social media：The contributions of online narrative practices to urban heritage conservation [J]. City, Culture and Society, 2019 (17)：61-68.

③ 中国国家博物馆：让文物"动"起来、"变"起来、"活"起来 [N]. 中国文化报，2023-04-03 (3).

④ 李德庚. 流动的博物馆 [M]. 北京：文化艺术出版社，2020：12.

创造不同的故事形式，与观众之间建立不同的交互关系和交流方式。在对北京红色主题片区博物馆的参观考察中发现，大多数博物馆均会采用全息投影、触屏交互、实景复原、移动导览、影像考据等叙事手法，以此缩短展陈内容与观众之间的距离。北大红楼在展陈《新青年》杂志在"觉醒年代"所起到的重要作用之时，厅内设置了一台触屏装置，观众只需用手指在屏幕上轻微一划，就能轻松"跳跃"到《新青年》某个对应的卷期，即可浏览当年的期刊内容。香山革命纪念馆在对五四运动的展陈描绘上，为了全方位、立体化地勾勒出当时广大青年学子示威游行轰轰烈烈的振奋场景，展厅用蜡制材料1∶1比例"还原"了五四青年在游行过程中的光辉形象，给观众带来了较高的沉浸感、参与感和体验感。中国共产党历史展览馆在入厅展墙最显眼的位置，悬挂着一幅题为《不灭的明灯》的画作，画幅上用油彩勾勒出毛主席在深夜执笔伏案的场景。堆叠着厚厚纸张的简陋木桌上仅摆放着一小盏煤油灯，毛主席右手持着一支毛笔，左手拿着一小根火柴棒，正在小心地调试灯盏里忽明忽暗闪烁着微弱光亮的烛火。画布上这盏煤油灯里的火苗，采用了数字全息投影技术，近乎可以达到"烛火"仿真般的场景模拟，观众裸眼近距离仰视，仿佛已然达到"入画"境界，全身心地学习感受毛主席当年不辞辛苦彻夜劳作的感人情景。

第二节　前景与展望

一、文物元宇宙：数智时代红色遗产的多维创新

随着数字媒体科技快速的迭代更新，现实世界场景有了数字复制和重建为虚拟时空的可能，原来存在于虚幻小说中的元宇宙概念已经走进现实。元宇宙（Metaverse）诞生于美国作家斯蒂芬森（Stephenson）的科幻小说《雪崩》，在小说描述的与现实世界平行的虚拟世界中，人们通过"虚拟化身"（avatar）进行交往。近些年，VR/AV/MR、大数据、虚拟仿真等智能技术让元宇宙空间的搭建有了高速的推进，现实世界中的人们可以驰骋遨游在虚拟宇宙中，并真切感受到"在场"（being there）的沉浸感。海德格尔认为，"近处"的"照面"就是在场①，他的"在场"观点结合媒介的发展可延伸出四个方面：人的感觉、

---

① 肖峰. 论人的信息化在场 [J]. 中国人民大学学报，2005（4）.

空间、时间、人与人的关系连接①。元宇宙的传播维度全面超越了这四个维度的考量，使人与内容之间的感知越来越强，人与人之间的距离越来越近，将实现以时间同步、空间同步为基础的即时人际—群体传播。就文物而言，物质实体早已摆脱了现实空间中的物理静态存在，借助多媒体科技在多维时空中实现价值内涵的深度挖掘和彰显。在智能媒体的加持下，红色文化呈现出从"三维虚实"转向"多元宇宙"、从"线性时空"转向"非线性时空"、从"信息单流"转向"自然交互"的未来发展蓝图②。

现阶段，在以元宇宙、深度神经网络、区块链和机器学习为代表的智媒技术的多维度可供性的助力下，红色文化的创新传播范式有了多元面向的呈现。当前社会已经步入深度媒体融合时代，智能媒体技术迅猛发展，"如同水和空气一般嵌入了人们的日常生活"③。《关于实施革命文物保护利用工程（2018—2022年）的意见》提出，"分批公布全国革命文物名录，建立革命文物大数据库，推进革命文物资源信息开放共享""适度运用现代科技手段，增强革命文物陈列展览的互动性体验性"等。2022年，来自全国50家博物馆、高校60名馆长、学者联名发布《关于博物馆积极参与建构元宇宙的倡议》，呼吁博物馆顺应时代发展，发挥自身优势，积极参与建构元宇宙，并指出数字资源的开放共享正日益成为全球博物馆普遍认同的行为准则。④ 究其元宇宙的概念，众多学者倾向于认为，"元宇宙是整合多种新技术而产生的新型虚实相融的互联网应用和社会形态，它基于扩展现实技术提供沉浸式体验，数字孪生技术生成现实世界的镜像，通过区块链技术搭建经济体系，将虚拟世界与现实世界在经济系统、社交系统、身份系统上密切融合，并允许每个用户进行内容生产和编辑"⑤。

当前，一些博物馆已经陆续上线"元宇宙游览""元宇宙观展"以及搭建全沉浸交互式数字文博展厅、采用虚拟数字人担任博物馆解说员等等，通过裸眼3D等数字技术，营造出沉浸式的博物馆奇妙之旅，在很大程度上迎合了大多数青少年和青年的观映学习需求。青少年"数字原住民"已经习惯于从数字化

---

① 冯菲，王文轩，喻国明．元宇宙的高维传播：感觉、空间、时间、连接的全面超越[J]．传媒经济与管理研究，2023（02）：149-168．

② 梅凯，刘鸣筝．升维·赓续·省思：智媒时代红色文化的未来传播图景[J]．浙江理工大学学报，2023（6）．

③ WEISER M. The computer for the 21st century [J]. IEEE Pervasive Computing, 1999, 3 (1): 3-11.

④ 文物+元宇宙，博物馆如何玩出新花样[EB/OL]．光明网，2022-04-08．

⑤ 文物+元宇宙，博物馆如何玩出新花样[EB/OL]．光明网，2022-04-08．

世界中汲取知识。据《青少年蓝皮书：中国未成年人互联网运用报告（2023）》显示，未成年人互联网普及率几乎饱和，触网低龄化趋势明显，城市未成年人触网年龄整体早于乡村，手机是上网的主要设备，短视频类应用、网站最受未成年人欢迎①。对被称为"Z世代"的青年网民而言，数字创意多维打造对他们获得红色文化资源从立体环境到思维观念上的沉浸体验是有很大助益的。北京香山革命纪念馆推出虚拟展馆，观众足不出户可以"云上观展"，在有声解说的配合下，可以产生身临其境之感。中国人民抗日战争纪念馆、宛平县和卢沟桥构成了北京市重要的红色主题文化旅游打卡地，游客可以在博物馆里倾听我们党领导人民顽强抗日的伟大征程，可以去卢沟桥遗址现场观摩回顾"七七事变"抗日战争爆发之时惊心动魄的历史景象，还可以在宛平城内体验老百姓的人间烟火和品尝各种家常"红色美食"。北京大学红楼内部专设了一个数字多媒体观影厅，循环播放马克思和恩格斯的成长故事，配合附近展厅的文字和图片介绍，更好地让观众理解早期马克思主义思想的生长、发展和传播历史，同时定期开展"走近北大红楼"主题网络直播活动，在红色内容的多维阐释上赋予观众更为深层次的观念沉浸。

党的二十大报告指出，"弘扬以伟大建党精神为源头的中国共产党人精神谱系，用好红色资源"②。数字时代，通过各种新媒体技术对红色文化资源进行创新传播，已经受到越来越多的重视。2022年5月，中共中央办公厅、国务院办公厅印发的《关于推进实施国家文化数字化战略的意见》指出，"促进文化和科技深度融合，集成运用先进适用技术，增强文化传播力、吸引力、感染力"③。在元宇宙热潮的翻涌过程中，通过区块链技术铸造的非同质化（Non-Fungible Token）数字资产（数字藏品），具有唯一性和不可复制的特性。非同质化代币（NFT）被认为是元宇宙中虚拟物品确权所必需的基础技术之一，可以说，是与元宇宙深度绑定的。区块链技术能够赋予每个文化艺术作品唯一的哈希算法标识，使文化资源可以确权成为区块链，赋予数字藏品市场源源不断的动能。数字藏品可以激活各类红色资源，让革命文物成为数字空间中的仪式化观赏对象，

① 《青少年蓝皮书：中国未成年人互联网运用报告（2023）》发布［EB/OL］. 中国社会科学网，2023-09-20.
② 习近平. 高举中国特色社会主义伟大旗帜，为全面建设社会主义现代化国家而团结奋斗——在中国共产党第二十资全国代表大会上的报告［EB/OL］. 中国政府网，2022-10-25.
③ 中共中央办公厅　国务院办公厅印发《关于推进实施国家文化数字化战略的意见》［EB/OL］. 中国政府网，2022-05-22.

也通过绘画、动漫视频、3D 模型、新闻摄影、钢笔画、木刻版画、非遗剪纸、数字藏书票等形式将红色文化进行具象化呈现。"井冈山精神代代传"数字藏品以盲盒的形式，在"城市数藏"官方平台上线发布后，受到广大用户的欢迎①。还有国内第一款红色文物数字藏品"井冈山革命博物馆馆藏珍贵文物工字银圆"，就是在国家文化大数据红色基因库的项目基础上，提取了文物的全信息数据进行的二次创意②。

二、文化多模态：生成社会红色空间的参与构建

党的二十大报告提出"实施国家文化数字化战略"，此外还有《数字中国建设整体布局规划》的发布，进一步明确了国家文化数字化的方向、目标、任务和步骤。近年来，随着 AIGC、虚拟仿真、数字孪生、社交机器人、数字人、深度学习等前沿技术的发展，文化科技领域呈现繁花并茂发展之势，"多元融合、多维升级、多向赋能"的发展格局和革命趋势正在显著加强。2022 年以来，生成式 AI 技术的突破给文化内容生产与交互带来深远影响，扩散模型、GAN、NeRF 等生成算法模型在性能、稳定性等方面实现突破。多模态技术让不同类型的数据可以相互转化和生成，进一步提升了 AIGC 内容的多样性，OpenAI Sora 文字转图像或文字转视频、空间计算 Vision Pro、静态图片转 3D 动态场景等应用不断涌现③。基于扫描建模技术、引擎渲染技术、程序化内容生成（Procedural Content Generation，PCG）等技术的进步，文化遗产的 3D 还原实现了更加精细、逼真、沉浸的视觉效果，不仅可以对现实文物进行数字建模，而且还可以借助 Houdini、Adobe Substance 等三维内容制作软件，让消失的文化遗产在虚拟世界中"重生"。

"模态"（Modality）是德国物理学家、生理学家赫尔姆霍茨提出的一种生物学概念，即生物凭借感知器官与经验来接收信息的通道，如人类有视觉、听觉、触觉、味觉和嗅觉模态④。多模态（multimodality）是整合不同符号资源（如书面文本、语言文本、图像、声音）来建构意义和表征意义的过程⑤。多模态话

① 井冈山发布五款红色数字藏品 [EB/OL]. 全国党媒信息公共平台，2023-04-20.
② 数字藏品红与黑 [EB/OL]. 澎湃网，2022-08-22.
③ 文化科技十大前沿应用趋势：AIGC、数字孪生等加速革新 [EB/OL]. 人民中科研究院网，2023-04-03.
④ HElMHOLTZ H V. Handbuch der physiologischen Optik [M]. Berlin：Wentworth Press, 2016.
⑤ 陈恩维，宋溱. 红色文化资源的整合与多模态传播 [J]. 佛山科学技术学院学报（社会科学版），2022（2）.

语指运用听觉、视觉、触觉等多种感觉，通过语言、图像、声音、动作等多种手段和符号资源进行交际的现象①。多模态在参与式文化范式中构造了一种基于"集中智慧"② 理念的人机共创（Human-AI Collaboration）的合作模式。"新的AI 影像创作流自如地在图像、脚本、对话、音乐之间转换"③，"数据融合"就是生成式 AI 的"媒介的信息"。例如，CLIP 是 Open AI 开发的一种多模态 AI 模型，能够理解和处理不同类型的数据，在语言文本和视觉图像之间建立关联。比如，2022 年，AI 艺术家格伦·马歇尔的 *The Crow* 获得了戛纳短片电影节的最佳短片奖，该片是 AI 对一部舞蹈短片《着色》（*Painted*, 2012）的学习过程中生成的动画短片，创作出基于 AI 理解的以乌鸦为主角的末世之舞。

人工智能时代，生成式技术有助于文物和文化遗产的价值深度阐释和多模态呈现。党的二十大报告提出，"坚持创新在我国现代化建设全局中的核心地位""加快实现高水平科技自立自强"。习近平总书记强调，"科技创新能够催生新产业、新模式、新动能，是发展新质生产力的核心要素"④。通过图像识别和数字挖掘技术，红色故居的珍贵文物可以进行深度分析和系统整理，集合汇总为红色文化资源数据库；形态修复算法和深度学习模型，可对文物进行高精度修复，去除历史污渍、填补缺损和还原色彩；三维重建技术，可让文物在虚拟空间中进行立体多维度的展现；AIGC 生成式技术还能深入挖掘红色文物、城市红色地标、红色人物蕴藏的革命精神和爱国情怀，对开发相应的教育产品、文创产品给予有力的支持。一些红色文化旅游地，还可以对红色景点元素进行数字化开发，因地制宜地推出虚拟游历、互动游戏、文物数字修复、益智答题等多样化的旅游产品，多方位促进游客的感官沉浸体验，在生成技术的助力下，进一步增强红色文旅 IP 的影响力和知名度。

在生成式社会日益强盛之时，也需结合不同文化领域的特征，对 AIGC 进行相应辩证的思考，对内容生成的伦理和隐患给予全面重视和法理应对，对算法背后所引起的能源消耗给予充分的关注和防患。革命文化是中国共产党领导中国人民在伟大斗争中所创造的一种文化形态，它以马克思主义为指导，以"革

① 张德禄. 多模态话语分析综合理论框架探索 [J]. 中国外语, 2009（6）：24-30.
② JENKINS H. Convergence Culture：Where Old and New Media Collide [M]. New York：New York University Press, 2006：2-23.
③ 邵怡蕾. 在爱（AI）中：重思 AI 世的创作 [J]. 电影艺术, 2023（3）.
④ 王蒙徽. 加快打造科技强国建设的重要战略支点 [EB/OL]. 求是网, 2024-03-18.

命"为精神内核和价值取向，具有鲜明的中国特色①。从五四运动到土地革命战争，从全民族抗日战争到解放战争直至新民主主义革命斗争的伟大胜利，中国共产党在革命斗争的路上发展壮大，逐步用鲜血和生命孕育了红船精神、井冈山精神、长征精神、延安精神、沂蒙精神、西柏坡精神等一系列璀璨夺目的革命精神。革命精神是一种无坚不摧的顽强毅力，是经历千难万险、荆棘沼泽的考验凝聚而成的，在文化和科技的融合过程中，理应比其他文化形态受到更为审慎严谨的对待。对于革命文物和红色文化的技术生成，需要在政策审核、平台监管、技术应用等各个层面形成流线式审批、监察、回馈体系，切实从点滴微小环节维护好党和人民的利益，在主流文化主体性保护与多维文化创新性之间保持平衡发展状态，红色爱国主义文化教育职能与打造多模态文化创意体验空间之间互融协调。

三、文博可持续：融合视域红色文物的辩证发展

可持续发展（sustainable development）倡导整合经济、社会和文化多维度的整体化观念。文化遗产的可持续性受到政策、社会、文化变迁等多种因素的影响②。同理，融合发展不是革命文物保护和利用的简单叠加，而是全地域、全要素、全方位的结合，它更要求打破革命文物保护与活化利用的综合性、整体性与系统性③。自 2013 年 11 月，党的十八届三中全会首次提及"推动传统媒体和新兴媒体融合发展"以来，"媒体融合"已成为全党和全社会共同关注的事业。此后，国家层面数次会议中对媒体融合在技术行业和社会应用领域的推进给予方向上的指引，使其从最初"相加"融合到高层次"互嵌"一体化融合迈进，如同习近平总书记所用的生动比喻——从"你是你，我是我"变成"你中有我，我中有你"，进而变成"你就是我，我就是你"④。结合文物和文化遗产领域，融合视域更注重对革命文物价值功能、展陈方式、精神内涵、业态领域等诸多

① 沈正赋. 习近平文化思想的科学价值意蕴——基于文化传播学的视角 [J]. 现代传播，2023，45（11）：1-10.

② SAARINEN J A R K K O. Sustainable tourism: perspectives to sustainability in tourism [M] //ASSRINEN J, BECKER F, MANWAH, et al. Sustainable Tourism in Southern Africa: Local Communities and Natural Resources in Transition. Toronto: Channel view Publications, 2009.

③ 陈军. 融合视域下革命文物保护与活化利用路径考察 [J]. 中国文物科学研究，2021（01）：29-33.

④ 习近平在党的新闻舆论工作座谈会上强调，坚持正确方向，创新方法手段，提高新闻舆论传播力引导力 [EB/OL]. 新华网，2016-02-19.

要素进行系统考量，更注重融合在革命文物活化利用中的关键作用①。融合是唯物辩证法的重要概念②，融合视域与新时代文物工作方针所蕴含的内在逻辑有共通之处，"整体与局部、内部与外部、继承与发展的辩证统一"可以视为一种融合的辩证观。多媒介技术的革新、融合视域的拓宽，均是以文物和文化遗产可持续发展为目标宗旨的，而文博可持续发展的关键职能是以人为本，即为人民服务，这也是与国际范围内以人为导向的遗产传播观主流趋势相契合的。

除了思维理念上筑牢融合视域下文博可持续发展辩证观，融合发展还体现在革命文物社会主义文化实践领域的方方面面。为深入学习贯彻党的二十大精神，全面贯彻习近平新时代中国特色社会主义思想，用好红色资源，赓续红色血脉，需有效增加革命文物活化利用的广度，让革命文物最大限度地扩大社会影响力，实现革命文物在地经济效益与社会效益的双赢，促进红色文化融合形态进一步嵌入人们的日常生活之中。在宣教引领层面，新时代革命文物工作与学校思政课改革创新进行相应的融合发展规划，切实推进"大思政课"建设走深走实。2023年，国家文物局、教育部联合开展了以革命文物为主题的"大思政课"优质资源建设推广工作，努力推进革命文物、革命文化在爱国主义教育和思政建设工作中的作用，努力推进革命文物融入大中小学思政教育一体化建设，以学生喜闻乐见的方式讲好红色文化故事③。在持续研究层面，2024年年初，教育部、国家文物局联合开展国家革命文物协同研究中心建设工作，遴选产生包括中国共产党历史展览馆—北京大学国家革命文物协同研究中心、中国国家博物馆—中国人民大学国家革命文物协同研究中心、中国人民抗日战争纪念馆—北京师范大学国家革命文物协同研究中心、中国人民革命军事博物馆—中国社会科学院大学国家革命文物协同研究中心等20个国家革命文物协同研究中心。现阶段，围绕革命文物所开展的思政爱国主义教育、博物馆与高校协同研究正并行不悖、如火如荼地进行。

另外，融合发展还体现在合理统筹文物活态传承与环境治理、红色旅游、历史研究、数字文化空间建设等诸多领域的关系。2024年两会期间，有代表提议，"要促进革命文物保护利用与文化建设、旅游提质相融合，与乡村振兴、老区发展相融合，与民生福祉、社会发展相结合，进一步激发新时代革命文物工

---

① 陈军.融合视域下革命文物保护与活化利用路径考察［J］.中国文物科学研究，2021（01）：29-33.

② 蒋国田.融合是唯物辩证法的重要概念［J］.社会科学，1981（4）.

③ 国家文物局办公室，教育部办公厅关于公布以革命文物为主题的"大思政课"优质资源项目名单的通知［EB/OL］.北京文博，2023-11-27.

作的动力和活力"①。以"红色+"为发展主题,创新、协调、绿色、开放、共享加快创新融合,建立多元、结构优化的红色文旅融合市场主体,在革命老区建立红色文旅投融资平台,引导金融资本和社会资本参与红色旅游开发等重点项目②。促进红色旅游与周边乡村旅游、生态旅游、休闲度假游有机融合;加强对红色餐饮、红色民宿、红色交通、红色文创、红色演艺、红色研学等旅游产品的创意开发;在国家文化公园建设背景下,用线性文化遗产保护发展观念盘活长征、长城红色文化物质和非物质文化遗产,促进红色文化公园主题 IP 建设。2022 年,文化和旅游部发布 8 条长城主题国家级旅游线路、62 条长城主题精品线路,全面展现长城沿线文物和文化资源,生动呈现万里长城之美③。针对长城(北京段)丰富的红色文化资源,有专家建议,推进打造"长城+红色+绿色""长城+红色+乡村""长城+红色+研究""长城+红色+民俗""长城+红色+党建"等融合发展模式。

近年来,北京市文物工作和文博事业加速运转、奋力前行。全国文化中心建设和首都文物事业成果丰硕,北京中轴线中遗、博物馆之城建设、三条文化带建设、革命文物保护利用和考古等一系列重点工作有突破、见神采、显底气④。2024 年是学习贯彻党的二十大精神、落实"十四五"规划的关键之年,是深入学习实践习近平文化思想的第一年,又是习近平总书记视察北京发表"2·26"重要讲话、实施京津冀协同发展战略的 10 周年,全市文物系统以习近平新时代中国特色社会主义思想为指导,系统聚焦"一轴一城、两园三带、一区一中心"重点工作、北京中轴线申遗保护、博物馆之城建设、国家文化公园和三条文化带建设等各项工作。革命文物保护及红色文化的传播,并非独立存在、闭环运营的发展领域,革命文化、中华优秀传统文化和社会主义先进文化相互融合、相互促进,均是中国特色社会主义文化的重要组成部分,北京三大红色文化主题片区的建设也与整个城市文博发展氛围同频共振、息息相关。国家文物局编辑出版的《全国革命文物保护利用案例集(2022)》,是推动实施革命文物保护利用工程(2018—2022 年)的重要举措和重要成果⑤,北京大学红楼与中国共产党早期北京革命活动旧址、中共中央北京香山革命纪念地入选

① 促进革命文物保护利用"三融合"[EB/OL]. 中工网,2024-03-07.

② 浅谈推进红色文旅融合高质量发展策略 [EB/OL]. 光明网,2023-06-15.

③ 游首善之都,传文化之韵 [N]. 中国文化报,2022-10-28(4).

④ 全市文物工作会议召开 [EB/OL]. 北京市人民政府,2024-03-18.

⑤ 国家文物局推介 18 个革命文物保护利用优秀案例 北大红楼 中共一大会址等入选 [EB/OL]. 人民网,2022-10-28.

此书，对革命文物保护、管理、运用方面的创新实践进行全面展示。"觉醒年代"萌芽的红楼、"抗战精神"凝聚的卢沟桥和宛平城、"进京赶考"根据地香山、《新青年》编辑部旧址、"亢慕义斋"旧址、北京女子高等师范学校旧址……百年间，这些地方见证着中国从沉睡到觉醒，始终焕发着青春盎然的活力气息，这些具有深厚影响力的"红色名片"，正成为北京新的文化地标。革命文物与时代同频，让初心使命代代相传。

参考文献

一、中文文献

（一）中文著作

[1] 费宗慧，张荣华编. 费孝通论文化自觉 [M]. 呼和浩特：内蒙古人民出版社，2009.

[2] 李程骅. 文化自信 [M]. 南京：江苏人民出版社，2018.

[3] 李沁. 媒介化生存 [M]. 北京：中国人民大学出版社，2019.

[4] 刘孚威. 井冈山精神中国革命精神之源 [M]. 南昌：江西人民出版社，1999.

[5] 刘起林. 红色记忆的审美流变与叙事境界 [M]. 北京：中国社会科学出版社，2015.

[6] 马静. 红色文化教育理论与实践研究 [M]. 天津：南开大学出版社，2015.

[7] 邵培仁. 媒介地理学新论 [M]. 杭州：浙江大学出版社，2021.

[8] 孙美堂. 文化价值论 [M]. 昆明：云南人民出版社，2005.

[9] 孙希磊，张守连，肖建杰. 北京红色地标 [M]. 北京：北京出版社，2020.

[10] 孙希磊，张守连，肖建杰. 北京红色文化概述 [M]. 北京：北京出版社，2020.

[11] 孙希磊，张守连，肖建杰. 北京红色遗存 [M]. 北京：北京出版社，2020.

[12] 王国燕，张致远. 数字影像文化导论 [M]. 北京：中国科学技术大学出版社，2014.

[13] 王云霞. 文化遗产法 [M]. 北京：中国人民大学出版社，2012.

［14］卫世文．中华民族精神论［M］．郑州：郑州大学出版社，2002.

［15］吴国盛．技术哲学经典读本［M］．上海：上海交通大学出版社，2008.

［16］习近平．论中国共产党历史［M］．北京：中央文献出版社，2021.

［17］习近平新时代中国特色社会主义思想学习问答［M］．北京：学习出版社，人民出版社，2021.

［18］许煜．论数码物的存在［M］．上海：上海人民出版社，2019.

［19］殷晓蓉，赵高辉，刘蒙之．人际传播：多元视角之下［M］．上海：上海译文出版社，2010.

［20］余伯流，陈钢．井冈山革命根据地全史［M］．南昌：江西人民出版社，1998.

［21］臧国仁，蔡琰．叙事传播：故事/人文观点［M］．台北：五南出版社，2017.

［22］臧国仁．叙事传播［M］．杭州：浙江大学出版社，2018.

［23］张岱年，方克立．中国文化概论［M］．北京：北京师范大学出版社，1994.

［24］赵建国．身体传播［M］．北京：社会科学文献出版社，2017.

［25］赵静蓉．文化记忆与身份认同［M］．北京：生活·读书·新知三联书店，2015.

［26］周耀林，李姗姗．可移动文化遗产保护体系研究［M］．武汉：武汉大学出版社，2017.

（二）中文译著

［1］阿莱达·阿斯曼．回忆空间：文化记忆的形式和变迁［M］．潘璐，译．北京：北京大学出版社，2016.

［2］爱德华·W.苏贾．第三空间：去往洛杉矶和其他真实和想象地方的旅程［M］．陆扬，译．上海：上海教育出版社，2005.

［3］爱德华·W.苏贾．后现代地理学：重申批判社会理论中的空间［M］．王文斌，译．北京：商务印书馆，2004.

［4］保罗·唐纳顿．社会如何记忆［M］．上海：上海人民出版社，2001.

［5］保罗·亚当斯．媒介与传播地理学：空间、场所与传播技术［M］．袁艳，译．北京：中国传媒大学出版社，2020.

［6］贝尔纳·斯蒂格勒．技术与时间：爱比米修斯的过失［M］．裴程，译．南京：译林出版社，2000.

［7］本雅明．机械复制时代的艺术作品［M］．王才勇，译．北京：中国城市出版社，2002.

［8］彼得·霍尔．更好的城市：寻找欧洲失落的城市生活艺术［M］．袁媛，译．南京：江苏教育出版社，2015.

［9］彼得斯．对空言说：传播的观念史［M］．邓建国，译．上海：上海译文出版社，2017.

［10］戴卫·赫尔曼．新叙事学［M］．马海良，译．北京：北京大学出版社，2002.

［11］黛博拉·史蒂文森．文化城市：全球视野的探究与未来［M］．董亚平，何立民，译．上海：上海财经大学出版社，2018.

［12］丹尼尔·亚伦·西尔，特里·尼科尔斯·克拉克．场景：空间品质如何塑造社会生活［M］．祁述裕，吴军，译．北京：社会科学文献出版社，2019.

［13］道格拉斯·凯尔纳．媒体奇观：当代美国社会文化透视［M］．史安斌，译．北京：清华大学出版社，2003.

［14］段义孚．空间与地方：经验的视角［M］．王志标，译．北京：中国人民大学出版社，2017.

［15］段义孚．恋地情结：环境感知、态度和价值观研究［M］．志丞，刘苏，译．北京：商务印书馆，2019.

［16］多琳·马西．保卫空间［M］．王爱松，译．南京：江苏教育出版社，2013.

［17］弗朗西斯·福山．我们的后人类未来：生物技术革命的后果［M］．黄立志，译．桂林：广西师范大学出版社，2017.

［18］弗里德里希·基特勒．留声机 电影 打字机［M］．邢春丽，译．上海：复旦大学出版社，2017.

［19］哈罗德·伊尼斯．传播的偏向［M］．何道宽，译．北京：中国传媒大学出版社，2015.

［20］亨利·柏格森．物质与记忆［M］．姚晶晶，译．合肥：安徽人民出版社，2013.

［21］亨利·列斐伏尔．都市革命［M］．刘怀玉，张笑夷，郑劲超，译．北京：首都师范大学出版社，2018.

［22］亨利·列斐伏尔．空间的生产［M］．刘怀玉，等译．北京：商务印书馆，2021.

［23］胡塞尔．现象学的观念［M］．倪梁康，译．北京：人民出版社，2007.

[24] 卡尔·波普尔. 科学发现的逻辑 [M]. 查汝强, 邱仁宗, 万木春, 译. 杭州: 中国美术学院出版社, 2008.

[25] 凯瑟琳·海勒. 我们何以成为后人类 [M]. 刘宇清, 译. 北京: 北京大学出版社, 2017.

[26] 凯文·林奇. 此地何时: 城市与变化的时代 [M]. 赵祖华, 译. 北京: 北京时代华文书局, 2016.

[27] 康在稿. 本雅明论媒介 [M]. 黄旦, 孙玮, 孙一洲, 译. 北京: 中国传媒大学出版社, 2019.

[28] 勒高夫. 历史与记忆 [M]. 北京: 中国人民大学出版社, 2010.

[29] 雷吉斯·德布雷. 普通媒介学教程 [M]. 陈卫星, 王杨, 译. 北京: 清华大学出版社, 2014.

[30] 刘易斯·芒福德. 城市发展史: 起源、演变与前景 [M]. 宋俊岭, 倪文彦, 译. 北京: 中国建筑工业出版社, 2005.

[31] 罗伯·希尔兹. 空间问题: 文化拓扑学和社会空间化 [M]. 谢文娟, 张顺生, 译. 南京: 江苏教育出版社, 2017.

[32] 罗伯特·阿尔特. 想象的城市: 都市体验与小说语言 [M]. 邵文实, 译. 南京: 江苏教育出版社, 2013.

[33] 罗伯特·弗尔福德. 叙事的胜利: 在大众文化时代讲故事 [M]. 李磊, 译. 南京: 南京大学出版社, 2020.

[34] 罗伯特·凯洛格. 叙事的本质 [M]. 方杰, 译. 南京: 南京大学出版社, 2015.

[35] 马克·波斯特. 信息方式: 后结构主义与社会语境 [M]. 范静哗, 译. 北京: 商务印书馆, 2014.

[36] 马克·戈特迪纳. 城市空间的社会生产 [M]. 任晖, 译. 南京: 江苏凤凰教育出版社, 2014.

[37] 马克·吉罗德. 城市与人——一部社会与建筑的历史 [M]. 郑炘, 周琦, 译. 北京: 中国建筑工业出版社, 2008.

[38] 马修·福勒. 媒介生态学: 艺术与技术文化中的物质能量 [M]. 麦颠, 译. 上海: 上海社会科学院出版社, 2019.

[39] 马修·富勒. 媒介生态学: 艺术与技术文化中的物质能量 [M]. 麦颠, 译. 上海: 上海社会科学院出版社, 2019.

[40] 曼纽尔·卡斯特. 认同的力量 [M]. 孟广均, 译. 北京: 社会科学文献出版社, 1985.

[41] 曼纽尔·卡斯特. 网络社会的崛起 [M]. 夏铸九, 王志弘, 译. 北京: 社会科学文献出版社, 2003.

[42] 尼葛洛庞帝. 数字化生存 [M]. 胡泳, 等译. 海口: 海南出版社, 1997.

[43] 尼古拉斯·盖恩, 戴维·比尔. 新媒介: 关键概念 [M]. 刘君, 周竞男, 译. 上海: 复旦大学出版社, 2015.

[44] 浦安迪. 中国叙事学 [M]. 北京: 北京大学出版社, 1996.

[45] 让·鲍德里亚. 物体系 [M]. 林志明, 译. 上海: 上海人民出版社, 2019.

[46] 绍伊博尔德. 海德格尔分析新时代的科技 [M]. 宋祖良, 译. 北京: 中国社会科学出版社, 1993.

[47] 斯迪格·夏瓦. 文化与社会的媒介化 [M]. 上海: 复旦大学出版社, 2018.

[48] 斯蒂夫·派尔. 真实城市: 现代性、空间与城市生活的阴影 [M]. 孙民乐, 译. 南京: 江苏凤凰教育出版社, 2014.

[49] 斯科特·麦奎尔. 地理媒介: 网络化城市与公共空间的未来 [M]. 潘霁, 译. 上海: 复旦大学出版社, 2019.

[50] 斯科特·麦奎尔. 媒体城市: 媒体、建筑与都市空间 [M]. 邵文实, 译. 南京: 江苏凤凰教育出版社, 2013.

[51] 唐·伊德. 技术与生活世界: 从伊甸园到尘世 [M]. 韩连庆, 译. 北京: 北京大学出版社, 2012.

[52] 唐·伊德. 让事物"说话": 后现象学与技术科学 [M]. 韩连庆, 译. 北京: 北京大学出版社, 2008.

[53] 韦尔策. 社会记忆 [M]. 北京: 北京大学出版社, 2007.

[54] 维尔纳·锡费. 叙事本能: 为什么大脑爱编故事 [M]. 管中琪, 译. 台北: 如果出版社, 2019.

[55] 维托尔德·雷布琴斯基. 嬗变的大都市: 关于城市的一些观念 [M]. 叶齐茂, 倪晓晖, 译. 北京: 商务印书馆, 2016.

[56] 辛德曼. 数字民主的迷思 [M]. 唐杰, 译. 北京: 中国政法大学出版社, 2015.

[57] 延森. 媒介融合: 网络传播、大众传播和人际传播的三重维度 [M]. 刘君, 译. 上海: 复旦大学出版社, 2012.

[58] 扬·阿斯曼. 文化记忆: 早期高级文化中的文字、回忆和政治身份

[M]. 金寿福，黄晓晨，译. 北京：北京大学出版社，2015.

[59] 伊德. 让事物说话 [M]. 唐娜·哈拉维著，韩连庆，译. 北京：北京大学出版社，2008.

[60] 约瑟夫·C. 皮特. 技术思考：技术哲学的基础 [M]. 马会端，陈凡，译. 沈阳：辽宁人民出版社，2012.

[61] 约书亚·梅罗维茨. 消失的地域：电子媒介对社会行为的影响 [M]. 肖志军，译. 北京：清华大学出版社，2002.

[62] 詹姆斯·凯瑞. 作为文化的传播 [M]. 丁未，译. 北京：华夏出版社，2005.

[63] 郑永年. 技术赋权：中国的互联网、国家与社会 [M]. 邱道隆，译. 北京：东方出版社，2014.

（三）中文期刊

[1] 阿斯特莉特·埃尔，王小米. 创伤历史、文学的命运与跨文化记忆：文学记忆与媒介记忆研究的新方向 [J]. 广州大学学报（社会科学版），2021，20（02）.

[2] 艾文婧，许加彪. 城市历史空间的景观塑造与可沟通性——城市文化地标传播意象的建构策略探究 [J]. 陕西师范大学学报（哲学社会科学版），2021，50（04）.

[3] 白凯，康晓媛，王博林. 延安城市居民红色记忆的建构路径与代际差异 [J]. 自然资源学报，2021，36（07）.

[4] 贲雯. 基于空间叙事视角下革命老区的设计研究 [J]. 大众文艺，2022（19）.

[5] 卞冬磊. 遗忘与重建：作为"传播"的"交通" [J]. 新闻大学，2021（01）.

[6] 卞冬磊. 遗忘与重建：作为"传播"的"交通" [J]. 新闻大学，2021（1）.

[7] 卜希霆，苏颖悦. 城市实体书店打造文化IP路径研究 [J]. 中国出版，2022（6）.

[8] 蔡亮. 广场影像叙事——2008年北京奥运会开幕式文艺表演的叙事策略分析 [J]. 广西民族大学学报（哲学社会科学版），2009（03）.

[9] 曹小杰. 媒介物的隐身：理解互联网文化及其治理的物质性——电脑作为方法 [J]. 新闻记者，2022（03）.

[10] 曹昱. 公众理解科学理论发展研究——对约翰·杜兰特的"民主模

型"的反思 [J]. 科学技术与辩证法, 2004 (05).

[11] 曹昱. 科学传播"民主模型"的现实意义——公众参与科技决策的理论研究 [J]. 科学技术哲学研究, 2009, 26 (04).

[12] 常江, 徐帅. 亨利·詹金斯: 社会的发展最终落脚于人民的选择——数字时代的叙事、文化与社会变革 [J]. 新闻界, 2018 (12).

[13] 陈斌, 蔡亮. 他者的现身与文化的解读 [J]. 广西民族大学学报 (哲学社会科学版), 2014, 36 (04).

[14] 陈楚洁. 公民媒体的构建与使用: 传播赋权与公民行动——以台湾 PeoPo 公民新闻平台为例 [J]. 公共管理学报, 2010, 7 (04).

[15] 陈淳, 顾伊. 文化遗产保护的国际视野 [J]. 复旦学报 (社会科学版), 2003 (04).

[16] 陈德志. 隐喻与悖论: 空间、空间形式与空间叙事学 [J]. 江西社会科学, 2009 (09).

[17] 陈灯杰. 重复、时间与生命 德勒兹的时间理论及其生命意蕴 [J]. 湖北大学学报 (哲学社会科学版), 2020 (06).

[18] 陈刚. 数字博物馆概念、特征及其发展模式探析 [J]. 中国博物馆, 2007 (03).

[19] 陈红梅, 夏秋悦. 红色主题电视剧的史诗叙事风格——以建党百年献礼剧为例 [J]. 当代电视, 2021 (07).

[20] 陈宏京, 陈霜. 漫谈数字化博物馆 [J]. 东南文化, 2000 (01).

[21] 陈九如, 张烊. 新时代高校红色文化教育的逻辑理路 [J]. 思想理论教育导刊, 2019 (07).

[22] 陈娟. 新媒体环境下公共场所的影像传播与城市文化构建 [J]. 新闻界, 2013 (09).

[23] 陈世润, 李根寿. 论红色文化教育的社会价值 [J]. 思想政治教育研究, 2009, 25 (04).

[24] 陈述彭, 黄翀. 文化遗产保护与开发的思考 [J]. 地理研究, 2005 (04).

[25] 陈先红, 杜明曦. 叙事运输理论: 隐喻、模型与运用 [J]. 南昌大学学报 (人文社会科学版), 2021, 52 (04).

[26] 陈先红, 杜明曦. 叙事运输理论: 隐喻、模型与运用 [J]. 南昌大学学报 (人文社会科学版), 2021, 52 (04).

[27] 陈蕴茜. 地方展览与辛亥革命记忆塑造 (1927~1949) [J]. 江海学

刊，2011（04）.

［28］陈志华.文物建筑保护中的价值观问题［J］.世界建筑，2003（07）.

［29］程东旺，黄伟良."红色文化"的价值形态与德育功能探析［J］.现代教育科学，2006（03）.

［30］程小强.红色基因的深刻内涵与时代价值［J］.人民论坛，2021（01）.

［31］崔海妍.国内空间叙事研究及其反思［J］.江西社会科学，2009（01）.

［32］戴宇辰，孔舒越."媒介化移动"：手机与地铁乘客的移动节奏［J］.国际新闻界，2021，43（03）.

［33］戴宇辰.传播研究的"物质性"取径：对若干核心议题的澄清［J］.福建师范大学学报（哲学社会科学版），2021（05）.

［34］戴宇辰.媒介化研究的"中间道路"：物质性路径与传播型构［J］.南京社会科学，2021（07）.

［35］单霁翔.20世纪遗产保护的实践与探索［J］.城市规划，2008（06）.

［36］单霁翔.城市文化遗产保护与文化城市建设［J］.城市规划，2007（05）.

［37］邓倩.参与式网络传播与个体赋权：基于不同社会经济地位网民的考察［J］.新闻与传播评论，2018，71（03）.

［38］邓显超，邓海霞.十年来国内红色文化概念研究述评［J］.井冈山大学学报（社会科学版），2016，37（01）.

［39］邓庄，肖夜明.怀旧空间的媒介化与城市记忆的传播［J］.新闻世界，2020（11）.

［40］丁方舟.论传播的物质性：一种媒介理论演化的视角［J］.新闻界，2019（01）.

［41］丁利民.基于数字化下博物馆文物知识图谱的构建［J］.文物鉴定与鉴赏，2022（17）.

［42］杜丹.共生、转译与交互：探索媒介物的中介化［J］.国际新闻界，2020，42（05）.

［43］范方红.红色文化融入高校思想政治教育的价值与路径［J］.学校党建与思想教育，2017（06）.

[44] 费孝通. 反思·对话·文化自觉 [J]. 北京大学学报（哲学社会科学版），1997（03）.

[45] 冯乃恩. 博物馆数字化建设理念与实践综述——以数字故宫社区为例 [J]. 故宫博物院院刊，2017（01）.

[46] 付若岚，周澄. 异质性空间视角下短视频"地方感"的多重实践 [J]. 新闻界，2021（04）.

[47] 付小颖，王志立. 视觉重构：数字化传媒时代红色文化传播的困境与突破 [J]. 新闻爱好者，2020（07）.

[48] 复旦大学信息与传播研究中心课题组，孙玮. 城市传播：重建传播与人的关系 [J]. 新闻与传播研究，2015，22（07）.

[49] 傅才武. 论文化和旅游融合的内在逻辑 [J]. 武汉大学学报（哲学社会科学版），2020，73（02）.

[50] 傅修延. 为什么麦克卢汉说中国人是"听觉人"——中国文化的听觉传统及其对叙事的影响 [J]. 文学评论，2016（01）.

[51] 高华. 叙事视角的多样性与当代史研究——以 50 年代历史研究为例 [J]. 南京大学学报（哲学·人文科学·社会科学版），2003（03）.

[52] 高月，翟光勇. 纪念空间的转型对红色记忆的书写与传承影响 [J]. 广西社会科学，2020（06）.

[53] 格雷厄姆·默多克，刘宣伯，芮钰雅，等. 媒介物质性：机器的道德经济 [J]. 全球传媒学刊，2019，6（02）.

[54] 葛厚余. 基于地理媒介学探析当代中国影像中的"成都想象" [J]. 电影评介，2021（Z1）.

[55] 葛舒阳. 论红色文化的意识形态价值 [J]. 思想政治教育研究，2016，32（02）.

[56] 龚升平. 跨媒体叙事：在跨媒体时代重新生产空间 [J]. 编辑之友，2020（05）.

[57] 郭静. 关键理论抑或概念潮流：媒介化理论再反思 [J]. 新闻界，2022（08）.

[58] 郭森，檀晓涓. 沟通与互助：气候风险中城市的数字传播 [J]. 青年记者，2022（08）.

[59] 韩鸿. 参与式传播：发展传播学的范式转换及其中国价值——一种基于媒介传播偏向的研究 [J]. 新闻与传播研究，2010，17（01）.

[60] 韩鸿. 参与式影像与参与式传播——发展传播视野中的中国参与式影

像研究 [J]. 新闻大学, 2007 (04).

[61] 韩玲, 唐松. 中国共产党坚定理想信念的生动叙事: 革命文物的"言说"[J]. 毛泽东邓小平理论研究, 2022 (06).

[62] 杭侃. 文化遗产资源旅游活化与中国文化复兴 [J]. 旅游学刊, 2018, 33 (09).

[63] 何镜堂, 海佳, 郭卫宏. 从选择到表达——当代文化建筑文化性塑造模式研究 [J]. 建筑学报, 2012 (12).

[64] 何其鑫, 向国华, 余雪源. 红色文化资源在培育社会主义核心价值观中的应用 [J]. 江西社会科学, 2013, 33 (10).

[65] 侯卫东. 文物保护原则与方法论浅议 [J]. 考古与文物, 1995 (06).

[66] 候一凡, 王敏. 论红色主题微纪录片的影像叙事与创新表达 [J]. 电影文学, 2021 (19).

[67] 胡继冬. 论红色文化的社会记忆建构——基于符号学的视角 [J]. 广西社会科学, 2018 (02).

[68] 胡建斌. 叙事传播视角下红色文化主题游戏的设计 [J]. 四川戏剧, 2022 (06).

[69] 胡少兴, 查红彬, 张爱武. 大型古文物真三维数字化方法 [J]. 系统仿真学报, 2006 (04).

[70] 胡翼青, 张婧妍. "媒介世": 物质性语境下传播理论研究的演进 [J]. 编辑之友, 2022 (04).

[71] 胡翼青, 张婧妍. 作为媒介的城市: 城市传播研究的第三种范式——基于物质性的视角 [J]. 福建师范大学学报 (哲学社会科学版), 2021 (06).

[72] 胡翼青, 张一可. 媒介的呈现性与物质性: 当下媒介化研究的两元取向 [J]. 青年记者, 2022 (19).

[73] 胡翼青. 为媒介技术决定论正名: 兼论传播思想史的新视角 [J]. 现代传播 (中国传媒大学学报), 2017, 39 (01).

[74] 黄华. 技术、组织与"传递": 麦克卢汉与德布雷的媒介思想和时空观念 [J]. 新闻与传播研究, 2017 (12).

[75] 黄继刚. "风景"背后的景观——风景叙事及其文化生产 [J]. 新疆大学学报 (哲学·人文社会科学版), 2014, 42 (05).

[76] 黄骏. 传播是观念的交通: 查尔斯·库利被忽视的运输理论及其当代启示 [J]. 新闻与传播研究, 2021 (3).

[77] 黄林静. 赛博人时代再看传播实践中身体的"在场"[J]. 莆田学院

学报，2020，27（01）.

　　[78] 黄露，杨敏.“网红打卡地”的空间生产与规训 [J].青年记者，2022（14）.

　　[79] 黄敏瑶，张敏.具身实践下的地方认知：非表征理论与南京马拉松 [J].地理研究，2019，38（06）.

　　[80] 黄蓉生，丁玉峰.习近平红色文化论述的思想政治教育价值探析 [J].思想教育研究，2018（09）.

　　[81] 黄三生，凡宇，熊火根.乡村振兴战略视域下红色文化资源开发路径探析 [J].价格月刊，2018（09）.

　　[82] 黄显.作为纪念物的数字移动媒介：德布雷视野下的媒介与遗产传承 [J].新闻界，2020（10）.

　　[83] 黄月琴.新媒介技术视野下的传播与赋权研究 [J].湖北大学学报（哲学社会科学版），2016，43（06）.

　　[84] 贾鹤鹏，范敬群，彭光芒.从公众参与科学视角看微博对科学传播的挑战 [J].科普研究，2014，9（02）.

　　[85] 贾鹤鹏.谁是公众，如何参与，何为共识？——反思公众参与科学模型及其面临的挑战 [J].自然辩证法研究，2014，30（11）.

　　[86] 贾旭东.革命文物概念及其界定 [J].北京师范大学学报（社会科学版），2018（06）.

　　[87] 江峰，汪颖子.中国红色文化生成的系统要素透析——以大别山红色文化为例 [J].北京师范大学学报（社会科学版），2010（06）.

　　[88] 江凌.城市文化空间的身体消费：以实体书店空间为中心 [J].深圳大学学报（人文社会科学版），2023，40（05）.

　　[89] 江凌.论城市商业文化空间正义——以城市实体书店空间为中心的考察 [J].湖南师范大学社会科学学报，2023，52（04）.

　　[90] 解佳.表征、关系、资本——媒介地理学视角下乡村网红民宿的生成逻辑 [J].旅游学刊，2022，37（10）.

　　[91] 金星.遗产保护与“原真性”——寻求遗产保护的新思路 [J].建筑与文化，2009（06）.

　　[92] 柯泽.人类传播中的时空控制及其政治学解读 [J].社会科学战线，2022（10）.

　　[93] 孔惟洁，何依.“非典型名村”历史遗存的选择性保护研究——以宁波东钱湖下水村为例 [J].城市规划，2018，42（01）.

[94] 赖宏，刘浩林. 论红色文化建设 [J]. 南昌航空工业学院学报（社会科学版），2006（04）.

[95] 冷凇，郭菁. 空间叙事与艺术升维——《闪亮的坐标》传承红色文化的创新表达 [J]. 当代电视，2021（07）.

[96] 黎昕. 红色文化研究的新进展——红色文化高端论坛综述 [J]. 福建论坛（人文社会科学版），2017（07）.

[97] 李德刚，何玉. 新媒介素养：参与式文化背景下媒介素养教育的转向 [J]. 中国广播电视学刊，2007（12）.

[98] 李德仁. 虚拟现实技术在文化遗产保护中的应用 [J]. 云南师范大学学报（哲学社会科学版），2008（04）.

[99] 李建丽. "历史文物""革命文物"正名说 [J]. 文物春秋，1989（04）.

[100] 李康平. 中国革命文化基本理论问题研究 [J]. 马克思主义研究，2015（7）.

[101] 李良伟. 从幕后到台前：原真性场所的变异与危机 [J]. 公共艺术，2021（04）.

[102] 李孟舜. 红色文化空间的功能构建与创设路径 [J]. 中州学刊，2022（07）.

[103] 李淼. 从空间出发理解传播——传播视野中的城市空间再思考 [J]. 新闻战线，2017（16）.

[104] 李水弟，傅小清，杨艳春. 历史与现实：红色文化的传承价值探析 [J]. 江西社会科学，2008（06）.

[105] 李响. 红色文化和旅游产业：文旅融合的困境与路径 [J]. 学术交流，2021（07）.

[106] 李修棋. 为权利而斗争：环境群体性事件的多视角解读 [J]. 江西社会科学，2013，33（11）.

[107] 李雪，关锋. "时空逻辑"范式的转化与虚拟空间的生成——兼论我国城市虚拟空间的合理建构 [J]. 理论导刊，2022（10）.

[108] 李艳，宋舒扬. 重塑"物—人"联结交往体系：革命文物新媒体传播的转译困境与融合路径 [J]. 传媒观察，2022（09）.

[109] 李轶南，庄宇宁. 融媒体时代书店的空间生产与符号建构——以先锋书店为例 [J]. 编辑之友，2022（12）.

[110] 李雨霏，王志刚. 主题书店的可持续发展路径探析——以自在博物书店为例 [J]. 编辑学刊，2023（05）.

[111] 李耘耕. 从列斐伏尔到位置媒介的兴起：一种空间媒介观的理论谱系 [J]. 国际新闻界, 2019, 41 (11).

[112] 李喆, 姬德强. 红色文化口述史的国际传播路径 [J]. 国际传播, 2022 (02).

[113] 廖洪兰. 仪式活动、生活教育与参与实践——红色文化传承发展的实现进路 [J]. 人民论坛·学术前沿, 2020 (13).

[114] 廖卫民. 媒介地理论：多伦多城市媒介的地理印记与文化认同 [J]. 杭州师范大学学报（社会科学版）, 2008 (05).

[115] 林光耀. 流动的地方：远洋船员的传播与空间实践 [J]. 新闻大学, 2016 (04).

[116] 刘斌, 景俊美. 空间"三一论"视角下的实体书店转型研究 [J]. 编辑之友, 2023 (07).

[117] 刘刚, 张俊, 刁常宇. 敦煌莫高窟石窟三维数字化技术研究 [J]. 敦煌研究, 2005 (04).

[118] 刘国强, 韩璐. 技术演进与身体传播研究的变迁 [J]. 传媒观察, 2020 (02).

[119] 刘海龙, 束开荣. 具身性与传播研究的身体观念——知觉现象学与认知科学的视角 [J]. 兰州大学学报（社会科学版）, 2019, 47 (02).

[120] 刘海龙. 传播中的身体问题与传播研究的未来 [J]. 国际新闻界, 2018, 40 (02).

[121] 刘海龙. 媒介物质性之后 [J]. 新闻与写作, 2022 (08).

[122] 刘蒙之. 叙事传播：范式、理论及在新闻传播研究中的分析策略应用 [J]. 广州大学学报（社会科学版）, 2020, 19 (05).

[123] 刘倩倩, 夏翠娟, 朱武信. 红色文化传承视域下的红色文献服务平台建设实践与思考 [J]. 信息资源管理学报, 2021, 11 (04).

[124] 刘少杰. 网络化时代的权力结构变迁 [J]. 江淮论坛, 2011 (05).

[125] 刘涛, 刘倩欣. 新文本 新语言 新生态"讲好中国故事"的数字叙事体系构建 [J]. 新闻与写作, 2022 (10).

[126] 刘涛. 社会化媒体与空间的社会化生产——列斐伏尔"空间生产理论"的当代阐释 [J]. 当代传播, 2013 (03).

[127] 刘叶子, 张学知. 公益求助中的"故事"：叙事文本与传播效果研究——基于"新浪微公益平台"网络筹款能力的考察 [J]. 当代传播, 2022 (Z5).

[128] 刘于思，赵舒成."洁净"亦危险：物质性和废弃社会视角下电子媒介垃圾的理论反思 [J]. 国际新闻界，2021 (4) .

[129] 刘志华，姜瑞云.红色文化传承与校园文化建设的融合研究——评《红色文化研究与实践》[J]. 领导科学，2022 (04) .

[130] 刘治彦.文旅融合发展：理论、实践与未来方向 [J]. 人民论坛·学术前沿，2019 (16) .

[131] 龙迪勇.空间问题的凸显与空间叙事学的兴起 [J]. 上海师范大学学报（哲学社会科学版），2008 (06) .

[132] 龙迪勇.空间叙事本质上是一种跨媒介叙事 [J]. 河北学刊，2016，36 (06) .

[133] 龙迪勇.空间叙事学：叙事学研究的新领域 [J]. 天津师范大学学报（社会科学版），2008 (06) .

[134] 龙迪勇.叙事学研究的空间转向 [J]. 江西社会科学，2006 (10) .

[135] 龙迪勇.寻找失去的时间——试论叙事的本质 [J]. 江西社会科学，2000 (09) .

[136] 卢世主，朱昱.革命文物保护利用研究的现状与进展 [J]. 江西师范大学学报（哲学社会科学版），2020，53 (06) .

[137] 陆建松.中国大遗址保护的现状、问题及政策思考 [J]. 复旦学报（社会科学版），2005 (06) .

[138] 陆寿麟.我国文物保护理念的探索 [J]. 东南文化，2012 (02) .

[139] 陆扬.空间批评的谱系 [J]. 文艺争鸣，2016 (05) .

[140] 吕尚彬，黄鸿业.权力的媒介：空间理论视域下的智能媒体与公众参与 [J]. 湖北大学学报（哲学社会科学版），2022，49 (05) .

[141] 吕舟.面向新世纪的中国文化遗产保护 [J]. 建筑学报，2001 (03) .

[142] 栾轶玫.新时代中国国家叙事脱贫攻坚的对外传播 [J]. 编辑之友，2020 (09) .

[143] 罗建周."书店+"：实体书店融合升级路径探析 [J]. 编辑之友，2023 (07) .

[144] 罗松.红色题材的新叙事与新形式 评现代儿童京剧《少年英雄·王二小》[J]. 中国戏剧，2021 (06) .

[145] 罗彦，蒋淑君.数字时代的文化基因重组——我国文化遗产数字化现状与未来发展 [J]. 科技进步与对策，2004 (09) .

[146] 罗以澄，王丹艺．新媒体赋权语境下网民的言论表达与行动研究——以"哈尔滨天价鱼"事件为例［J］．当代传播，2016（02）．

[147] 骆郁廷，陈娜．论红色文化的微传播［J］．江淮论坛，2017（03）．

[148] 骆正林．空间性与情感性的调配：网络空间的拓展与网络社区/网络社群的形成［J］．山西大学学报（哲学社会科学版），2022，45（04）．

[149] 梅琼林，袁光锋．"用时间消灭空间"：电子媒介时代的速度文化［J］．现代传播（中国传媒大学学报），2007（03）．

[150] 孟宪民．梦想辉煌：建设我们的大遗址保护展示体系和园区——关于我国大遗址保护思路的探讨［J］．东南文化，2001（01）．

[151] 闵英，曹维琼．重构传统村落文化保护与发展的文本意识［J］．贵州社会科学，2016（11）．

[152] 潘宝明．历史文化名城的文物保护与旅游发展——扬州的得失引发的名城文物保护的忧思［J］．旅游学刊，1999（03）．

[153] 潘君瑶．遗产的社会建构：话语、叙事与记忆——"百年未有之大变局"下的遗产传承与传播［J］．民族学刊，2021，12（04）．

[154] 潘云鹤，鲁东明．古代敦煌壁画的数字化保护与修复［J］．系统仿真学报，2003（03）．

[155] 潘忠党，於红梅．阈限性与城市空间的潜能——一个重新想象传播的维度［J］．开放时代，2015（03）．

[156] 庞妃，史春林．习近平关于历史文化遗产保护与利用重要论述研究［J］．湖南社会科学，2022（01）．

[157] 彭兰．场景：移动时代媒体的新要素［J］．新闻记者，2015（03）．

[158] 彭兰．智能时代人的数字化生存——可分离的"虚拟实体"、"数字化元件"与不会消失的"具身性"［J］．新闻记者，2019（12）．

[159] 彭兰．自拍：一种纠结的"自我技术"［J］．新闻大学，2018（05）．

[160] 彭欣．新媒体时代传统文化传承的现实困境与创新策略［J］．江西社会科学，2014，34（12）．

[161] 彭正德，江桑榆．论红色基因及其在新时代的传承［J］．湖南社会科学，2021（01）．

[162] 邱兆文，张田文．文物三维重建关键技术［J］．电子学报，2008，36（12）．

[163] 全燕．智媒时代算法传播的形态建构与风险控制［J］．南京社会科学，2020（11）．

[164] 阙仁镇, 杨玉辉, 张剑平. 基于数字博物馆的历史文化探究教学——以西湖文化数字博物馆为例 [J]. 现代远程教育研究, 2013 (05).

[165] 阙维民, 邓婷婷. 城市遗产保护视野中的北京大栅栏街区 [J]. 国际城市规划, 2012, 27 (01).

[166] 冉华, 黄一木. 作为叙事的传播: "媒介事件"研究被忽视的线索 [J]. 新闻界, 2022 (04).

[167] 人类世的时、空、物——第二届媒介物质性研究论坛 [J]. 华中科技大学学报 (社会科学版), 2021, 35 (03).

[168] 阮仪三. 冷眼看热潮——申报世界遗产和保护历史文化遗存 [J]. 城市规划汇刊, 2000 (06).

[169] 阮仪三. 世界及中国历史文化遗产保护的历程 [J]. 同济大学学报 (人文·社会科学版), 1998 (01).

[170] 邵培仁, 方玲玲. 流动的景观——媒介地理学视野下公路电影的地理再现 [J]. 当代电影, 2006 (06).

[171] 邵培仁, 杨丽萍. 转向空间: 媒介地理中的空间与景观研究 [J]. 山东理工大学学报 (社会科学版), 2010, 26 (03).

[172] 邵培仁. 地方的体温: 媒介地理要素的社会建构与文化记忆 [J]. 徐州师范大学学报 (哲学社会科学版), 2010, 36 (05).

[173] 邵培仁. 电脑与网络: 媒介地理学的颠覆者 [J]. 浙江广播电视高等专科学校学报, 2002 (03).

[174] 邵培仁. 景观: 媒介对世界的描述与解释 [J]. 当代传播, 2010 (04).

[175] 邵培仁. 论中国媒介的地理集群与能量积聚 [J]. 新闻大学, 2006 (03).

[176] 沈成飞, 连文妹. 论红色文化的内涵、特征及其当代价值 [J]. 教学与研究, 2018 (01).

[177] 沈旸, 蔡凯臻, 张剑葳. "事件性"与"革命旧址"类文物保护单位保护规划——红色旅游发展视角下的全国重点文物保护单位保护规划 [J]. 建筑学报, 2006 (12).

[178] 施畅. 赛博格的眼睛: 后人类视界及其视觉政治 [J]. 文艺研究, 2019 (08).

[179] 史吉祥. 博物馆在现代社会中的功能 [J]. 中国文化遗产, 2005 (04).

[180] 束开荣.互联网基础设施:技术实践与话语建构的双重向度——以媒介物质性为视角的个案研究 [J].新闻记者,2021(02).

[181] 束开荣.社交媒体研究的媒介物质性路径——以微信 API 开放与使用项目为个案的研究 [J].新闻界,2020(05).

[182] 宋献伟.新时代党史纪录片时空叙事的美学转向 [J].中国广播电视学刊,2021(11).

[183] 孙藜."版面"之物:"媒介"想象中的超越与返归 [J].新闻记者,2018(12).

[184] 孙丽娟,董晓凤,王岩,等.革命文物的保护修复技术研究——以延安革命纪念馆藏一级文物"毛泽东骑过的马"为例 [J].西北大学学报(自然科学版),2022,52(02).

[185] 孙萍.媒介作为一种研究方法:传播、物质性与数字劳动 [J].国际新闻界,2020,42(11).

[186] 孙玮.城市传播的研究进路及理论创新 [J].现代传播(中国传媒大学学报),2018,40(12).

[187] 孙玮.城市的媒介性——兼论数字时代的媒介观 [J].南京社会科学,2022(07).

[188] 孙玮.传播再造身体 [J].新闻与写作,2020(11).

[189] 孙玮.从再现到体验——移动网络时代的传播与城市文脉保护 [J].探索与争鸣,2017(09).

[190] 孙玮.交流者的身体:传播与在场——意识主体、身体-主体、智能主体的演变 [J].国际新闻界,2018,40(12).

[191] 孙玮.媒介导航的数字化生存 [J].国际新闻界,2021,43(11).

[192] 孙玮.作为媒介的城市:传播意义再阐释 [J].新闻大学,2012(02).

[193] 孙信茹,薛园.媒介化语境中的民族文化"断裂代"——剑川县石龙白族村的个案研究 [J].红河学院学报,2012,10(05).

[194] 孙云霏.作为情感的物质显现:米歇尔·亨利物质现象学的美学维度 [J].北京电影学院学报,2022(10).

[195] 覃才,董迎春.《长津湖》:红色电影的国家叙事与时代价值 [J].四川戏剧,2022(04).

[196] 谭必勇,张莹.中外非物质文化遗产数字化保护研究 [J].图书与情报,2011(04).

［197］滕慧君．全媒体时代红色文化传承路径探析［J］．人民论坛，2020（22）．

［198］田小波，胡静，徐欣，等．历史时期全国重点文物保护单位时空分布特征及影响机理［J］．经济地理，2021，41（01）．

［199］田轶，陈婕．新媒体时代红色文化的传播策略［J］．人民论坛，2018（11）．

［200］涂凌波，梁轩．空间、媒介与身体：一项基于城市公园广播实践的田野考察［J］．中国新闻传播研究，2022（03）．

［201］万钢．传承红色基因展现信仰力量——谈《信·中国》内容叙事与传播模式创新［J］．电视研究，2018（10）．

［202］汪立夏．红色文化资源在大学生思想政治教育中的价值及实现——以江西省高校红色文化教育进校园为例［J］．思想教育研究，2010（07）．

［203］汪璐，黄钟．北京城市更新背景下的革命文物保护利用研究［J］．北京规划建设，2022（03）．

［204］王春霞．论红色文化资源在大学生思想政治教育中的功能定位及实现路径［J］．思想理论教育导刊，2018（05）．

［205］王大洲，关士续．技术哲学、技术实践与技术理性［J］．哲学研究，2004（11）．

［206］王继周．从"物"到"物质性"：媒介研究中一组概念的辨析［J］．新闻界，2022（04）．

［207］王景慧．城市历史文化遗产保护的政策与规划［J］．城市规划，2004（10）．

［208］王景慧．从文物保护单位到历史建筑——文物古迹保护方法的深化［J］．城市规划，2011，35（S1）．

［209］王景慧．历史地段保护的概念和做法［J］．城市规划，1998（03）．

［210］王景慧．论历史文化遗产保护的层次［J］．规划师，2002（06）．

［211］王蕾，苏颖悦．红色文化传播的空间叙事实践——以《寻声记》节目为例［J］．当代电视，2022（04）．

［212］王蕾．重返"地方"：城市实体书店空间营造的创新思考［J］．出版发行研究，2021（09）．

［213］王凌峰．短视频对重庆城市形象的塑造与重构——基于"空间生产"理论的分析［J］．青年记者，2019（26）．

［214］王玫．基于数字地图的馆藏红色文献资源展陈研究［J］．新世纪图

书馆, 2022 (07).

[215] 王强. 叙事传播的疾病隐喻及其发生发展机制 [J]. 编辑之友, 2022 (06).

[216] 王秦乔丹. 遗产型文化景观扩建空间的游客感知评价 [J]. 城市地理, 2017 (14).

[217] 王晟添. 知识观的重塑与视听微叙事传播——以短视频媒介下的知识传播为例 [J]. 求索, 2022 (05).

[218] 王世仁. 保护文物古迹的新视角——简评澳大利亚《巴拉宪章》 [J]. 世界建筑, 1999 (05).

[219] 王欣. 创伤叙事、见证和创伤文化研究 [J]. 四川大学学报(哲学社会科学版), 2013 (05).

[220] 王雄青, 胡长生. 文旅融合背景下红色文化旅游高质量发展路径研究——基于江西的视角 [J]. 企业经济, 2020, 39 (11).

[221] 王秀伟, 郭智娴. 红色革命遗址及革命纪念建筑物的空间分布格局与影响因素——基于315处全国重点文物保护单位的研究 [J]. 南方文物, 2021 (02).

[222] 王扬, 窦建奇, 陈幸夫, 等. 文化建筑综合体叙事空间营造策略 [J]. 新建筑, 2012 (02).

[223] 王以第. "红色文化"的价值内涵 [J]. 理论界, 2007 (08).

[224] 王韵, 薛羽佳, 辛笑颖. 剧式表达: 文化类综艺节目叙事的空间转向 [J]. 中国电视, 2020 (12).

[225] 魏本权. 从革命文化到红色文化: 一项概念史的研究与分析 [J]. 井冈山大学学报(社会科学版), 2012, 33 (01).

[226] 文丰安. 新时代红色文化传承与发展研究 [J]. 学习与探索, 2020 (11).

[227] 吴国盛. 芒福德的技术哲学 [J]. 北京大学学报(哲学社会科学版), 2007 (06).

[228] 吴俊, 喇明英, 徐学书. 关于长征文物遗存概念与范畴的再认识 [J]. 清华大学学报(哲学社会科学版), 2021, 36 (02).

[229] 吴琼. 中国红: 红色主题书店的成功之道 [J]. 科技与出版, 2022 (12).

[230] 吴伟波, 曹文君. 对于数字化博物馆实践中的一些关键技术的研究与实践 [J]. 复旦学报(自然科学版), 2001 (06).

[231] 吴志才,黄诗卉,张凌媛.数字人文:红色旅游发展的新路径 [J].旅游学刊,2021,36 (06).

[232] 伍洋.戏曲与新民主主义革命叙事——红色戏曲与戏曲特色的秧歌剧、新歌剧 [J].音乐研究,2021 (04).

[233] 夏保华,陈昌曙.简论技术创新的哲学研究 [J].自然辩证法研究,2001 (08).

[234] 夏银平,何衍林.从时间叙事到空间叙事:人类命运共同体对全球现代性的话语重构 [J].理论与改革,2021 (04).

[235] 夏振鹏.红色电影的平民化叙事转向研究 [J].四川戏剧,2021 (02).

[236] 萧放,席辉.非物质文化遗产文化空间的基本特征与保护原则 [J].文化遗产,2022 (01).

[237] 肖竞,曹珂.叙述历史的空间——叙事手法在名城保护空间规划中的应用 [J].规划师,2013,29 (12).

[238] 谢静.地点制造:城市居民的空间实践与社区传播——J市"健身坡"的案例解读 [J].新闻与传播研究,2013,20 (02).

[239] 谢黎萍,程焕文,苏智良,等.继承百年传统 赓续红色血脉:红色文献整理与研究专家笔谈 [J].图书馆杂志,2021,40 (07).

[240] 谢沁露.从空间转向到空间媒介化:媒介地理学在西方的兴起与发展 [J].现代传播 (中国传媒大学学报),2018,40 (02).

[241] 邢梦莹.城市文化空间的声音景观建构路径与启示——以喜马拉雅FM"城市"频道为例 [J].中国编辑,2022 (10).

[242] 徐斌,陈阳波.红色文化的基因延续与守正创新 [J].人民论坛,2020 (14).

[243] 徐琴.历史文化名城的城市更新及其文化资源经营 [J].南京社会科学,2002 (10).

[244] 徐永健,李盼.试论红色文化资源与大学生思想政治教育的内在关联 [J].思想教育研究,2016 (12).

[245] 许丽.红色文化资源数字化保护与创新发展路径 [J].人民论坛,2021 (01).

[246] 许丽霞,陆羽婕.数字时代文化遗产的媒介化境遇与展望——基于德布雷的媒介学理论 [J].云南民族大学学报 (哲学社会科学版),2022,39 (06).

[247] 许同文. "媒介特性"与"数据实践": 基于位置媒体的"校园跑"[J]. 国际新闻界, 2019, 41 (11).

[248] 许同文. "位置即讯息": 位置媒体与城市空间的融合 [J]. 新闻记者, 2018 (06).

[249] 许同文. 移动界面与都市空间中的媒介实践 [J]. 青年记者, 2019 (34).

[250] 许志晋, 毛宝铭. 风险社会中的科学传播 [J]. 科学学研究, 2005 (04).

[251] 薛可, 李柔. 非物质文化遗产数字信息对受众城市认同的影响——基于新浪微博的实证研究 [J]. 现代传播 (中国传媒大学学报), 2020, 42 (11).

[252] 闫德亮, 李娟. 中国主流电影红色叙事考察 [J]. 郑州大学学报 (哲学社会科学版), 2020, 53 (05).

[253] 严建强. 计算机网络时代博物馆展示的传播与体验 [J]. 中国博物馆, 2004 (01).

[254] 晏青. 文化自信的文艺实践: 从文化叙事到中国形象传播 [J]. 东岳论丛, 2020, 41 (02).

[255] 杨瑷宁. 我国红色文化教育资源开发利用的现状与对策 [J]. 山西财经大学学报, 2022, 44 (S2).

[256] 杨超. 5G 赋能: 红色文化传播增添新动力 [J]. 人民论坛, 2020 (08).

[257] 杨海霞. 红色文化的内化困境及对策探析 [J]. 思想政治教育研究, 2020, 36 (04).

[258] 杨明珠. 融媒体背景下红色文化的传播策略和传播价值——以《湖湘英烈》为例 [J]. 出版广角, 2019 (12).

[259] 易前良. 物质性: 媒介技术理论化及其与数字媒介研究的勾连——基于媒介理论与 STS 之比较 [J]. 南京社会科学, 2022 (03).

[260] 殷文, 张杰. 参与式文化遮蔽了什么?——群内冲突视角下迷群的网络社会认同过程研究 [J]. 新闻界, 2019 (10).

[261] 殷文, 张杰. 水平集体主义与参与式文化——网络化时代青年个人价值观新变化研究 [J]. 南京师大学报 (社会科学版), 2019 (02).

[262] 殷晓蓉. 传播学视野下的"城市空间"[J]. 复旦学报 (社会科学版), 2013, 55 (05).

[263] 尹金凤，胡文昭．"增权"抑或"去权"：新媒介赋权视域下舆论引导的角色转换 [J]．河南师范大学学报（哲学社会科学版），2018，45（01）．

[264] 尤达．媒介地理学视域下电影中的"城寨想象" [J]．电影文学，2021（12）．

[265] 于晓晶．早期红色歌谣在传播中的革命叙事重构 [J]．音乐研究，2021（04）．

[266] 余迎，刘文君．媒介、场景、行为——从《消失的地域》谈梅洛维茨的媒介情景理论 [J]．学理论，2010（30）．

[267] 余玉．红色书店沉浸式文化空间构建与优化 [J]．中国出版，2022（12）．

[268] 喻旭燕，蔡亮．文化阐释与叙事呈现——"非遗"对外传播的有效路径研究 [J]．浙江学刊，2016（02）．

[269] 袁星洁，赵塑．"再造地方性"：媒介化理论视角下地方媒体的传播创新 [J]．湖南师范大学社会科学学报，2021，50（06）．

[270] 袁艳，陈朝辉，王家东．中国媒介物质性研究的学术图景及其反思 [J]．华中科技大学学报（社会科学版），2021，35（04）．

[271] 岳菊，戴湘毅．京津冀文化遗产时空格局及其影响因素——以文物保护单位为例 [J]．经济地理，2020，40（12）．

[272] 曾国华．媒介与传播物质性研究：理论渊源、研究路径与分支领域 [J]．国际新闻界，2020，42（11）．

[273] 曾杰．论红色文化在高校思想政治教育中的时代价值 [J]．学校党建与思想教育，2018（15）．

[274] 曾振华．红色文化的传播价值和传播策略 [J]．当代传播，2008（06）．

[275] 詹小美，赵晓营．铸牢中华民族共同体意识仪式传播的空间生产——以"七一庆典"为例 [J]．云南社会科学，2022（06）．

[276] 张成良，刘祥平．新媒体语境下传统文化的跨媒介叙事与传播 [J]．理论月刊，2017（08）．

[277] 张昊臣．位置媒介与城市场所：从技术制图到城中漫步 [J]．内蒙古社会科学，2020，41（02）．

[278] 张怀鹏，张晶．媒体融合背景下胶东红色文化传播策略探析 [J]．传媒，2020（24）．

[279] 张怀鹏．媒介化社会背景下沂蒙红色旅游的传播策略 [J]．青年记

者，2019（11）.

[280] 张健康. 中国媒介地理学研究的量化考察、焦点回顾与质化分析 [J]. 浙江传媒学院学报，2014, 21（05）.

[281] 张杰，马一琨. 从情境崩溃到情境再分离：社会-关系情境中的用户社交媒介实践——基于微信朋友圈"仅三天可见"的研究 [J]. 国际新闻界，2022, 44（08）.

[282] 张杰，马一琨. 语境崩溃：平台可供性还是新社会情境？——概念溯源与理论激发 [J]. 新闻记者，2021（02）.

[283] 张进，王红丽. 物质阐释学：一个概念史 [J]. 福建师范大学学报（哲学社会科学版），2022（05）.

[284] 张进，王眉钧. 论数码媒介技术的物质性——以"数码人类学"为中心的考察 [J]. 湖北大学学报（哲学社会科学版），2020, 47（04）.

[285] 张丽华. 阈限性情境：经由直播媒介的身体实践与关系变迁 [J]. 新闻记者，2021（03）.

[286] 张洛阳. 新媒体视域下革命文物保护现状及发展研究 [J]. 新媒体研究，2019, 5（15）.

[287] 张丕万. 地方的文化意义与媒介地方社会建构 [J]. 学习与实践，2018（12）.

[288] 张清华，王月峰. "演讲"话语之于革命叙事——当代红色叙事研究 [J]. 文艺争鸣，2002（03）.

[289] 张如彬. 美国的历史文化遗产保护及其与其它发达国家的发展比较 [J]. 中国名城，2011（08）.

[290] 张首先. 红色文化的价值资源与当代大学生的文化认同 [J]. 思想政治教育研究，2011, 27（03）.

[291] 张伟. 空间修辞与文化记忆的视觉生成——基于中国国家博物馆的修辞考察 [J]. 文艺理论研究，2021, 41（05）.

[292] 张文，全军桦. 全媒体传播"红色文化"的路径探析 [J]. 湖南社会科学，2014（04）.

[293] 张萱. 城市传播视域下工业遗产改造为实体书店的价值研究 [J]. 编辑之友，2022（07）.

[294] 张昱. 作为记忆媒介的博物馆：对公共事件的叙事与传播 [J]. 复旦学报（社会科学版），2021, 63（03）.

[295] 张月萍. 论红色文化的科学传播 [J]. 新闻大学，2014（05）.

［296］张铮，刘钰潭．全景画馆中红色基因的跨媒介叙事［J］．江西社会科学，2021，41（06）．

［297］张芝雄，聂明．红色阅读空间内涵特征、构建方向与路径［J］．中国出版，2021（24）．

［298］赵红红，唐源琦．当代"空间叙事"理论研究的演进概述——叙事学下空间的认知转变与实践［J］．广西社会科学，2021（03）．

［299］赵静蓉．文化记忆与符号叙事——从符号学的视角看记忆的真实性［J］．暨南学报（哲学社会科学版），2013，35（05）．

［300］赵静蓉．作为方法论的创伤记忆［J］．江西社会科学，2016，36（02）．

［301］赵生辉，朱学芳．我国图书馆、档案馆、博物馆数字化协作框架D-LAM研究［J］．情报资料工作，2013（04）．

［302］赵跃．民族文化的叙事传统与创新性传播——以伊朗戏剧为例［J］．东岳论丛，2022，43（08）．

［303］郑华伟．红色旅游价值观内化的网络文本研究——兼论国民幸福感的生成机制［J］．旅游学刊，2016，31（05）．

［304］郑向敏，林美珍．论文物保护与文脉的传承与中断——兼与《旅游学刊》笔谈中某些观点商榷［J］．旅游学刊，2004（05）．

［305］郑奕，连水兴．智能时代的信息控制、电子人与媒介物质性——论凯瑟琳·海勒的后人类传播观念［J］．福建师范大学学报（哲学社会科学版），2022（04）．

［306］周静．论新时代红色基因传承的鲜明特色［J］．河海大学学报（哲学社会科学版），2021，23（02）．

［307］周琪，张珊．论新时代红色文化资源的现实境遇与创新实践［J］．重庆社会科学，2020（12）．

［308］周子渊．图景与音景：红色基因传播的叙事方式［J］．中国编辑，2018（10）．

［309］朱桂莲，李晶．德育视角下的中国红色文化研究综述［J］．中国青年研究，2010（06）．

［310］朱桂莲．近年来我国红色文化研究文献述评［J］．宁夏大学学报（人文社会科学版），2010，32（06）．

［311］朱赫男，王鹏涛．实体书店红色文化空间构建与延伸路径研究［J］．出版发行研究，2024（1）．

［312］朱振明．媒介学中的系谱学轨迹——试析德布雷的方法论［J］．新闻与传播评论，2019（03）．

［313］卓拉·加百利，李森．朝向空间的叙事理论［J］．江西社会科学，2009（05）．

二、英文文献

（一）英文著作

［1］BENJAMIN W The Work of Art in the Age of Mechanical Reproduction［M］//Illuminations，Ed. HannahArendt. New York：Schocken Books，1968.

［2］BENNETT T，JOYCE P. Material Powers：Cultural Studies，History and the Material Turn［M］. London：Routledge，2010.

［3］CAMERON F. Beyond the cult of the replicant：Museums and historical digital objects：Traditional concerns，new discourses［M］//Theorizing Digital Cultural Heritage. Cambridge：The MIT Press，2007.

［4］COOREN F，FAIRHORST G T，HUET，R. Why matter always matters in （organizational）communication［M］//LEONARDI P M，NARDI B A，KALLINI-KOS J（Eds.）. Materiality and organizing：Social interaction in a technological world Oxford：Oxford University Press，2012.

［5］GADAMER H G. Truth and method［M］. New York：Crossword Publishing，1982.

［6］GILLESPIE T，BOCZKOWSKI P J，FOOT K A. Media Technologies：Essays on Communication，Materiality，and Society［M］. Cambridge：The MIT Press，2014.

［7］HARRISON R. Heritage：critical approaches［M］. London：Routledge，2012.

［8］LEFEBVRE H. The production of space［M］. Oxford：Blackwell Publishing，1991.

［9］LIEVROUW L. Materiality and Media in Communication and Technology Studies：An Unfinished Project［M］//GILLESPIE T，BOCZKOWSKI P J，FOOT K A（Eds.）. Media Technologies：Essays on communication，materiality，and society. Cambridge：MIT Press，2016.

［10］MACLURE M. The 'new materialisms'：a thorn in the flesh of critical qualitative inquiry?［M］//CANNELLA G S，PEREZ M S，PASQUE P A. Critical

Qualitative Inquiry: Foundations and Futures. California: Left Coast Press, 2015.

[11] MASSEY D. For Space [M]. California: SAGE, 2005.

[12] MILLER D. Material Culture and Mass Consumption [M]. Hoboken: Blackwell, 1987.

[13] NORBERG-SCHULZ C. The phenomenon of place [M] //The urban design reader. 2013.

[14] PARR A. The Deleuze Dictionary [M]. Edinburgh: Edinburgh University Press, 2005.

[15] PELPH E C. Place and Placelessness [M]. London: Pion, 1976.

[16] REICHENBACH H. The philosophy of space and time [M]. Massachusetts: Courier Corporation, 2012.

[17] RELPH E C. Place and Placelessness [M]. London: Pion, 1976.

[18] TAYLOR C. The ethics of authenticity [M]. Cambridge: Harvard University Press, 1992.

[19] TUAN Y F. Space and place: The perspective of experience [M]. Minnesota: U of Minnesota Press, 1977.

[20] VANNINI P, WILLIAMS J P. Authenticity in Culture, Self, and Society [M]. Ashgate Publishing Ltd, 2009.

（二）英文期刊

[1] BEERENDS S, AYDIN C. Negotiating Authenticity in Technological Environments [J]. Philosophy & Technology, 2021, 34 (4).

[2] BIEDERMANN B. "Virtual museums" as digital collection complexes. A museological perspective using the example of Hans – Gross – Kriminalmuseum [J]. Museum Management and Curatorship, 2017, 32 (3).

[3] BRAIDOTTI R. Posthuman, all too human: Towards a new process ontology [J]. Theory, culture & society, 2006, 23 (7-8).

[4] BRAIDOTTI R. "We" are in this together, but we are not one and the same [J]. Journal of bioethical inquiry, 2020, 17 (4).

[5] COOREN, F. Materializing Communication: Making the case for a relational ontology [J]. Journal of Communication, 2018, 68 (2).

[6] HONDROS J. The Internet and the Material Turn [J]. Westminster Papers in Culture and Communication, 2015, 10 (1).

[7] JEFFREY S. Challenging heritage visualisation: beauty, aura anddemocrati-

sation [J]. Open Archaeology, 2015, 1 (1) .

[8] KREUTER M W, GREEN M C, CAPPELLA J N, et al. Narrative communication in cancer prevention and control: a framework to guide research and application [J]. Annals of Behavioral Medicine, 2007, 33 (3) .

[9] LEONARDI P M. Digital materiality? How artifacts without matter, matter [J]. First monday, 2010, 15 (6) .

[10] MASSEY D. Talking of space – time [J]. Transactions of the institute of British Geographers, 2001, 26 (2) .

[11] MERGEL I, EDELMANN N, HAUG N. Defining digital transformation: Results from expert interviews [J]. Government information quarterly, 2019, 36 (4) .

[12] MERRIMAN P, JONES M, OLSSON G, et al. Space and spatiality in theory [J]. Dialogues in Human Geography, 2012, 2 (1) .

[13] MOURA EO, BISPO M D. Sociomateriality: Theories, methodology, and practice [J]. Canadian Journal of Administrative Sciences/Revue Canadienne des Sciences de l'Administration, 2020, 37 (3) .

[14] MURDOCK G. Media materialities: For a moral economy of machines [J]. Journal of Communication, 2018, 68 (2).

[15] MUSIK C, BOGNER A. Digitalization & society: A sociology of technology perspective on current trends in data, digital security and the internet [J]. Österreichische Zeitschrift für Soziologie, 2019, 44 (1) .

[16] ORLIKOWSKI W J. Sociomaterial practices: Exploring technology at work [J]. Organization studies, 2007, 28 (9) .

[17] PORTALÉS C, RODRIGUES J M F, RODRIGUES G A, et al. Digital cultural heritage [J]. Multimodal Technologies and Interaction, 2018, 2 (3) .

[18] ROSLAN Z B, RAMLI Z, RAIMAN M R. Reflections on Local Community Identity by Evaluating Heritage Sustainability Protection in Jugra, Selangor, Malaysia [J]. Sustainability, 2021, 13 (16) .

[19] RUITER A D. The Distinct Wrong of Deepfakes [J]. Philosophy & Technology, 2021, 34 (3) .

[20] SUARTIKA G A M, CUTHBERT A R, PUTRA G M, et al. Public Domain and Cultural Legacy: The Governance of a Sacred and Vernacular Cultural Landscape in Bali [J]. ISVS e–Journal, 2020, 7 (2) .

［21］WERE G. Digital heritage, knowledge networks, and source communities: understanding digital objects in a Melanesian society ［J］. Museum Anthropology, 2014, 37 (2).

［22］WHALEY L. Geographies of the self: Space, Place, and Scale revisited ［J］. Human Arenas, 2018, 1 (1).

附录：

我国 Z 世代青年对于红色文化资源的感知意象和体验参与研究

您好！

我们是中国传媒大学科研机构的研究员，正在从事一项有关我国 Z 世代青年红色文化资源接触的相关研究。希望您能在百忙之余帮助填写一份问卷，您的意见和经验对于我们来说是非常宝贵的。

这项调研完全是匿名的，您不用担心有任何涉及您隐私的问题，也不用担心任何信息会被泄漏。我们诚挚地希望您能依据自身真实的想法提供如实的回馈。您的答案和反馈将受到相关法律保护，我们不会提出任何有指向性的泄露您身份的信息。调查数据会被统一地分析处理，并只用于学术研究。

一般情况下，填写这份问卷大概占用您 10 分钟的时间。非常感谢您的配合和帮助。如果您需要保留一份研究结果的影印文件，或对问卷有任何问题，请随时与我们联系。

我们的邮箱地址：xushuqi@cuc.edu.cn

献上我们最为真诚的敬意！

1. 请在下面选项中勾选您接触红色文化资源的频率：

（1）近五年来，您进行过哪些红色文化活动？［矩阵量表题］*

	从不	很少	有时	经常	总是
我曾线下到访过红色遗址遗迹（历史事件发生地、军事遗址及古战场等）	○	○	○	○	○
我曾线下到访过红色建筑与设施（文化活动场所、展示演示场馆、碑碣碑林、名人故居与历史纪念建筑、陵区陵园）	○	○	○	○	○
我曾线下参加过与红色文化相关的人文活动（纪念历史人物、欣赏红色艺术品、参与红色游戏等）	○	○	○	○	○

（2）近五年来，您接触过以下哪些内容？［矩阵量表题］*

	从不	很少	有时	经常	总是
红色主题电影/电视剧/纪录片	○	○	○	○	○
红色主题新闻/广播/报纸	○	○	○	○	○
红色主题戏剧/舞台剧	○	○	○	○	○
红色主题动画/综艺节目（如《那年那兔那些事儿》《寻声记》）	○	○	○	○	○
红色主题短视频	○	○	○	○	○
红色主题微博/推文	○	○	○	○	○

2. 请在下面选项中勾选出对于所去过红色场景的评价：

（1）环境情况［矩阵量表题］*

	很不同意	不同意	说不准	同意	非常同意
红色文化场景内光线照明情况好	○	○	○	○	○
红色文化场景内色彩搭配好	○	○	○	○	○
红色文化场景内标识醒目/信息丰富	○	○	○	○	○

（2）设计布局［矩阵量表题］*

	很不同意	不同意	说不准	同意	非常同意
红色文化场景内有清晰的功能分区	○	○	○	○	○
红色文化场景内良好运用了开放空间	○	○	○	○	○
红色文化场景内游客行动路线清晰	○	○	○	○	○
红色文化场景周边的位置易于寻找	○	○	○	○	○

（3）社会因素［矩阵量表题］*

	很不同意	不同意	说不准	同意	非常同意
红色文化场景内讲解服务到位	○	○	○	○	○
红色文化场景内工作人员服务优秀	○	○	○	○	○

3. 请在下面选项中勾选出对于所接触的线上红色文化资源的评价：

（1）生动性［矩阵量表题］*

	很不同意	不同意	说不准	同意	非常同意
线上红色文化资源的图像清晰且详细	○	○	○	○	○
线上红色文化资源的文字讲述丰富	○	○	○	○	○
线上红色文化资源的故事叙述生动	○	○	○	○	○

（2）互动性［矩阵量表题］*

	很不同意	不同意	说不准	同意	非常同意
我可以自由观看并分享线上的红色文化内容	○	○	○	○	○
在观看线上红色内容时，我的选择决定了我的体验	○	○	○	○	○
访问线上红色文化资源可以快速充分地解答我的疑惑	○	○	○	○	○

4. 请勾选自己对于所造访红色遗产景点的总体态度：［单选题］*
很不满意　○1　○2　○3　○4　○5　很满意

5. 请勾选出自己对红色文化的地方感知情况：［矩阵量表题］*

	很不同意	不同意	说不准	同意	非常同意
蕴含红色文化的地方因其悠久的历史和良好的声誉而闻名	○	○	○	○	○

续表

	很不同意	不同意	说不准	同意	非常同意
蕴含红色文化的地方有着良好的形象	○	○	○	○	○
蕴含红色文化的地方能反应其历史和文化的厚重程度	○	○	○	○	○

6. 请回忆自己所接触的红色文化资源，做出相应的勾选：

（1）娱乐体验［矩阵量表题］*

	很不同意	不同意	说不准	同意	非常同意
我很享受红色文化的体验经历	○	○	○	○	○
红色文化的体验经历很激动人心	○	○	○	○	○

（2）新奇感［矩阵量表题］*

	很不同意	不同意	说不准	同意	非常同意
我体验过独具一格的红色文化	○	○	○	○	○
我总能获得全新的红色文化体验	○	○	○	○	○

（3）地域文化［矩阵量表题］*

	很不同意	不同意	说不准	同意	非常同意
我对红色旅游地的人们有很好的印象	○	○	○	○	○
我体验到了红色地域文化	○	○	○	○	○

（4）意义价值［矩阵量表题］*

	很不同意	不同意	说不准	同意	非常同意
红色文化体验是有意义的	○	○	○	○	○
红色文化体验让我反省自己	○	○	○	○	○

(5) 参与度 [矩阵量表题] *

	很不同意	不同意	说不准	同意	非常同意
我会和他人积极讨论红色文化内容	○	○	○	○	○
我会花费额外的努力去了解多方面的红色文化	○	○	○	○	○
我喜欢红色文化内容，不会在接触过程中产生无聊的感觉	○	○	○	○	○

(6) 知识获取 [矩阵量表题] *

	很不同意	不同意	说不准	同意	非常同意
红色文化的体验是探索性的	○	○	○	○	○
我在红色文化体验中获得了很多红色文化知识	○	○	○	○	○

7. 为测试受访者的真人身份，此题请选择"同意"选项。[矩阵量表题] *

	很不同意	不同意	说不准	同意	非常同意
测试题	○	○	○	○	○

8. 请从下面选项中勾选自己所感受到的红色文化体验：

(1) 线下实体红色文化体验：[矩阵量表题] *

	很不同意	不同意	说不准	同意	非常同意
红色文化场景中，我被红色文化内容深深吸引	○	○	○	○	○
红色文化场景中，我获得了强烈的感官体验（震撼、冲击、享受等）	○	○	○	○	○
红色文化场景中，我获得了浓烈的情感体验（悲壮、感动、激励等）	○	○	○	○	○

（2）网络浏览红色文化内容的体验：[矩阵量表题]*

	很不同意	不同意	说不准	同意	非常同意
网络访问期间，我被红色文化内容深深吸引	○	○	○	○	○
网络访问期间，我获得了强烈的感官体验（震撼、冲击、享受等）	○	○	○	○	○
网络访问期间，我获得了浓烈的情感体验（悲壮、感动、激励等）	○	○	○	○	○

9. 请从下面选项中勾选自己在网络中传播红色文化内容的情况：[矩阵量表题]*

	很不同意	不同意	说不准	同意	非常同意
我会在社交媒体上宣传红色文化内容的优点	○	○	○	○	○
我会在网上和别人分享关于红色文化的相关信息，这样我就可以告诉别人我的积极经历	○	○	○	○	○
我会通过个人社交网络，与朋友或家人分享关于红色文化内容的积极故事	○	○	○	○	○
如果在网上被别人问到，我会说红色文化内容的优点	○	○	○	○	○

10. 请从下面选项中勾选自己对红色文化资源再次访问的意愿：[矩阵量表题]*

	很不同意	不同意	说不准	同意	非常同意
如果有机会，我会再次访问红色文化场景	○	○	○	○	○
我有强烈的想要再次访问红色文化场景的意向	○	○	○	○	○
如果有机会，我会再次浏览线上红色文化内容	○	○	○	○	○

续表

	很不同意	不同意	说不准	同意	非常同意
我有强烈的想要再次浏览线上红色文化内容的意向	○	○	○	○	○

11. 请勾选自己对于线上红色文化资源的总体态度：［单选题］*

很不满意　○1　○2　○3　○4　○5　很满意

为了方便后期整理，最后一小部分问题会涉及人口统计的相关信息。您所提供的任何信息绝对不会对您的身份有任何指向性的透露，请放心填答。

1. 您的年龄段：［单选题］*

○10~15　　　　○16~20　　　　○21~25　　　　○26~30

○31~35　　　　○36~40　　　　○41~45　　　　○46~50

○51~55　　　　○56~60　　　　○60 以上

2. 您的性别：［单选题］*

○男　　○女

3. 您的教育身份是：［单选题］*

○高中生及以下　　　　　　○专科生

○本科生　　　　　　　　　○硕士研究生

○博士研究生　　　　　　　○其他

4. 您每月的可支配收入：［单选题］*

（收入来源包括：奖学金、教育资助、工作收入、家庭资助、卖二手物品等）

○1000 以下　　　　　　　　○1000—2000

○2001—3000　　　　　　　　○3001—4000

○4001—5000　　　　　　　　○5000 以上

5. 您的政治面貌：［单选题］*

○群众　　　　　　　　　　○共青团员

○入党积极分子　　　　　　○预备党员

○党员　　　　　　　　　　○民主党派

6. 您当前的专业或职业方向是：［单选题］*

○人文社科　　　　　　　　○经济管理

○理工科　　　　　　　　　○医学

○艺术　　　　　　　　　　○其他

问卷发放调研现场记录

后 记

　　革命文物及其蕴含的红色文化是我国人民的精神向导，集中彰显了中国共产党在长期奋斗过程中所形成的精神智慧，它见证了中华民族的苦难历史与光辉时刻，是中国共产党、中国人民以及中华民族弥足珍贵的精神财富，具有鲜明的不可再生性和不可替代性。北京是一座拥有丰富博物馆资源的城市，饱含着深刻红色文化底蕴的革命文物是首都城市文化遗产的重要组成部分，也是中华传统文化在风云滚动、涤荡磨砺年代的延续和体现。时光荏苒，岁月匆匆。革命文物既包括那些与革命战争相关的遗址遗迹、革命会议旧址、革命纪念设施，也包括红色年代存留下来的信函、报刊、文具、衣物等可移动文化遗产。党的十八大以来，以习近平同志为核心的党中央在多次会议和报告中强调"文化自信""让文物活起来""做好革命文物的保护和传承""用好红色文化资源""加强文物系统性保护和合理利用"，"考古热""博物馆热""文物保护热潮""非遗热"的春风吹遍大江南北，文物和文化遗产保护成为全社会共同的事业。北京市坚持以首善标准做好革命文物整体保护利用，推动点、线、带、片贯通的革命文物集中连片整体利用格局，形成了中国共产党早期北京革命活动、抗日战争、新中国成立三大红色文化主题片区，使古都底色在"文化和科技""文化和旅游"两道融合命题、"大思政"宣传教育目标任务的凝聚下愈加焕发出红色的光辉。

　　继2022年《融"博"之道：博物馆情境化的理念、实践与未来》出版之后，很有幸能专注本次关于"革命文物保护与红色文化叙事传播"的课题研究。本书大体由"学理框架搭建—历史现实环境感知—实证调研分析"三个部分构成。理论层面，在对中华文物和文化遗产理论观念体系深度学习的基础上，适当吸纳借鉴国际经典前沿理论，结合北京市革命文物和红色文化保护事业发展政策和信息技术环境，建构符合国情和人民需求的革命文物保护和红色文化传播理论框架。环境感知层面，主要从历史记忆拾取、现实环境观察、空间图景摸索三个主题部分构成，既有对红色革命年代的历史追溯和缅怀，也有从政策引领、文化场域、技术赋能、受众感知四个维度呈现北京革命文物可持续保护和传承的现实土壤。实证调研层面，对北京市革命文物《名录》中所列的全国重点文物保护单位进行实地调研，了解有关政策、现状和规划，结合理论从文物影像、文物感知、文物接触、文物保护、文物数字化、文物实践等方面脚踏实地展开调查研究。

本书主要从传播学视角切入，采用社会科学量化和质化研究方法，结合国家政策导向、时代技术环境和人民文化需求，对"革命文物保护及红色文化传播"这一贴近媒介文化研究领域前沿的议题进行理论结合实践的综合性研究。同时，契合本课题在广义范围上所聚焦的数字文化领域，也撰写了文博数字化、数字博物馆、文化创意、文化空间、数字考古、文化遗产等议题的论文和报告，以期对我国文化科技生态环境给予持续性的观察和理解。

在此感谢学校的支持和鼓励，也特别感谢课题组所有成员。学生许淑淇在第三章第二节和第四章第三节、学生黄思哲在第三章第一节和第五章第一节、学生林钰骏在第四章第三节和第五章第二节做了相应的贡献，学生张梓萌和苏颖悦参与了第四章的实证调研。

王 蕾

2024 年 3 月 26 日